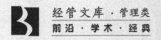

经管文库·管理类
前沿·学术·经典

MANAGEMENT

Research on the Cultivation of Reserve
Talents in Competitive Sports
–Based on Grey Theory

竞技体育后备人才培养研究
——基于灰色理论

杜和平 肖刚云 朱立新 ◎著

经济管理出版社
ECONOMY & MANAGEMENT PUBLISHING HOUSE

图书在版编目（CIP）数据

竞技体育后备人才培养研究 ：基于灰色理论 / 杜和平，肖刚云，朱立新著 . -- 北京 ：经济管理出版社，2024.12（2025.3重印）. -- ISBN 978-7-5096-9951-5

Ⅰ．G812

中国国家版本馆CIP数据核字第202482K5R6号

组稿编辑：杨国强
责任编辑：白　毅
责任校对：许　艳
责任印制：陈　颖

出版发行：经济管理出版社
　　　　　（北京市海淀区北蜂窝 8 号中雅大厦 A 座 11 层　100038）
网　　址：www.E-mp.com.cn
电　　话：(010) 51915602
印　　刷：北京厚诚则铭印刷科技有限公司
经　　销：新华书店
开　　本：720mm×1000mm/16
印　　张：20.25
字　　数：410
版　　次：2024 年 12 月第 1 版　　2025 年 3 月第 2 次印刷
书　　号：ISBN 978-7-5096-9951-5
定　　价：98.00 元

序　言

　　竞技体育后备人才培养的主体是少儿体校，基础是学校。① 完善"举国体制"下竞技体育后备人才培养体系与高质量发展我国竞技体育，实现体育强国是我国体育事业改革开放历程中五大主题之一。党的二十大提出了高质量发展青少年体育和竞技体育，建设体育强国。② 采取什么方式推动完善政府主导、社会参与的"举国体制"下竞技体育后备人才培养体制机制改革与竞技体育高质量发展一直受到学术界与决策层的高度关注。有学者从中国历史纵深大视野审视，结合中国政治、经济、社会大变革提出了竞技体育后备人才培养的学校体育、体教分离、体教结合、体教融合或体教合一的路径发展学说。

　　所谓转变竞技体育后备人才培养方式，指从单一性以政府包办，学校负责的培养方式到政府主导、学校负责、社会多种成分参与的"举国体制"和市场机制相结合的新的体制机制的转变。它主要立足于探讨新时代竞技体育后备人才培养方式的要素投入结构，期待通过提高全要素投入率对人才培养的贡献度而提高人才培养的质量。转变体育发展方式在我国是通过政治程序确立的新提法。2019 年 8 月 10 日，国务院办公厅颁发的《体育强国建设纲要》界定了转变体育发展方式，实现体育强国的基本内涵："要以习近平新时代中国特色社会主义思想为指导，按照党中央、国务院关于加快推进体育强国建设的决策部署，坚持以人为本、改革创新、依法治体、协同联动，持续提升体育发展的质量和效益，不断满足人民对美好生活的需要，努力将体育建设成为中华民族伟大复兴的标志性事业。"③ 党的二十大进一步明晰了转变体育发展方式的基本要求："广泛开展全民健身活动，加强青少年体育工作，促进群众体育和竞技体育全面发展，加快建

---

① 国家体育总局，教育部.关于加强竞技体育后备人才培养工作的指导意见（体青字〔2017〕99 号）〔Z〕.2017–11–10.

② 习近平.高举中国特色社会主义伟大旗帜　为全面建设社会主义现代化国家而团结奋斗——在中国共产党第二十次全国代表大会上的报告〔R〕.2022–10–16.

③ 国务院办公厅.体育强国建设纲要（国办发〔2019〕40 号）〔Z〕.2019–08–10.

设体育强国。"①

自 20 世纪 50 年代初提出"发展体育运动,增强人民体质"以来,关于改革竞技体育后备人才培养方式与体育发展方式一直是学术界的热点研究问题,有关这方面的研究成果可谓汗牛充栋。新时代以来,因为先前竞技体育后备人才培养方式已经发展到难以为继的地步,特别是体育、教育部门的体制机制改革与部门利益间的突出矛盾已构成新时代可持续发展的"瓶颈",改革竞技体育后备人才培养方式再次被提出并得到高度重视。除此之外,由于体育系统、教育系统的改革滞后于经济、社会改革,进入 21 世纪以来,我国体育发展过程中出现了一些长期性的重要变化和诸多不确定因素,单靠改革后备人才培养方式已很难解决,必须稳步推行体育发展方式改革。从我国的实践看,我国竞技体育后备人才培养与体育发展方式经历了几次历史性转变。第一次,以增强体质、改变国民健康寿命为主。围绕该主题,理论界先后经历了着力于摒弃西方列强加给我国"东亚病夫"帽子、提高国民体质、延长国民寿命的研究与实践热潮,短短数年,中国人民的平均寿命由 35 岁增长到 77.3 岁。②③ 第二次,争夺国际话语权,优先发展竞技体育,竞技体育后备人才培养以运动技能技术为主。第三次,随着我国国民经济、政治、社会改革进程进行的以"体教结合"为主的竞技体育后备人才培养方式转变和以体育综合改革为推手的体育发展方式的转变。第四次,从以"体教融合"或"体教合一"为形式的竞技体育后备人才培养到"高质量发展体育方式"的转变。

《"十四五"体育发展规划》赋予了改革体育发展方式更加重要的意义,指出:必须"高举中国特色社会主义伟大旗帜,深入学习贯彻党的十九大以来各次全会精神,坚持以马克思列宁主义、毛泽东思想、邓小平理论、'三个代表'重要思想、科学发展观、习近平新时代中国特色社会主义思想为指导,以习近平总书记关于体育的重要论述和重要指示批示精神为根本遵循,紧紧围绕体育强国建设目标,以新发展理念为引领,以推动高质量发展为主题,以深化供给侧结构性改革为主线,以满足人民日益增长的美好生活需要为根本目的,聚焦重点领域和关键环节,深化改革创新,推动融合发展,强化底线思维,坚持依法治体,更好发挥举国体制在攀登顶峰中的重要作用,更好发挥群众性体育在厚植体育基础中的重要作用,有力促进体育均衡、充分发展,不断推进体育治理体系和治理能力

① 习近平.高举中国特色社会主义伟大旗帜 为全面建设社会主义现代化国家而团结奋斗——在中国共产党第二十次全国代表大会上的报告 [R].2022-10-16.

② 数据要闻.70 年来我国人均预期寿命从 35 岁提高到 77.3 岁 [EB/OL].http://www.gov.cn,2019-08-22.

③ 理论达人.70 年中国人均寿命的变迁 [EB/OL].http://chinanews.com.cn,2019-12-04.

现代化，为建成社会主义现代化体育强国开好局、起好步"①。可见，改革竞技体育后备人才培养方式与竞技体育发展方式是推进我国体育改革开放、实现现代化进程中的一个长期性问题，是学术界与决策层常有常新的忧患意识。可问题在于，尽管理论界与决策层对竞技体育后备人才培养的不足和改革，以及竞技体育后备人才培养与竞技体育发展方式的重要性均存在高度共识，并多次强调改革人才培养与体育发展方式，可实际效果并不明显。是什么原因导致如此的局面？理论界提出了"发展阶段说""发展观念说""体制内生说"三类解释。

改革竞技体育后备人才培养和体育发展方式之所以难以取得实质性突破，固然有诸如发展阶段和思维观念等方面的原因，但阻碍后备人才培养与竞技体育发展方式转变的最根本原因，是来自体制方面的因素。从学校体育理论研究的角度看，转变后备人才培养与竞技体育发展方式，如果缺乏相应制度变迁的支持，在实践中将很难落实到位。一方面，理论界普遍认为，计划经济体制和竞技体育后备人才培养与竞技体育发展方式、市场经济体制和竞技体育后备人才培养与竞技体育发展方式之间存在内在逻辑联系。如果不转变行政命令配置资源，竞技体育后备人才培养与竞技体育发展方式不可能转变。另一方面，理论界与决策层也越来越深刻地认识到，一些竞技体育运行中所处的具体制度环境正成为阻碍竞技体育后备人才培养与竞技体育发展方式改革的关键约束条件。从改革竞技体育后备人才培养与竞技体育发展方式在我国的实践经验看，我国竞技体育后备人才培养与竞技体育发展方式所存在的问题是综合性、系统性的，既有沉重的历史包袱，又有几十年改革发展中顾东顾不上西的矛盾积累。

"十四五"时期竞技体育发展方式转变的成功在于高质量改革，这几乎已成为学术界与决策层的共识。党的二十大提出，"高质量发展是全面建设社会主义现代化国家的首要任务"。②我们要坚持以推动高质量发展为主题。由于相关改革的滞后，竞技体育发展方式转变在多方面尚未有实质性突破，某些方面的矛盾仍在不断积累和深化。若"十四五"改革攻坚仍停留于形式和口号，竞技体育发展方式改革将无法有大的进展，竞技体育后备人才不足问题将无法得到有效解决。因此，要想使竞技体育发展方式转变取得根本性的突破，必须在消除或抑制竞技体育发展方式转变的关键性体制机制障碍方面取得新进展，或为之创造必要条件。

鉴于上述分析，笔者从众多研究改革竞技体育后备人才培养与发展方式的视角中，选取体制机制改革角度，旨在为系统探讨改革竞技体育后备人才培养与竞

① 体育总局."十四五"体育发展规划（体发〔2021〕2号）[EB/OL]. http://www.gov.cn，2021-10-08.
② 习近平.高举中国特色社会主义伟大旗帜　为全面建设社会主义现代化国家而团结奋斗——在中国共产党第二十次全国代表大会上的报告 [R].2022-10-16.

技体育发展方式作些尝试性探索，为以后的理论研究与政策决策提供重要参考。本书的总体思路是从新时期新背景我国在竞技体育后备人才培养与竞技体育发展方式所面临的突出问题入手，在界定改革竞技体育后备人才培养与发展方式关系的基础上，一是回顾与梳理学术界对此问题的研究成果，并从中找到我们研究问题的切入点；二是从纵向归纳我国改革竞技体育后备人才培养与竞技体育发展方式的总体历程，总结历史经验并将其理论化，以之作为新时期改革竞技体育后备人才培养与竞技体育发展方式的各项决策基础和逻辑前提；三是从横向比较不同类型的国家在深化改革历程中推动竞技体育后备人才培养与竞技体育发展方式改革的经验，供我们制定对策时参考。在此基础上，结合"十四五"时期加快体育高质量发展方式所面临的历史背景、指导思想、基本要求、需处理好的关系和战略任务等若干重大问题，着力于构建以"体教融合"为模式的新时代以政府主导、学校负责、社会多种成分参与的"举国体制"和市场机制相结合的新的体制机制转变下的竞技体育后备人才培养方式，以及在灰色理论等理论指导下的竞技体育后备人才培养中的保障机制、动力机制、竞赛机制、激励机制、控制机制的相互关系，尝试性地提出了一些旨在推动竞技体育后备人才培养的具体对策。

斗转星移，我国竞技体育风雨兼程走过七十余载坎坷且辉煌的历程。以高质量体育发展方式为主线的改革已进入"深水区"。从表面看，体育课程设置百年几乎不动，时有侵占现象发生；学校传统体育项目几经沉浮；高校体育教育、运动训练专业开设几十年，基层体育老师仍然缺乏并出现技能倒退现象；少儿体校中，"学训矛盾"等困难仍然伴随。从系统看，当下出现的问题既有体制问题，也有自身管理问题。为使竞技体育后备人才培养发展方式转变，在"十四五"时期能加快进行并取得实质性突破，各项改革还需加强顶层设计。

本书创新点如下：

第一，在理论上以马克思关于人的全面发展学说和社会协同学等为指导，对后备人才培养运行机制的理论展开深入研究，分析了改革开放以来，我国转变竞技体育后备人才培养与发展方式政策演进和实践进程；在此基础上，以灰色理论为依托，展开竞技体育后备人才培养新模式建构和应用研究，从而为有效推动竞技体育后备人才培养与发展方式转变取得实质性新进展提供了更广阔的分析维度和决策的现实出发点。

第二，视角创新。从体制改革的角度论述如何推动竞技体育后备人才培养与发展方式转变的文献不少，但多为分散的论述。本书站在体制改革的角度，抓住竞技体育后备人才培养的"保障机制、动力机制、竞赛机制、激励机制、控制机制"这五个关键环节的体制改革，较系统地论述如何加快竞技体育后备人才培养与竞技体育发展方式转变，试图构建以"体教融合"为主，俱乐部、体育协会等为辅，多种模式协同发展的竞技体育后备人才培养模式。

第三，应用创新。本书利用灰色系统理论进行研究，以独特的视角丰富和完善竞技体育人才培养理论，为我国竞技体育的发展和深化素质教育改革提供可借鉴的目标模式、改革策略和路径选择。体育学应用灰色理论展开研究多年，但多集中在运动技术方面的应用研究，在人才培养管理上的应用研究不多，本书研究有一定意义和价值，是重要的创新之一。

笔者通过文献资料法、问卷调查法、实地调研法、逻辑分析法等研究方法，在江西、福建、湖南和黑龙江四个省份随机对 60 多所大学、中学和体育学校进行实地调查研究，对全国 100 多位相关专家、教练员和管理者，100 多位运动员，80 多位家长进行了面对面访谈，行程上万里，试图寻找影响竞技体育后备人才培养的因素。

通过甄别和提炼影响竞技体育后备人才培养的诸因子，确定了"保障机制、动力机制、竞赛机制、激励机制和控制机制"五个因子作为一级研究指标建立研究模型；以五大机制为基础，建构了研究理论体系；运用灰色关联度和灰靶决策模型，将计算结果大于 0.6 指标纳入研究体系。灰靶决策模型计算结果显示：相关机制对竞技体育后备人才成长有着紧密的联系，以保障机制、动力机制、竞赛机制、激励机制和控制机制为排序，得到加大保障机制建设是竞技体育后备人才培养最优方案的结论，由此提出重构竞技体育后备人才培养新模式。

任何一项学术研究成果，都是对前人研究成果的继承和发展。转变竞技体育后备人才培养与高质量体育发展方式涉及问题的广泛性与复杂性，远非一种视角、一部著作所能涵括，更详细与深入的研究还需要在以后的学术道路上继续探索。

目　录

第一章　导论

第一节　研究背景

一、问题提出

自 1984 年我国重返夏季奥林匹克运动会开始以来，在党和政府的高度重视下，我国竞技体育取得了举世瞩目的成就。进入 21 世纪，我国竞技体育事业得到政府在制度、经费上的坚强保障和社会广泛支持，竞技水平越来越高，从 2000 年第 27 届悉尼奥运会开始，到 2021 年第 32 届东京奥运会，我国获得的金牌数一直位列前三名，充分证明我国已成长为体育大国。进入新时代，我国政治、经济、社会、文化等方面发生了翻天覆地的变化，中国正朝着第二个百年梦想奋进，体育事业也由体育大国朝着体育强国目标迈出坚强有力的步伐。

体育强国指在以社会体育为基础，竞技体育为先导的体育事业发展各个领域的总体发展水平在世界上处于一流和前列的国家，而竞技体育的国际竞争力和群众体育的发展水平是衡量和判别体育强国的两项基本标准。改革开放 40 多年，历史的应然和必然都使中国竞技体育在新时代进入了发展的快车道。但反思历史，正视现实，强烈的责任感和忧患意识使关心中国体育发展的人们又不停地进行思辨，理性审视中国竞技体育正在进行的实践。如我国已迈入了世界体育大国行列，但在影响力巨大的项目上如田径、大球类等获得的奖牌数很少，距离真正的体育强国尚有很大一段距离。其症结主要集中在我国竞技体育后备人才不足，包括其培养体制、训练机制、管理水平及参与体育锻炼的人数等还存在诸多问题尚未落实和真正解决。这些问题一直制约、影响着竞技体育后备人才的培养，而后备人才的质量将直接影响到竞技体育可持续发展战略目标的实现，诸如此类的问题都在灼烫着人们的思维。率先进入市场经济的体育强国，在竞技体育后备人才培养方面已有很多成功的先例值得我们去借鉴，但并不完全适用于新时代下的中国国情。

我国政府一直注重后备人才的培养，《中华人民共和国体育法》①第四章第二十五条规定国家鼓励、支持开展业余体育训练，培养优秀体育后备人才。进入21世纪，国家体育总局就在《2001—2010年体育改革与发展纲要》②中明确提出要"加强竞技体育后备人才培养，加快训练体制改革，建立适应社会主义市场经济体制的后备人才培养体系"。2016年10月，中共中央、国务院印发了《"健康中国2030"规划纲要》。2019年8月，国务院颁布《体育强国建设纲要》。积极落实《"健康中国2030"规划纲要》和《体育强国建设纲要》，科学合理地整合教育资源，保障我国竞技体育后备人才培养有效地可持续发展，以早日实现体育强国梦，这给学校体育教育带来了新的机遇和挑战。

围绕上述问题，学术界一直在不懈地进行研究，取得了不少成果，但也存在一些问题。一是研究方法上，多使用逻辑推演、抽象思辨的方法。二是对新时代下的学校竞技体育的发展规律、教育功能与社会作用的关系、学校竞技体育存在的目的与发展的动力是什么等问题的研究还缺乏深度和效度。本书试图从以下维度展开研究：一是以马克思关于人的全面发展学说和社会协同学说为理论基础，从理论上审视中国学校竞技体育与学校素质教育，探求推动学校竞技体育和素质教育的协同发展。二是以上述学说和灰色理论为基础指导实践，通过创建灰色模式，探求解决路径。因为人才培养是一个系统工程，在控制论中，人们常用颜色的深浅形容信息的明确程度，信息完全明确的系统称为白色系统，信息未知的系统称为黑色系统，部分信息明确、部分信息不明确的系统称为灰色系统。

灰色系统理论是控制理论的新领域，它的研究对象具有信息不确定性的特点，研究者能根据已获取的信息，将灰色系统内模糊信息进行系统解析，清楚地提取并分割成已知信息部分和未知信息部分，分别建立两个模块，继而利用数学手段对已知信息的模块中提取到的有价值的信息进行深度解读、逻辑生成、开发利用，实现对信息整体的运行行为、演化规律的正确描述和有效监控。在本书中，研究者结合研究内容，用灰色理论创建竞技体育后备人才培养新模式，精准研判人才培养要素及影响序列。在研究方法上为竞技体育后备人才培养方面提供一种更直接且具有深度的研究新路径。

二、人才培养是社会新发展的首要条件

（一）教育是实现民族复兴的基础构件

百年大计、教育为本。教育关乎培养接班人问题，是立国之基、立党之基。

---

① 中华人民共和国体育法［Z］.1995–08–29.

② 国家体育总局.2001—2010年体育改革与发展纲要（体政字〔2000〕079号）［Z］.2000–12–15.

党和政府历来都将教育工作摆在重要地位，尤其是党的十八大以后，抓教育工作的力度前所未有。2018 年 9 月召开了全国教育大会，会议颁布的《中国教育现代化 2035》中要求各级各类学校加强思想政治工作，以推进教育领域各项工作综合改革，学校教育正面临格局性变化态势。它为我国教育事业"十四五"指明了改革方向。

因此要求各级各类学校要以党和国家社会主义事业全局为基准，以历史发展的新高度去全面执行与贯彻党在新时期的教育方针，努力办好人民满意的教育事业，努力培育一代在新征程中能担当民族复兴重任的新人。要求各级各类学校要立足社会主义办学的正确政治方向，要求全体教师把立德树人作为教育工作的根本任务，利用学校、课堂等教学阵地，在各门课程中充分融入政治思想教育元素，将思想政治工作贯穿于教育教学工作的始终；要求每名教师站在讲台上，要发挥好教育主阵地在培育人才和践行社会主义核心价值观的重要作用；要改变应试教育带来的短板效益，全面改善体育、美育和劳动教育在学校中的地位，全面发展学生素质，将素质教育落到实处，促进学生德智体美劳全面发展；培养学生爱国情怀、社会责任感、创新精神、实践能力。

（二）人才是构建新发展格局，提升民族创新能力的重要依据

进入新时代，特别是近年来，西方利用掌握的高技术尤其是核心技术，频繁地对中国经济，尤其是经济活动中重要环节采取"卡脖子"措施。我国摆脱困境的唯一办法是提升民族创新能力与水平。

高校要加强科技创新能力培养，勇挑重担，尽快在核心技术上取得实质性突破，以服务国家经济战略需要。目前，我国高校正在布局与构建新体系、新框架，立足服务国家区域发展战略，优化区域教育资源配置，加快形成点线面结合、东中西呼应的教育发展空间格局，提升教育服务区域发展战略水平；正在依托一批高水平大学或者专业，重点支持"双一流"学科和课程建设，加大专业建设投入力度，深化人才队伍建设力度，加快高素质人才队伍建设的脚步，释放高校研究潜力、科技创新能力，培养更多的符合新时期需要的新型人才。高校在专业建设、学科建设等方面，完善了全民终身教育的新布局，使得教育结构、知识结构、人才培养方案等方面，与新格局下的人才培养需求更相适应。同时，依托职业技术学校，大力开展职业教育与培训，为社会提供了大量新型技术人才。

信息时代，"线上 + 线下"教育模式得到前所未有的加强，自此，一个崭新的、符合新时代信息技术条件下的教育新体系展示在世人面前。

（三）竞技体育后备人才培养是建设体育强国的基础

2020 年 9 月，教育文化卫生体育领域专家代表座谈会强调：全面推进文化卫生体育事业发展，不断增强人民群众获得感、幸福感、安全感。体育是提高人

民健康水平的重要手段，是精神文明建设的重要方面，办好群众体育是满足广大人民群众对美好生活向往、促进人的全面发展的重要工作，是促进经济社会发展的重要支柱，是展示国家文化综合实力的重要平台。党的十八大以来，特别是在"十三五"时期，我国全面推进群众体育、竞技体育、体育产业、体育文化等各方面协调发展，深入实施全民健身国家战略，提升体育公共服务水平，大力发展体育运动，体育事业取得长足的发展。

"十四五"时期，面对新形势，科学研判体育发展面临的情况是要坚持问题为导向，以聚焦重点领域和关键环节为突破口，持续发力深化体育教育的改革创新，为体育事业打开新局面奠定基础。要妥善处理好青少年学业学习和体育锻炼或提高运动机能之间的冲突与矛盾，解决学生进行体育锻炼的后顾之忧，促使学生在体育锻炼中享受乐趣、增强体质、健全人格、锻炼意志。

创新竞技体育人才培养、选拔、激励保障机制和国家队管理体制。要探索中国特色"三大球"发展路径，持续推进体育运动发展。

（四）发展体育事业是满足人民日益增长的精神文化生活的重大举措

需求是发展的内生动力。马克思说过，一旦社会有了某种需要，就会比十所大学还能推动进步。社会需求是制约学校改革发展的一个重要因素。社会通过教育目标制约学校，学校按社会发展需要培养合格人才，这是学校体育教育改革的重要规律。因此，我们在进行学校体育教育改革时，要充分了解社会生活，特别是社会发展对学校体育教育提出的客观要求。在此基础上构建体育教育体系，创新体育教育内容；要以社会需要为依据，开设社会需要和学生学而有用的课程。

三、体育大国向体育强国转变是我国社会发展的必然

（一）新时代我国竞技体育具有鲜明的政治属性

我国是社会主义国家，在经济发展不足时，凭借我国社会主义制度的优越性，在竞技体育发展过程中创造出了"举国体制"的发展模式。该模式现在依然是我国体育发展的主要模式，表现在竞技体育就是"奥运争光战略"，群众体育就是"全民健身战略"。在迈向新时代第二个百年奋斗目标的新征程中，办人民满意的体育已成为建设体育强国的逻辑推进，从国家意志上明确体育强国的实质，是体育本身最大的政治。要在外交上体现出平等交流，"一带一路"倡议是中华民族实现伟大复兴的重要一步，主动向外寻求发展空间，文化和体育对外的主动交流以及强势展现的需要，使加强竞技体育后备人才的培养成为当今中国体育的头等大事，更是中国体育深化改革最重要的内容。

（二）竞技体育后备人才培养模式改革是适应深化经济体制改革的必然结果

党的十八大报告中明确指出，坚持以提高经济发展质量和效益为中心，优化经济结构，积极扩大有效需求，着力推进转型升级，着力保障和改善民生；从片面追求经济总量的阶段转入追求经济发展质量阶段，提升中国在整个世界经济发展中的竞争力。党的十九大明确把新时代我国社会主要矛盾确定为人民日益增长的美好生活需要和不平衡不充分的发展之间的矛盾，在经济发展中坚持以人民为中心的经济发展理念深入人心，即注重民生问题。《健康中国2030规划纲要》的出台，大大提高了第三产业在整个产业中的比重，尤其提高体育产业在整个国民经济发展中的作用，业已成为我国经济持续发展的突破口。张秋珍（2020）[1]研究指出，大力发展体育产业对满足人民日益增长的美好生活需要意义重大。然而，人才匮乏已经成为制约我国体育产业快速发展的重要因素。预计到2025年，我国体育产业从业人员的缺口将高达500万。《国务院关于加快发展体育产业促进体育消费的若干意见》（国发〔2014〕46号）[2]指出，到2025年，体育产业总规模超过5万亿元，成为推动经济社会持续发展的重要力量，体育产业将成为经济发展的新引擎，将成为我国经济发展的重要支柱。

（三）竞技体育后备人才制度改革是其内驱动的需要

2008年北京奥运会后，为响应党中央、国务院号召，推动我国由体育大国向体育强国迈进，借鉴国际上重要体育强国经验，围绕群众体育、竞技体育、体育产业在内的综合实力竞争，国家大力推行全民健身计划，重视竞技体育，以奥运会为代表的国际性优质赛事受到史无前例的追捧。以冬季项目运动为龙头的全民健身热潮和竞技体育、体育产业项目为标志的体育职业化、商业化、市场化步伐迅速加快，相应的体育管理体制改革也逐渐深入，包括经费保障体制、训练体制及人才培养体制、竞赛体制、组织形式等都出现了显著变化和改革。

（四）竞技体育后备人才培养改革是实现"体教融合"的有效途径

学校是青少年的聚集地，因而学校是我国体育竞技后备人才的主要来源地。支持学校通过创建青少年体育俱乐部、与各级各类体校联办运动队、组建校园项目联盟等形式，创新体育后备人才小学、初中、高中一条龙培养模式，以国家级体育传统项目学校为龙头、省级体育传统项目学校为骨干、市级和县级体育传统项目学校为基础，稳步提升竞技体育后备人才输送数量和质量。社会力量是竞技体育后备人才培养的重要组成部分。引导和支持社会力量参与竞技体育后备人才培养工作，鼓励兴办多种形式的青少年体育训练机构，发展基层青少年体育训练

---

① 张秋珍.培养体育产业人才的思考［N］.山西党校报，2020-05-05（03）.
② 国务院关于加快发展体育产业促进体育消费的若干意见（国发〔2014〕46号）［Z］.2014-10-20.

组织①。

2018 年 9 月，全国体育教育大会指出"要树立健康第一的教育理念，开齐开足体育课，帮助学生在体育锻炼中享受乐趣、增强体质、健全人格、锤炼意志"，吹响了新时代学校体育改革前进的总号角。面临我国学生体质健康持续下降，体育竞技后备人才培养规模萎缩等诸多挑战，党和政府已把加强学校体育工作作为今后一个时期实施素质教育的重要突破口。抓学校体育就是抓中国青少年健康，也就抓住了中国人的身心健康。显而易见，学校体育是群众体育和竞技体育的基础。目前，中国的学校体育教育还是有组织、强制干预的体育教育过程，校园理所当然地成为体育强国实现的国家行为主渠道。

（五）竞技体育后备人才培养改革是体育大国向体育强国转变的重要手段

学校体育不仅是对我国竞技体育后备人才培养影响的理解，更应该从学校体育对我国群众体育、竞技体育、体育产业的深远影响，来理解建设体育强国战略中的历史必然。以培养学生兴趣、养成锻炼习惯、掌握运动技能、增强学生体质为主线的各项体育运动项目无疑是进行学校体育教育的首选，无论是小学、中学还是大学，学校体育都是培养学生掌握运动技能、养成运动习惯。它不仅是群众体育的一部分，更是群众体育的基础。在 2007 年第七届全国大学生运动会开幕式上教育部长代表教育部向全国的广大青少年学生提出："每天锻炼一小时。健康工作 50 年，幸福生活一辈子"的口号。这一理念只有通过学校有组织、有计划的体育教育才能获得，而这个获得性的平台，是运动技能学习的过程。具有合理运动方式、成熟运动规则的现代体育运动，是优质运动技能的资源。在学生掌握基本运动技能的基础上，应根据学校自身情况，开展运动项目教学，提高学生专项运动能力。各级各类学校要根据自身的办学条件，推广足球、篮球、排球三大球的集体运动项目，积极推进田径、游泳、体操等基础项目，以及冰雪运动等特色项目，广泛开展乒乓球、羽毛球、武术等优势项目。进一步挖掘整理民族民间体育，充实和丰富体育课程内容②。当前在大力预防青少年近视、肥胖等症状的背景下，体育运动又多一层更值得积极开展的意义。学校体育对竞技体育的深远影响在于竞技体育后备人才的培养，过去体委系统培养模式下的运动员，过早脱离基础教育，多年从事专业训练，普遍文化水平较低③，导致出现心智素质整

---

① 钟秉枢.开创竞技体育后备人才培养新局面——《关于加强竞技体育后备人才培养工作的指导意见》专家解读之一［J］.中国体育，2017-12-08（01）.

② 国务院办公厅.关于强化学校体育促进学生身心健康全面发展的意见（国办发〔2016〕27 号）［Z］.2016-05-06.

③ 钟秉枢，于立得，潘迎祖.社会转型时期我国竞技体育后备人才培养及可持续发展［M］.北京：北京体育大学出版社，2003.

体不高的弊端；加之竞技体育成材率低，许多退役或中途被淘汰下来的运动员，很难在当今社会中寻找到自己的生存立足点。学校体育是一切运动项目开展的基础土壤，不仅是竞技体育后备人才培养的基石，而且是所有事业后备人才培养的摇篮。随着我国经济体制的深化改革，国民经济产业结构的调整，体育产业已成为国民经济支柱产业的骨干产业，而中国体育产业现在最大的发展瓶颈可能就是人才，英国有 2.4%、美国有 2.5% 的人口在体育产业工作，而目前中国在体育产业中的人员还不到 0.4%，预计到 2025 年，中国体育产业人口缺口达 500 万。众所周知，从事体育产业的人才不一定是体育系统专门培养出来的，更多的是通过学校教育，获得必要的体育运动基本知识、技能后，以体育场馆的建筑师，新型运动器材制造的机械师，精密运动仪器开发的电子、计算机专家，体育媒体工作者，体育赛事运营的管理者和法律工作者等身份出现，因此，学校是人才培养的摇篮，是竞技体育后备人才培养的肥沃土壤。

四、竞技体育后备人才培养是建设体育强国战略的核心

（一）体育强国的提出

1983 年，原国家体委在《关于进一步开创体育新局面的请示》中第一次明确提出，要在 20 世纪末把我国建设成为"世界体育强国"的目标，当时的体育强国主要指的是竞技体育强国。2008 年 11 月，胡锦涛总书记"在北京奥运会、残奥会总结表彰大会上的讲话"指出："进一步推动我国由体育大国向体育强国迈进"，并强调："我们要坚持以增强人民体质、提高全民族身体素质和生活质量为目标，高度重视并充分发挥体育在促进人的全面发展、促进经济社会发展中的重要作用，实现竞技体育和群众体育协调发展。"这一论断强调了体育强国由竞技体育和群众体育两个重要标志组成。2017 年 8 月，习近平总书记在天津会见全国群众体育先进单位、个人代表等时指出，体育承载着国家强盛、民族振兴的梦想。体育强则中国强，国运兴则体育兴。2019 年 2 月，习近平总书记在考察北京冬奥会、冬残奥会筹办工作时又指出，发展体育事业是实现中国梦的重要内容，能为中华民族伟大复兴提供凝心聚气的强大精神力量。体育强国建设是社会主义国家现代化建设的重要组成部分。

（二）体育强国的内涵

2019 年 9 月，《体育强国建设纲要》（以下简称《纲要》）由国务院办公厅正式颁布。《纲要》以习近平新时代中国特色社会主义思想为指导，按照党中央、国务院关于加快推进体育强国建设的决策部署，坚持以人为本、改革创新、依法治体、协同联动，持续提升体育发展的质量和效益，不断满足人民对美好生活的

需要，努力将体育建设成为中华民族伟大复兴的标志性事业。《纲要》展望了到2035年的前景，将形成政府主导有力、社会规范有序、市场充满活力、人民积极参与、社会组织健康发展、公共服务完善、与基本实现现代化相适应的体育发展新格局，体育治理体系和治理能力实现现代化。全民健身更亲民、更便利、更普及，经常参加体育锻炼人数比例达到45%以上，人均体育场地面积达到2.5平方米，城乡居民达到《国民体质测定标准》合格以上的人数比例超过92%；青少年体育服务体系更加健全，身体素养显著提升，健康状况明显改善；竞技体育更好、更快、更高、更强，夏季项目与冬季项目、男子项目与女子项目、职业体育与专业体育、"三大球"与基础大项等实现均衡发展，综合实力和国际影响力大幅提升；体育产业更大、更活、更优，成为国民经济支柱性产业；体育文化感召力、影响力、凝聚力不断提高，中华体育精神传承发扬；体育对外和对港澳台交往更活跃、更全面、更协调，成为中国特色大国外交和"一国两制"事业的重要方面。《纲要》科学地为新时代体育强国注入了新的内涵，由两大指标增加为五大指标组成：群众体育、竞技体育、体育产业、体育文化、体育外交。

（三）体育强国建设的核心要素

我国近代教育家蔡元培先生说："完全人格，首在体育。"毛泽东在青年时期撰写的《体育之研究》中提出："体育之效，至于强筋骨，因而增知识，因而调感情，因而强意志。"体育强国建设强调促进人的全面发展，满足人民对美好生活的向往。作为祖国的未来和希望，青少年和儿童是体育强国建设的核心要素。为此，党和国家出台了一系列政策措施，以提高学生体质、完善人才培养；推进"体教融合"，助推体育系统和教育系统优势、资源互补，为体育强国后备人才梯队培养注入新的血液；不断深化考试招生制度改革，中考体育与语数外同分值，体育是多所一流高校招生必考项目；出台"双减政策"，增加青少年参与体育运动等的时间，以增进健康等。这些凸显了教育领域对体育的重视。近年来出台的一系列促进学校体育工作的措施，如校园足球、大课间、特色学校建设等均表明，教育领域综合改革，为体育强国提供了有力保障①。

要全面贯彻落实习总书记关于体育强国建设的重要论述，就一定要把体育健身同人民健康结合起来，把弘扬中华传统体育精神同坚定文化自信结合起来，努力开创新时代中国特色社会主义体育事业新局面。学校体育是一门关于人全面发展的课程，是以立德树人为根本任务，是提升学生全面素质的课程，是推动国家现代化、建设教育强国和体育强国的伟大工程，它对于弘扬社会主义核心价值观，培养学生爱国主义、集体主义、社会主义精神和奋发向上、顽强拼搏的意志

① 于素梅.新时代体育强国建设的战略意义［N］.中国教育报，2021-10-14.

品质，实现以体育智、以体育心具有独特功能①。学校是培养、输送优秀竞技体育后备人才，实施体育强国的主阵地，《"十四五"体育发展规划》②明确提出了"竞技体育后备人才培养工程"七大任务：一是巩固和加强青少年儿童体校、各级各类学校和社会组织培养青少年竞技体育人才三大阵地的建设，强化地方各级体育部门培养高水平竞技体育后备人才的责任。二是开展新周期国家高水平竞技体育后备人才基地认定工作，修改完善评价标准和认定办法，将体校、学校和社会组织全部纳入评选范围，共同促进高水平竞技体育后备人才培养。三是深化体校改革，鼓励各地探索建立体教融合、资源共享、优势互补、各具特色的新型体校，支持体校加强与周边中小学校合作，提供教学、训练、场馆、培训等服务。四是研究制定青少年体育训练中心建设指南，支持各地以各级各类体校为重点，推荐优秀单位作为青少年体育训练中心试点，通过典型示范等方式逐步推进青少年体育训练中心建设工作。五是强化青少年训练体系建设，组织修订和完善青少年训练大纲，指导各地科学化、系统化训练，打好青少年竞技体育人才培养基础。六是持续开展各级各类体校教练员培训，切实提高体校等基层训练单位教练员水平。加强复合型教练保障团队建设，从科研、医疗、体能、营养、保障等方面提高青少年竞技体育人才培养的科学性、系统性。七是加强青少年运动员爱国主义教育，弘扬中华体育精神，普及奥林匹克知识和反兴奋剂教育，积极开展"祖国在我心中"主题教育活动，有力促进青少年运动员身心健康发展。

第二节 文献综述

一、国内相关研究

实践表明，我国的人才培养带有显著的时代特征，竞技体育后备人才的培养长期以来主要是以提高竞技体育运动水平为中心的"少儿业余体校"模式，在重大赛事与对外交流上，是以"举国体制"的形式出现的。这种模式适应了当时社会的需求，推动了我国竞技体育的发展。随着新时代的到来，现行的学校竞技体育后备人才培养模式与社会发展已表现出了不适应：①基层业余体校（县级）教育理念得不到转变，没有改变梯级人才多年输送制度，因而在人才培养方面专注于运动能力的提升，忽略了运动员科学知识与人文素养的培养，最终给运动员进

---

① 中共中央办公厅，国务院办公厅.关于全面加强和改进新时代学校体育工作的意见［Z］.2020-10-15.
② 体育总局."十四五"体育发展规划（体发〔2021〕2号）［Z］.2021-10-08.

入社会带来很大负面影响。②"体教分离"是造成我国体育事业人力资源匮乏的主要原因，其表现，一是"学训矛盾"突出；二是与社会需求脱节。③竞技体育后备人才流失的主因是经济全球化和经济不平衡性、不协调性，这样的状态造成许多有潜力的本土选手的流失和夭折，进而对我国优秀体育竞技人才的培养造成巨大冲击与破坏，是我国高水平竞技后备人才培养的主要威胁。

为有效解决学校教育在竞技人才培养方面的失衡现象，1986年国家开始改革教育培养体制，推行素质教育，至今，教育部已批准289所中学和267所高校作为培养竞技体育后备人才的试点学校。为此，国内学术界围绕竞技体育后备人才培养这个主题进行了不懈研究，取得了一系列研究成果。研究视野凸显在以下几方面：

（一）我国竞技体育后备人才培养模式研究

研究者们在全面分析我国竞技体育与学校体育的发展历程基础上，提出了与社会改革发展方向趋同的竞技体育发展模式。熊晓正、郑国华（2007）等从实践出发，认为我国竞技体育的发展模式是在体育人才培养实践过程中逐步发展起来的，竞技体育后备人才培养理论体系的构建来源于实践活动，遵循"体育实践—发现问题—解决问题"的路径，模式的形成、演变是体育工作者、研究者不断探索适合我国竞技体育发展实际需要的过程。认为只有当体育发展模式与社会发展模式保持相对一致性，体育事业才可能实现真正意义的发展。同时指出，我国竞技体育必须立足于创建一个既符合我国实际国情又与我国政治、社会、经济、文化发展方向同一性的竞技体育发展模式①。钟秉枢（2013）指出，中国竞技体育在实现奥运战略目标的同时，付出了项目发展不平衡、运动员伤病缠身和文化教育缺失的代价。中国竞技体育发展模式的转型需要在继续发展传统优势项目的同时，突出发展集体对抗和体能类项目，需要关心运动员的长远利益和全面发展。我国竞技体育优势运动项目"近亲繁殖"教练梯队拟似宗族的特性，形成了权威和信任，对加强其他项目教练员复合团队和梯队建设，运动队传统和文化建设具有积极的意义②。罗超毅（2013）从体育作为一种公共服务产品的视角，就全民健身和竞技体育相互关系与重要性做了系统论述，其结论是两者无轻重之分，是体育事业发展的两个方面，它们不是矛盾体的关系，而是携手同行、相互促进、公同发展的关系，认为竞技体育具有振奋民族精神、提升民族凝聚力以及全民共同分享的特性，说明竞技体育存在非竞争性和非排他性的成分，因此竞技体育具有比较强的准公共产品的属性，国家应继续予以支持；竞技体育与社会体育存在

① 熊晓正，郑国华.我国竞技体育发展模式的形成、演变与重构［J］.体育科学，2007（10）：3-17.
② 钟秉枢.奥运战略目标的实现与竞技体育发展模式的转型［J］.北京体育大学学报，2013（11）：114-119.

目的的差异性，两者作用各有侧重，不可混为一谈；未来竞技体育将迎接体制挑战，而消除影响的手段是进一步深化改革；要文化自信，要积极弘扬中华传统养身健身文化，使体育亲民、惠民，以充分体现为民服务的重要内容[①]。

（二）我国竞技体育后备人才培养体系的战略研究

学者分析了我国竞技体育后备人才培养现状、缺陷，提出了我国竞技体育后备人才培养体制的目标与战略对策。杨桦、刘志国（2021）在分析传统的体教结合培养竞技体育人才得失的基础上，提出了创造性转化和创新性发展的体教融合新模式。提出以融合发展观引领理念创新，"一体化"设计推动体制创新，"一体化"运行促进机制创新，整体协同实现模式创新，推进多元主体协同，打通资源供给堵点，破除体教制度藩篱，提出了院校化、市场化和社会化三大路径下队校、双高、校企、校场、校协、校地、校家七种体教融合培养竞技体育人才的模式[②]。雷厉等（2014）针对辽宁等6省备战2016年、2020年和2024年奥运会，展开实地调研，在此基础上，提出了"明日新星工程"，希望能得到相应的重视并组织实施，走科学的、可持续的发展道路。"明日新星工程"内容庞大，包含了组织开展改革试点工程、教练员队伍建设工程、新苗工程、青少年选材示范工程、青少年业余训练科学推进工程、质量提升工程、竞赛制度改革工程、教育国际交流合作工程等。他们认为"明日新星工程"的落实重点在于：改革后备人才培养工作管理体制；健全统筹有力权责明确的后备人才管理体制；机制上完善依托教育系统的运行机制，构建多元化人才培养机制，完善业余训练配套奖励机制，建立健全政策法规保障机制，并建立青少年体育发展基本标准、统计制度和绩效评估制度[③]。冯骏杰等（2013）以广州体育职业技术学院为例，针对竞技体育后备人才全面教育和可持续发展所存在的问题，论证和提出了适合新时期我国竞技体育后备人才培养的新模式，即充分发挥体育和职业教育两个体系的优势，训教合一，运动员在运动训练的同时，进行综合素质教育和职业教育，在获得完整、全面文化素质教育的同时，还获得进入就业市场的通行证——职业资格证书，既达到了全面教育的目的，满足了运动员退役后就业的需要，又考虑了其整个职业生涯的需要[④]。刘建国等（2014）提出，竞技体育后备人才的培养已形

① 罗超毅.论体育强国建设背景下全民健身与竞技体育的和谐发展［J］.北京体育大学学报，2013（2）：1-4.

② 杨桦，刘志国.体教融合：中国特色竞技体育后备人才培养模式转化与创新［J］.成都体育学院学报，2021（6）：1-8.

③ 雷厉，田麦久，徐刚等.我国竞技体育后备人才"明日新星工程"设计及其制度保障［J］.北京体育大学学报，2014（9）：117-122.

④ 冯骏杰，刘江南等.竞技体育后备人才培养创新理论研究［C］.2013年全国竞技体育科学论文报告会论文摘要集，2013：10.

成多元化培养格局，"体教结合"和"教体结合"是多元化培养竞技体育后备人才的重要渠道，并取得可喜成果，但仍然存在诸多影响其发展的因素及禁锢。教育和体育系统应形成合力，整合体育资源，打破体制壁垒，协调运行机制，将竞技体育后备人才培养体制改革落到实处，建立起稳固的体教和教体结合多元化培养的运行机制[①]。赖晓清（2012）认为，我国现阶段竞技体育人才培养存在着培养管理体制单一、财政投入不足、青少年后备人才缺乏、社会保障制度急需健全等突出问题，发展我国竞技体育人才培养战略，一是完善培养体制，二是改革培养方式，三是加强教练员队伍建设，四是建立多元化投资模式[②]。

（三）"体教融合"培养竞技体育后备人才研究

不少学者对我国学校课外体育活动情况进行了分析，指出了目前我国学校课余体育活动中存在的问题，也提出了一些对策建议。钟秉枢（2009）提出：在过去的半个多世纪中，我国高水平运动员的培养受国家政治、经济发展的影响，经历了从体教分离到体教结合、教体结合的发展过程。好的教育背景和文化水平并非成为高水平运动员的必要条件，应试教育对学校体育的排挤和学生学业负担的加重，高水平运动训练专门化程度的提升和对"三从一大"训练原则的片面理解，计划经济向市场经济的转轨，高水平运动员培养过程中运动训练与文化课教学的矛盾依然存在并激化，体教结合或教体结合仍是一个需要不断探讨的课题[③]。王书彦、周登嵩（2010）在系统分析学校体育政策执行力内涵和特点的基础上，建立了由个人执行力、组织执行力、学校体育政策、学校执行资源与环境及执行效力5个1级指标、12个2级指标和35个3级指标组成的学校体育政策执行力评价指标体系，并采用层次分析法确定学校体育政策执行力评价指标体系的权重[④]。杨铁黎（2014）采用文献资料法、历史研究法对我国体育传统项目学校的建立与发展历程进行了研究，旨在对我国体育传统项目学校的发展脉络及经验进行总结和梳理，为我国课余体育训练的人才培养和可持续发展提供参考[⑤]。许闽峰（1996）介绍了体育传统项目学校的由来。体育传统项目学校指有一个（最多两个）体育项目已具有广泛的群众性和一定运动技术水平，并形成传统的学校。我国学校开展体育传统项目活动源于20世纪60年代初期，当时在上海、北京、江苏、广东等省（市）的一些学校，根据本校体育教师的特长、场地

① 刘建国等.我国竞技体育后备人才多元化培养的重要渠道及机制研究［J］.山东体育科技，2014（4）：61-64.

② 赖晓清.我国现阶段竞技体育人才培养战略研究［J］.新西部（理论版），2012（3）：177-188.

③ 钟秉枢.我国高水平运动员培养之路的探索［J］.武汉体育学院学报，2009（12）：5-10.

④ 王书彦，周登嵩.学校体育政策执行力的评价指标体系［J］.体育学刊，2010（6）：46-50.

⑤ 杨铁黎.我国体育传统项目学校的建立与发展［J］.中国学校体育（高等教育），2014（5）：1-6.

设施条件和学生的爱好，以一两个体育项目为重点，在全校学生普遍参加活动的基础上，建立班级、年级和学校运动队，在课余有组织、有计划地进行训练，坚持多年，技术水平与当地其他同类学校相比较高，参加该项目比赛成绩较好，逐步形成了具有本校特色的体育传统项目。人们就把这类学校称为体育传统项目学校①。

我国竞技体育训练体制是在得到苏联的启示下建立起来的，"举国体制"带有鲜明的中国特色，具有明显的时代特征。经过几十年的发展，逐步形成了以传统体育项目学校、校运动队和县级业余体校为初级，竞技体育后备人才试点中学、重点业余体校、体育运动学校为中级，高校高水平运动队、省市专业体育工作队、国家队为高级的竞技体育训练体制。作为竞技体育后备人才培养核心的青少年业余体校，曾经作为我国业余体育训练的主要形式，为我国竞技体育输送了大量的高水平运动员。中、小学业余体育训练在我国仍然火爆，追溯其历史，青少年业余训练发端于1955年，规模化训练制度建立则始于1956年。至今为止，我国高水平竞技体育后备人才培养体系仍需要依靠教育系统和体育系统维持。但随着时代的变化和社会的发展，我国竞技体育后备人才培养进入新时代。当今社会变化，也要求高水平体育竞技后备人才培养必须符合社会需求，因此，现有的竞技体育后备人才培养模式到了非改不可的地步。

在近70年的实践中，青少年竞技体育业余训练由单一的少年儿童业余体校包办，发展到今天的多形式办学办训，如青少年业余体校、传统体育项目学校、特色体育运动项目学校和高水平竞技体育后备人才试点学校以及试办高水平运动队的试点高校等多种业余体育训练形式并存，这既适应了时代要求，又构成了我国竞技体育后备人才培养丰富多彩的多元化主体。

综上所述，新时代在实现体育强国梦的新征程中，作为竞技体育核心元素的后备人才的培养，应该德、智、体、美、劳并重，其文化学习和体育训练不仅要贯穿于学生学习的各个阶段（小学、中学和大学），而且要以学生的文化学习为基础，根据学生年龄段的不同，建立一套科学、系统的以不同内容进行运动训练的人才培养体制。为了适应社会的发展需求，要求我们必须把教育和体育紧密衔接在一起，以教育系统为主，并与体育系统有机结合，充分发挥两个系统的优势，这样既保证了运动员文化水平的提高，同时也保证了运动训练的质量。从事运动训练的学生和其他专一学习文化课的学生一样，面对文化学习和就业机会都是平等的，运动成绩好的学生运动员在保证文化学习的同时侧重于训练成绩及技术的提升，为今后从事专业训练打下基础；对于运动成绩差的学生运动员，可以

① 许闽峰.我国体育传统项目学校的由来和发展［J］.中国学校体育，1996（1）：3.

将侧重点放在文化学习上面，保证将来拥有更多可供选择的机会，以此达到学习与训练两不误，实现人才培养的双赢。

二、国外相关研究

国外竞技体育后备人才培养相关研究颇多，这些研究在国内相关期刊也常见，竞技体育后备人才培养形成可借鉴体系与国家的政治、经济、社会、教育发展水平密切相关。现有的研究大多数集中在西方一些经济发达国家和竞技体育强国，经济不发达国家大部分后备人才培养，尤其是竞技体育精英人才培养主要依托西方国家进行，因此，经济发达国家和竞技体育强国竞技体育后备人才培养体系研究代表当前世界发展方向，值得关注。

（一）美国竞技体育后备人才培养研究

发达国家的社会经过现代工业化革命的洗涤，形成了小政府、大社会运行体系，也构建了与之相匹配的青少年体育后备人才培养体系。以美国为例，在国家层面上，其体育后备人才培养实现了法治化治理。据美国业余体育联合会负责人马丁主席介绍[①]：美国在国家层面颁布了一系列的法案来促进青少年体育发展与运动员文化教育。1972 年通过的《教育修正法》法案中第九条对美国青少年体育的影响非常之大，该条法案从消除教育歧视角度为高中及大学女生提供了大量的体育活动参与机会，并迅速改变了美国男女青少年之间参加体育运动的人数之比。1984 年，国会通过了《不通过不许参与法案》，即不通过规定教育标准的学生不允许参加体育、音乐等方面活动，该法案对保障青少年运动员文化教育质量起到了重要的作用。1978 年，国会通过了《美国业余训练法》，1998 年对其进行修正，并更名为《特史蒂文斯奥林匹克与训练法》。该法案的目的是促进美国业余体育活动，保障业余运动员权益，解决单项协会的某些争端。2011 年，在美国政府卫生与公共服务部的指导下，疾病控制预防中心、慢性病控制与健康促进中心、青少年和学校健康疾病预防控制中心联合推出了《青少年体育活动促进行动指南》，目的在于整合社会资源，共同促进青少年体育发展，该指南对社区、家庭、学校在青少年体育工作上做了明确的职责规定。在管理层面上实行的是社会化管理模式。据美国奥委会官员 Glaudia Guedes 介绍，美国采取以社会为主的青少年体育及竞技后备人才培养管理模式，总统健康咨询委员会、体育和营养咨询委员会制定政策鼓励青少年参与体育活动，促进社区、学校青少年体育项目开展，整合社会资源为青少年体育提供资金资助。教育部则制定学校体育相关

---

① 赵孟君，吴希林. 美国青少年体育及竞技后备人才培养模式与启示［J］. 体育与科学，2014（11）：51-54.

政策，鼓励学校的体育、训练与竞赛活动开展，为学校体育项目提供资助。美国学校体育教学、训练、竞赛等具体工作由美国大学生体育联盟、高中体育联盟等负责组织实施。美国娱乐与公园协会的重要内容之一是青少年儿童体育活动，主要是培养青少年体育兴趣。在后备体育人才培养运行机制上采用多元化的基础网络。主要包括基督教青年会青少年运动网络、公园和休闲青少年运动网络、美国业余运动联盟青少年运动网络、单项青少年运动俱乐部网络等。

据美国春田体育学院校长 Mary-Beth Cooper 介绍，美国竞技体育后备人才培养金字塔结构由青少年基础参与、高中与大学阶段专项提高、职业体育与奥林匹克精英体育三个阶段组成。美国竞技体育后备人才培养自成完整体系，与美国人对体育的教育功能认知有一定的关联。基础参与阶段有 2150 万名青少年儿童参与体育活动与运动训练，主要是培养学生对体育的兴趣。为了防止过早的专业化训练，此阶段比赛较少，中学开始正规的体育比赛，高中是体育后备人才培养的主阵地，大学则很重视高水平体育竞技人才的招揽。

另外，美国各种体育协会依托学校教育形成了体系，基础训练、专项训练和职业精英训练是打通的，能保证青少年尤其是学生在训练中不会产生文化教育缺失的现象，而且文化学习与运动训练并重，文化学习促进了运动员对运动的理解水平，而身心健康保证了运动员的学习状态。

正因没有竞技体育人才培养模式的时代化特征，加上训练体制的贯通性，使美国具有广泛的运动人才，从而雄踞竞技体育世界巅峰。熊炎等（2008）指出，美国之所以能够成为世界体育强国的一个重要的原因是其建立了一套较为完善的体育后备人才培养体系，其启蒙阶段近 1/3 的学生被列入到竞技体育后备人才培养对象范围；并以法律的形式保障运动员享受与其他学生同样的受教育权利，以丰厚的奖学金确保运动员能够顺利完成学业。较好地解决了文化学习与业余训练的矛盾。[①]

（二）德国竞技体育后备人才培养研究

德国在"二战"结束后曾被柏林墙隔为东德和西德两个不同政治体制的国家，统一后根据本国需要，吸收国际先进竞技体育后备人才培养的先进理念，构建并制定了一套适合自身发展的培养体制。德国吸收了美国、日本等体育发达国家宝贵的发展经验，体校实行"平衡教育"的办学思路，重视运动员体能与智能的平衡发展，关注运动员退役后职业生涯的发展；借鉴苏联体校制度，构建了一套完整竞技人才培养体系，并实行"体育促进"计划，政府为运动员提供高额奖金、分配住房与安排工作等。受此导向，体校办学主要以训练为主，不注重运动

---

① 熊炎，杜鹃明，王涛.中外竞技体育后备人才培养模式比较研究［J］.山东体育科技，2008（2）：45.

员的全面发展。该体制在短时间内促进了竞技体育的快速发展，创造了奥运会金牌总数第三名的辉煌历史，但同时暴露出诸多问题，如过度训练、兴奋剂事件与弄虚作假等。

德国竞技体育后备人才培养在其管理、服务社会、人才培养上有显著特征①：在管理层面上，呈现的是两主线、三层级。两条主线指政府管理机构与社会组织两个管理系统；三层级指国家、州市、区三个层面形成的管理网络。德国体育最高层管理机构为内政部、奥委会与全国单项协会，其主要职能是统筹协调青少年体育工作发展，制定法规政策，向下属机构提供资金与技术支持。青体联是德国青少年体育发展管理的最高社会组织，隶属德国奥委会。青体联管辖53个单向协会青体部、10个国家级青少年训练基地与16个州政府青体部。它们的工作目标是促进青少年社会工作与体育工作的协调发展。主要职责是分析社会发展形式，提出青少年社会工作方案，使青少年体育推广符合社会发展需求；协调学校与体育俱乐部之间的关系，资助学校开展比赛活动，选拔有潜力的体育苗子；促进妇女儿童，残障人体育发展；加强与世界各国青少年体育组织联系，促进奥林匹克运动在世界各地的发展。

在服务社会上：一是非常注重其教育功能。根据法兰克福青少年俱乐部负责人介绍：他们规定会员进门要求说"你好"，与其他学员打招呼，离开时要求说"再见"，训练要求统一着装、统一语言、遵守相关规定，目的是培养会员养成尊重他人的习惯，培养规则意识。二是体育社会服务功能凸显。德国奥委会青体部负责人荣先生说，"在德国，体育工作是最大的社会工作"，如黑森州，其体育社会工作是通过组织多边活动，缩短不同国家、不同民族、不同人种之间的距离，以促进各民族和谐共处。三是提倡平等参与。2004年汉堡州体育协会发起了名为FSJ的活动，其宗旨是广泛吸引全社会各阶层青少年参加体育活动，以促进青少年团结友爱，体现社会公平。

在人才培养上："青少年体育俱乐部培养—体育学校培养—奥林匹克训练基地培养"的三级培养体系。统计数据显示，德国拥有91000个俱乐部，注册会员2470万人，占德国总人口的30%以上。德国青少年体育俱乐部与中小学体育工作联系紧密。如汉堡HT16俱乐部实施的"狐狸计划"由俱乐选派教练员到中小学校，每周指导学生开展两次课余训练，学习运动技能，培养体育兴趣。德国16个州共有体校39所，体校在校学生为11000人，平均办学规模为282人，其生源来自各类青少年选拔比赛。另外，德国还有体育特色学校100所。体校的办

① 胡安义，吴希林，蔡开明. 德国竞技体育后备人才的培养与启示［J］. 体育文化导刊，2013（9）：67-70.

学执照由联邦奥委会进行审批，但其管理归属教育部门。文化教育由教育部门负责，教学大纲与普通中小学完全一致，体校训练由协会负责。学生在体校学习期共有三次淘汰考试，第一次、第二次以体育成绩为依据，淘汰率分别为 5% 和 15%，第三次进行文化考试，成绩不合格的学生将被分流到职业学校就读，经筛选留下的运动员则进行"三集中"管理，以保证训练质量。体校毕业以后，成绩优异的运动员将被协会选送到奥林匹克基地进行训练。目前，德国拥有奥林匹克训练基地 19 个，基地配备德国最先进的训练场馆设施与科研服务团队，主要负责向运动员提供医疗服务、心理咨询和社会保障等工作。

德国高度重视学校体育发展。体校课程与普通中学完全一致，体育课为固定课程，绝对不允许被占用。中小学生每周开展三节体育课，以夏季奥运会项目为主要学习内容；学生文化学习时间为 30 小时 / 周，自习时间为 10 小时 / 周，训练时间为 20 小时 / 周，文化课时高于训练。德国规定，体育教师与其他学科教师同工同酬。德国学校体育侧重培养青少年体育兴趣。其中小学生每周体育课时数为 3 课时，教学内容以足球等夏季体育项目为主，教学方法以游戏与比赛为主，评价标准以培养体育兴趣为主，淡化技术与成绩。以汉堡一所中学为例，该校对学生体育成绩的评价指标如下：跳远主要看助跑后踏板的准确性，游泳主要评价学生碰壁转身技术，足球主要看学生跑位盯人及 12 分钟跑的能力。据该校负责人解释，这样的评价方式让每位不同身体条件的学生都有平等的机会展示自身才华，有利于学生体育兴趣与自信心的培养，能有效避免教育歧视。

德国教练员分为 A、B、C 三个等级。C 级教练员包括助理教练与初级教练，助理教练等级最低，有 166965 人，主要负责群众体育指导以及辅助性教练工作，初级教练员有 222108 人，主要负责初学者体育指导；B 级教练有 31811 人，主要负责区级别运动员辅导工作；A 级教练员有 10174 人，既可以从事群众体育工作，也可以执教高水平运动队，体校教练员一般具备 A 级，德甲俱乐部教练员必须具备 A 级；德国最高教练员级别为硕士学位教练员，数量有 1288 人。德国教练员总数 432346 人。

德国青少年体育包括群众体育、竞技体育、社会工作三个范畴，其竞技体育成绩有目共睹，尤其是前民主德国，20 世纪 70 年代，在三届奥运会占据金牌榜前三的位置。①

（三）苏联（俄罗斯）竞技体育后备人才培养研究

苏联是竞技体育强国，它的竞技体育后备人才培养模式为世界许多国家所借鉴，经修改符合自身国情推广实施，中国是其中一员。为保障竞技体育的发展，

----

① 刘远花，吴希林.德国青少年体育发展及竞技后备人才培养经验与启示［J］.2014（7）：67-70.

1988 年，苏共中央做出了《完善足球、其他球类项目管理和主要运动项目运动员、运动队管理辅助措施的问题》的决议，对运动员的职务确定、劳动合同、运动员服务年限、退役运动员的退休金和其他待遇等做了较为详细的规定，极大地促进了俄罗斯竞技体育后备人才培养工作。1991 年，苏联解体后，俄罗斯几乎承接了苏联几乎所有的体育体制。竞技体育后备人才仍然遵循着"中央集权管理模式"，1993 年制定了《体育和竞技运动的立法基础》，1999 年推出《俄罗斯体育与竞技运动的保护政策》，颁布了《俄罗斯联邦体育和竞技运动法》，这些法律为俄罗斯竞技体育后备人才培养起到了强大的保障作用 ①。

俄罗斯把竞技体育后备人才培养重心放在学校，采取"体校化"培养与教育部文化教育相融合的方式，具有显著的"体教融合"特征。其竞技体育后备人才的成长道路是少年体校—专项体校—高级运动技术学校—国家集训队。即青少年通过层层选拔，最优秀选手被选拔到高级运动技术学校进行专业训练，而选拔优秀的运动员进入国家训练基地进行系统训练。在这些层层选拔的过程中，由于缺乏科学的选拔方法或手段，目的性不够明确，选拔手段比较单一，造成了经费的大量浪费和人才的大量流失。据此，1961 年，苏联创办了专项体校。为了提高运动员的参与率，根据学生需要，将学生集中在体校进行运动训练，而分散至其他学校进行文化学习。由于训练和学习有时间上的冲突，运动员需解决学训矛盾问题，这也是我国现行竞技体育后备人才培养中难以解决的瓶颈问题。20 世纪 70 年代，苏联政府相继成立了项目训练中心和高级技术学校，在这里训练的运动员学生每天可以领取生活补贴。这两项举措的目的是克服后备人才培养周期长、经费消耗大、成才率不高的培养体制短板。

俄罗斯总统普京非常重视竞技体育后备人才培养工作，要求大力支持体校的改革工作，认为体校的成败关系到体育的未来，并要求将运动医学、训练科学、生物力学等领域的科研成果应用于体校培养竞技体育后备人才的实践工作，不断优化运动员训练方法。俄罗斯体育体制的基础是各级体育运动学校，俄罗斯的体校水平一直位于世界前列。一方面，体校是俄罗斯青少年和儿童进行体育运动的主要场所；另一方面，体校是培养高水平竞技体育运动员的主要阵地，俄罗斯国家队的运动员主要来自体校 ②。俄罗斯体校分为 5 类，依次是青少年体育俱乐部、青少年运动学校、青少年奥林匹克后备力量学校、奥林匹克后备力量中等学校和高等运动健将学校 ③。目前，俄罗斯共有 4500 多所各级体校，290 多万在校学

① 夏漫辉. 深化体教融合背景下我国竞技体育后备人才培养研究 [J]. 体育文化导刊，2021（3）：54–59.

② 董佳华. 国外竞技体育后备人才培养法制化对我国的启示 [J]. 沈阳体育学院学报，2015（10）：54–58.

③ 侯海波等. 国外竞技体育强国后备人才培养体制及启示 [J]. 上海体院学报，2005（8）：1–5+15.

生，其中包括 3500 多所少年儿童学校、近 900 所专门的高级运动技术学校和奥林匹克后备力量学校①。

（四）日本竞技体育后备人才培养研究

日本竞技体育后备人才培养的思想理念是以教育为首位，以学校为依托，使教育和体育相统一，培养全面发展人才。体育后备人才培养模式与美国有相似之处，但有自己独特的社会俱乐部或企业制度②。日本竞技体育后备人才培养模式属于综合型管理体制，由政府和体育社会组织共同管理体育工作。政府对体育的管理主要在于宏观把控，采取民办官助的形式，依靠民间社团、联盟、学校、企业等社会力量来共同发展体育运动③。日本文部省体育局是管理学校体育运动的主要政府部门，长期以来形成了完善的管理机构和体制④。

日本政府为确保学校培养竞技体育后备人才，确实履行培养竞技体育后备人才的职责，制定了一系列的规章制度。1959 年，颁布了《日本学校安全协会法》、1961 年颁布了业余体育基本法——《日本体育运动振兴法》、1964 年颁布了《关于增进国民健康和体力对策》的内阁决定、1989 年文部科学省提出了《关于面向 21 世纪的体育振兴策略》和 2000 年同一部门制定的《体育振兴基本计划》、20 世纪 80 年代相继出台了《国家体育场馆法》和《学校健康中心法》。这些法律法规的出台，为日本竞技体育后备人才培养提供了全面的法律保障⑤。显示了政府发展体育运动、促进体育教育的决心，将普及与提高（竞技体育）放到了同等重要的地位⑥。

在实操上，日本非常重视学校体育和学生体质锻炼，即使是在寒冷的冬天，学生们也会被要求着短装进行室内外体育活动。日本的学校体育分为课堂体育和课外体育活动两部分。学校体育俱乐部是学生参与课外体育活动的主要组织者，在全国非常普遍，他们在课余时间组织学生进行训练，学校鼓励学生在寒暑假进行集中训练，但政府不主张让初中以下的学生进行专项训练。日本各级各类学校加大了学校场地、器材建设，并纳入学校评估体系以推动学校严格执行。在颁布教育指导性计划时，安排体育课、课外体育活动内容，并建立相应的督导制度，

---

① 王飞，张加军.国内外竞技体育后备人才培养模式的研究［J］.赤峰学院学报，2013（5）：182-184.

② 薛怡敏.美、俄、德、日四国业余体育训练体制的发展特点［J］.沈阳体育学院学报，2003（6）：113-114.

③ 孙克宜，秦椿林.试论体育管理体制与中国体育管理体制改革［J］.北京体育大学学报，1995（3）：3-6.

④ 金宏宝.中日体育后备人才培养模式比较研究［J］.沈阳体育学院学报，2011（4）：85-87.

⑤ 孙金蓉.日本学校体育伤害事故的现状及事故补偿制度的考察［J］.武汉理工大学学报（社会科学版），2004（6）：402-404.

⑥ 黄世席.日本体育法及其对我国相关体育立法的借鉴［J］.体育与科学，2006（3）：67-74.

推动青少年学生参与体育活动之中。他们提倡年龄过小的学生应参与素质训练，鼓励适龄学生利用课余时间进行专业运动训练[①]。

综上所述，学校是体育人才崭露头角的第一个舞台，也是其体育训练的起点，发达国家的青少年竞技体育后备人才培养各具特色。与之相比，我国的学校体育尚有许多待完善之处，因此，深化学校体育教育改革势在必行。国外学校体育既能保证青少年运动员整体文化素养的提升，也能促进其运动潜能的挖掘和经验的发挥，对目前我国竞技体育后备人才培养具有借鉴作用与启示。

三、综述

（一）竞技体育后备人才是形成体育强国的核心

研究表明，无论是已达成体育强国目标的国家，还是正在努力实现体育强国目标的国家，都十分重视对竞技体育后备人才的培养，体育强国的成功经验告诉我们，以人为本，健全人格，高度重视文化学习与运动训练的深度融合，是人才培养成功的关键要素。国家竞技体育水平的高低，不仅体现在国际体育舞台上的话语权，甚至辐射到社会领域的各方面。2008年北京夏季奥运会和2022年北京冬奥会的成功举办，不仅彰显了中国竞技体育"举国体制"的巨大优越性，更展现出了华夏儿女在新时代新征程中实现中国梦的蓬勃朝气。借助我国社会制度，筑好少儿体校在培养竞技体育后备人才的主渠道地位并发挥育人功效，加大学校体育工作改革力度，以实现健康中国、体育强国，是我辈体育科研人员、教练员、工作者的神圣使命。

（二）学校体育是竞技体育后备人才成长的摇篮

学校体育是群众体育普及和竞技体育提高的主阵地，以健身为驱动，满足学习需求，促进有效教学，是新时代学校体育教学模式创新和融合发展的重要选择。少年强则中国强，体育强则中国强，青少年的健康关乎民族振兴、国家兴盛。随着我国经济的发展，综合国力的不断提升，我国体育事业的发展从"体育大国"向"体育强国"迈进。为了贯彻"健康第一"的教育理念，进一步推进体育与教育的融合，实现"体育强国"的发展目标，必须建设好高水平竞技体育后备人才试点，不断优化体育传统项目，做大青少年体育俱乐部，办好学校体育代表队，科学合理地安排课余体育训练，积极发展青少年体育，培养高素质的体育后备人才。同时，要充分发挥体育教学作为学校教学体系的重要构成和学校体育工作的中心阵地的作用，引导学生形成良好习惯，锻炼强健体格，培养运动技能，塑造坚强品格。开足开齐体育课，做好课余体育训练，体育老师与其他学科

① 王飞，张加军.国内外竞技体育后备人才培养模式的研究［J］.赤峰学院学报，2013（5）：182–184.

老师同工同酬。

（三）体育强国目标达成与国家政治、社会、经济发展息息相关

研究分析表明，在政治层面上，体育强国达成过程中与国家政治、社会、经济发展息息相关。体育强国内涵包括竞技体育、青少年体育、群众体育、体育产业、体育文化和体育外交。在我国，为寻求体育强国目标的达成，竞技体育和青少年体育长期以来受到人们的重视与研究，并以此推动群众体育普及的研究、竞技体育市场化、职业化带来的体育产业研究、竞技体育赛事带来的体育文化和体育外交政策与方法的研究。甚至从实操层面入手，以现代体育运动项目，特别是主流运动项目如田径、游泳、三大球，这些既是奥运会主要项目，又是观赏性较高的项目，对锤炼运动员意志、培养人们的人文素养和道德情操有育人功效，尤其是研究对竞技体育后备人才培养体系有重要影响的项目，寻找体育回归教育路径，让学校普通教育和体育教育深度融合，从而探寻文化学习与运动训练之间矛盾解决的良方，夯实后备人才根基，以实现教育强国、体育强国。

国内外相关的研究成果，对本书有很强的参考价值。但不难发现，国内外现有的理论研究都是基于白色与黑色研究，回答几乎只有两个答案，是与不是。灰色地带的研究偶尔有之，无规律，也无章可循。因此，本书建立灰色系统研究模型，有两个方面的优势，第一，研究者可以获得更多的有价值研究信息，使得研究结论更无限地接近真相；第二，提供一种更为科学得研究方法，可为类似研究提供借鉴。

第三节　研究的目的和意义

一、研究目的

假设"体教融合"是竞技体育后备人才培养的发展趋势，本书主要在充分描述和分析竞技体育后备人才培养的发展历程、现状、基本特征的基础上，探究新时代中国竞技体育后备人才培养的发展之路，针对新时代新征程中的社会特征，重构符合社会发展需要的培养体系，提出以"体教融合"为主，以职业俱乐部下的竞技体育为辅，完善"举国体制"的竞技体育后备人才培养模式有两个目的：

（1）建构我国运动员后备力量培养体系的新型运行模式，有效解决高水平运动员后备力量不足问题。

（2）架构新时代学校竞技体育基本理论体系，为制定学校体育和素质教育相关政策，实行强国梦提供理论依据。

二、研究意义

我国正处在一个深刻的社会变革的新时代，2020年10月15日，中共中央办公厅、国务院办公厅发布的《关于全面加强和改进新时代学校体育工作的意见》明确提出了"学校体育是实现立德树人根本任务、提升学生综合素质的基础性工程，是加快推进教育现代化、建设教育强国和体育强国的重要工作，对于弘扬社会主义核心价值观，培养学生爱国主义、集体主义、社会主义精神和奋发向上、顽强拼搏的意志品质，实现以体育智、以体育心具有独特功能。"从而把以"健康第一"为指导思想的学校体育，提高到建设体育强国、促进经济社会发展、实现中华民族伟大复兴的高度，形成了实现中国梦的国家战略。厘清国家战略的脉络，是深刻理解国家战略的前提。学校体育、少儿体校以促进青少年体质健康为宗旨，围绕竞技体育后备人才培养、增进青少年身心健康为目标的文化课程学习、体育教育教学、课外体育活动开展和业余训练进行的改革迫在眉睫。为此，开展竞技体育后备人才培养研究，及时为实践提出新机制、新路径具有重要的研究意义。

三、研究价值

（一）学术价值

学理层面：有效贯彻"中国梦，体育强国梦"和《健康中国2030》，丰富我国学校体育的理论内涵。在新时代新征程中，为当代青少年竞技体育后备人才培养提供具体与切合实际的理论依据。

实践层面：以人的全面发展学说、社会协同学说及灰色系统理论等为基础，探析新时代青少年体育后备人才培养模式，既是深入解读新时代新征程中竞技体育后备人才培养问题的钥匙，又是科学建构转型期新型学校体育训练管理体制与运行模式的入口，它将指导、帮助有关人员掌握和遵循竞技体育与素质教育协同发展的客观规律。应科学正确地处理好竞技体育与学校体育教育、学校教育之间的关系。

（二）应用价值

（1）随着新时代新征程带来综合环境的变化，国家竞技体育后备人才的培养模式，在理论和实践上都存在许多亟待解决的问题。本书将为我国建立竞技体育后备人才培养体系的改革提供新型运行模式和路径。

（2）架构新时代青少年竞技体育基本理论体系。丰富学校竞技体育基础理论和知识，为制定学校竞技体育和素质教育相关政策，实现体育强国梦提供理论依据。

第四节　竞技体育后备人才培养与体育发展方式

一、相关概念界定

（一）体育大国

（1）概念。体育大国，是从"大小"等数量维度衡量一个国家体育发展状况。从目前体育的发展状况看，我国是一个体育大国，而不是真正的体育强国，从体育大国迈向体育强国，是我国体育发展的方向和目标[①]。

（2）释义。从我国现阶段体育的发展水平看，我国现在还只是个体育大国。首先，从竞技体育看，中国夏季奥运金牌超过200枚，体育大国实至名归。从1984年洛杉矶奥运会许海峰的第1枚金牌，到亚特兰大奥运会邓亚萍的第50枚金牌，从雅典奥运会张怡宁的第100枚金牌，到北京奥运会何雯娜的第150枚金牌，再到伦敦奥运会陈若琳的第200枚金牌。到目前为止，中国军团的奥运金牌数仅次于拥有悠久奥运历史的美国、俄罗斯、英国、德国。在东京奥运会上，我国以32金22银16铜排名奖牌榜第二，但在田径项目上，仅收获2金2银1铜，总计5枚奖牌，与美俄等强国相去甚远；在三大球方面，不仅没有收获奖牌，甚至还发挥出了最差水平[②]。其次，从群众体育看，我国地域广阔，人口众多，如果统计体育发展的绝对数据，往往是世界第一。如仅在2013年，我国就投入总局本级体育彩票公益金约13.3亿元，进行了大规模场地器材建设；进行了国家级社会体育指导员培训工作；开展了校园足球活动，吸引了大量的青少年参与其中；体育产业有了长足进步。2014年10月颁发的《国务院关于加快发展体育产业 促进体育消费的若干意见》，将我国体育产业改革引向深水区，同时，以法律、法规的形式有力地促进我国体育事业和体育产业的全面、协调、可持续发展，推动我国由体育大国向体育强国迈进[③]。

---

① 刘鹏局长在全国体育局长会议上的讲话［EB/OL］. http://www.sport.gov.cn/n16/n1077/n1392/n4891927/n4891959/4898072.html，2013-12-24.

② 姜雪峰. 中国是体育大国，还是体育强国［J］. http://news.cyol.com，2012-08-13.

③ 刘鹏局长在全国体育局长会议上的讲话［EB/OL］. http://www.sport.gov.cn，2013-12-24.

（二）体育强国

（1）概念。解读《体育强国纲要》，本书研究定义，遵循体育自身发展规律的要求，当一个国家的体育在竞技体育、青少年体育、群众体育、体育产业、体育文化和体育外交等方面都全面发展，并能居于世界前列时，可称为体育强国。

（2）释义。随着我国政治、经济社会的不断进步，综合国力的提升，体育事业得到长足的发展，何谓体育强国，1983 年，原国家体委在《关于进一步开创体育新局面的请示》规定了主要指标，第一，经常参与体育锻炼的人数在总人口中的占比增加，他们的身体素质、身体技能指标明显改善；第二，国家竞技体育项目在国际上排名达到或者接近世界水平；第三，建设符合洲际或者国际赛事的体育场馆；第四，竞技体育队伍结构合理。这是"体育强国"较早的内涵表述。

2008 年，胡锦涛总书记在《在北京奥运会、残奥会总结表彰大会上的讲话》指出："我们要坚持以增强人民体质、提高全民族身体素质和生活质量为目标，高度重视并充分发挥体育在促进人的全面发展、促进经济社会发展中的重要作用，实现竞技体育和群众体育协调发展。"改变了体育强国仅仅是竞技体育领先的认识，把群众体育事业纳入体育强国的轨道上。2019 年 9 月，国务院办公厅正式颁布了《体育强国建设纲要》（以下简称《纲要》），部署推动体育强国建设，充分发挥体育在建设社会主义现代化国家新征程中的重要作用。《纲要》指出，要以习近平新时代中国特色社会主义思想为指导，按照党中央、国务院关于加快推进体育强国建设的决策部署，坚持以人为本、改革创新、依法治体、协同联动，持续提升体育发展的质量和效益，不断满足人民对美好生活的需要，努力将体育建设成为中华民族伟大复兴的标志性事业。《纲要》提出，到 2020年，建立与全面建成小康社会相适应的体育发展新机制。到 2035 年，体育治理体系和治理能力实现现代化，全民健身更亲民、更便利、更普及，经常参加体育锻炼人数达到 45% 以上，人均体育场地面积达 2.5 平方米，城乡居民达到《国民体质测定标准》合格以上的人数比例超过 92%；青少年体育服务体系更加健全，身体素养极大提升；竞技体育综合实力和国际影响力大幅提升，体育产业成为国民经济支柱性产业，体育文化感召力、影响力、凝聚力极大提高，体育对外和对港澳台交往更活跃、更全面、更协调。到 2050 年，全面建成社会主义现代化体育强国，人民身体素养和健康水平、体育综合实力和国际影响力居于世界前列。

（三）竞技体育

（1）概念。竞技体育指在以追求运动成绩最大化，最大限度地发挥人体能力，不断突破和创造优异成绩，并在运动竞赛中以胜负分出形式而表现的体育活动。

（2）释义。在我国，较有代表性的概念如过家兴等（1986）提出的定义："竞技体育是指在全面发展身体，最大限度地挖掘和发挥人（个体或群体）在体力、心理、智力等方面潜力的基础上，以攀登运动技术高峰和创造优异运动成绩为主要目的的一种运动活动过程。"

竞技体育的明显特征：竞争性、规范性、公平性、公开性、功利性、不确定性、娱乐性。这些特性赋予了竞技体育众生平等，竞技运动可以创造偶像和英雄，竞技体育的结果不确定性。同时，赋予了在竞技体育舞台上可以追求人生价值最大化，人们可以在其中获得满足和美感。

（四）竞技体育后备人才

（1）概念。竞技体育后备人才指在身体机能能力、心理能力和运动能力上具有发展的潜力，通过选拔进入学校、体校或俱乐部接受科学、系统的体育训练和参加有组织的体育竞赛，在运动项目上具有创造优异运动成绩可能性的青少年人才集合体。

（2）释义。《辞海》对"人才"的解释是"①有才智和能力。②指人们认识世界、改造世界的才智和能力。"[1]《中国百科大辞典》人才卷对"人才"的解释是"①广义的'人才'指经过正规和非正规、系统和非系统、自我或环境的教育与训练，从而掌握了一定的知识、具有一定的能力、专长和品德的人。②狭义的'人才'指具有较强的创造能力、对社会做出重大贡献的人。"[2]《辞海》对"后备"的解释是"准备应用的""后备力量"泛指战时可以征集到军队服役的人员。

《现代汉语词典》的解释是"为补充而准备的人员、物资等。"[3]在体育界内，"后备力量"和"后备人才"多指优秀运动队下属的青少年运动员。而"后备人才"一词更涵盖青少年的成才之意，近年来在体育界已成共识并广泛使用。赵桂银（1993）认为，体育竞技人才指在体育竞技领域内，专门从事运动训练和参加体育竞技比赛的人才。[4]杨再淮认为，广义上的竞技体育后备人才涵盖面较宽泛，包括除运动员以外的与体育工作有关的其他各类人才。狭义上的竞技体育后备人才主要指具有一定潜能的青少年运动员这一特殊群体。两者之间既有联系，又有区别。[5]这与国家体育总局对二线、三线运动员的界定基本吻合。一般意义

---

① 辞海［M］. 北京：北京中国书籍出版，2003.
② 中国百科大辞典编委会. 中国百科大辞典［M］. 北京：中国大百科全书出版社，1990.
③ 现代汉语词典［M］. 北京：商务印书馆，2002.
④ 赵桂银. 体育人才学［M］. 北京：人民体育出版社，1993.
⑤ 耿廷芹. 竞技体育后备人才培养模式研究［C］. 第二十三届全国高校田径科研论文报告会论文专辑，2013：8.

上，体育界内人士把二线、三线的青少年运动员作为竞技体育的后备人才。

二、竞技体育后备人才培养与体育发展方式

后备人才是竞技体育发展的基础和保障，竞技体育是实现体育强国的重要指标①。受国民经济、社会和政治发展的影响，多年来我国体育的发展一直受到党和政府的高度重视，也是学术界一直关注的热点问题。纵观新中国的成长史，伴随中国经济、社会和政治的发展进程，中国体育经历了由粗放型跨越式追赶到向质量型发展的转变②，其竞技体育后备人才培养方式也经历了学校体育、体教分离、体教结合、体教融合或体教合一的改革之路。

所谓改革竞技体育后备人才培养方式，指从单一性以政府包办、学校负责的培养方式到政府主导、学校负责、社会多种成分参与的"举国体制"和市场机制相结合的新的体制机制的改革。它主要立足于探讨新时代竞技体育后备人才培养方式的要素投入结构，期待通过提高全要素投入率对人才培养的贡献度提高人才培养的质量，其投入方式由粗放型发展向集约型发展再到高质量发展的转变。③改革体育发展方式在我国是通过政治程序确立的新提法。2019年8月10日，国务院办公厅颁发《体育强国建设纲要》，界定了改革体育发展方式，实现体育强国的基本思想："要以习近平新时代中国特色社会主义思想为指导，按照党中央、国务院关于加快推进体育强国建设的决策部署，坚持以人为本、改革创新、依法治体、协同联动，持续提升体育发展的质量和效益，不断满足人民对美好生活的需要，努力将体育建设成为中华民族伟大复兴的标志性事业。"④党的二十大进一步明晰了改革体育发展方式的基本要求："广泛开展全民健身活动，加强青少年体育工作，促进群众体育和竞技体育全面发展，加快建设体育强国。"⑤

自党的十四届五中全会正式提出"积极推进经济增长方式转变"以来，国民经济出现了又好又快的发展，尤其在转变经济发展方式、完善社会主义市场经济体制方面取得重大新进展。我国体育综合改革随之跟进，积极进行理论探索和实践。这个新提法中蕴含的新思路激发了学术界新一轮研究热潮。

在一系列亟须研究的新课题中，重中之重是厘清竞技体育"举国体制"下的

---

①⑤ 习近平.高举中国特色社会主义伟大旗帜　为全面建设社会主义现代化国家而团结奋斗——在中国共产党第二十次全国代表大会上的报告［EB/OL］. http://www.gov.cn.

② 杨桦，任海.转变体育发展方式由"赶超型"走向"可持续发展型"［J］.北京体育大学学报，2013（1）：1-9.

③ 马德浩，季浏.新时期的三大改革对中国体育发展方式改革的影响［J］.体育科学，2011（1）：14-19.

④ 国务院办公厅，体育强国建设纲要（国办发〔2019〕40号）［Z］.2019.

粗放型赶超方式向集约型发展方式转变，到高质量发展转变和"体教分离"到"体教结合"，再到"体教融合"模式下的竞技体育后备人才培养之间的内在联系。成果颇多，从理论研究和实践演变的角度，研究者通过创新引用经济社会变革中"转变经济增长方式和转变经济发展方式再到高质量发展"所涉及的一系列概念及相互间的关系，以求在新时代进一步厘清体育发展方式的思路，找到落实体育发展方式转变各项举措的关键环节和着力点。其代表成果有朱建清（2010），刘玉（2012），季浏（2013），董传升（2013），杨桦、任海（2016），周战伟（2016），辜德宏、蔡端伟、王家宏（2017），鲍明晓（2018），马德浩（2021）等，他们在体育发展方式的体制、演进历程、改革的原因剖析、转变的方向、体育发展方式的理念与要求、体育发展方式的分类等方面提出了很多富有启发性的观点，为转变体育发展方式提供了理论上的支撑。

（一）从历史演进看竞技体育后备人才培养与体育发展

从我国的理论探索与实践看，我国竞技体育后备人才培养与体育发展方式先后经历了4次历史性转变。在发展体育方式上，后备人才培养与体育发展之间存在一脉相承的、递进的内在联系。深刻理解从"转变人才培养方式"到"转变体育发展方式"必须先理解体育发展的观念和实践如何从重视"粗放型追赶"转变到重视"集约型发展"再到"高质量发展"的演进历程。

新中国诞生之初，我国最为迫切的任务便是恢复或发展经济，让人民由缺衣少食的日子过上衣食温保的日子。作为经济建设的第一生产力要素的人，由于长年战争和经济贫困，国人多数营养不良，人均寿命只有35岁[①]，严重阻碍了国民经济的恢复与发展。"经济发展问题实质上是通过增加人均产出来提高国民收入水平，使每一个人都能消费得更多"[②]。这时，改善人民的健康状况，增强人民体质，就成了党的一项政治任务，[③]体育运动被明确以服务人民健康、经济建设和国防建设为目的。[④]

基于这一发展观，我国体育的发展主要是以普及方式为主，以提高人民群众健康水平。1951年，国家推行了增进青少年儿童身心健康的措施，[⑤]在次年6

① 新华社，70年来我国人均预期寿命从35岁提高到77.3岁［EB/OL］.数据要闻，http://www.gov.cn，2019.

② ［澳］海因茨·阿恩特.经济发展思想史［M］.唐宇华、吴良鳍译，北京：商务印书馆，1997.

③ 国家体委政策研究室.中共中央批转中共体委党组关于加强人民体育运动工作的报告的指示（1954年1月8日）［A］//体育运动文献选编（1949-1981）［M］.北京：人民体育出版社，1982.

④ 国家体委政策研究室.在总路线的照耀下，为开展群众性体育运动而奋斗（摘录）//体育运动文献选编（1949-1981）［M］.北京：人民体育出版社，1982.

⑤ 国家体委政策研究室.中央人民政府政务院关于改善各级学校学生健康状况的决定（摘录）（1951年8月6日），体育运动文献选编（1949-1981）［M］.北京：人民体育出版社，1982.

月 10 日，即全国体育总会成立前夕，毛泽东发出了"发展体育运动，增强人民体质"的号召。① 围绕该主题，理论界和一线体育工作者先后经历了着力于摒弃西方列强强加给我国"东亚病夫"帽子、提高国民体质、延长国民寿命的研究与实践热潮，随着 9 部委关于贯彻中华全国体育总会的今后体育运动方针任务的联合通知的下发②，全国群众健身活动蓬勃开展，课间操、工间操、各种课外体育活动红红火火，燃遍九州；短短数年，中国人民的平均寿命由 35 岁增长到56 岁。③

随着生产力第一要素的提高，在党和政府高度重视下，国民经济得到快速恢复、社会得到迅速朝前发展。"'发展'让一个原来或多或少长期处于停滞状态的国民经济，具有能够产生和支持每年 5%~7% 的国民生产总值增长率的能力"④，这让中华民族的自信心及党和人民政府的威望迅速提高。

为获得更多的国际话语权，让新生的中华人民共和国走向世界，1956 年随着第一个国民经济发展 5 年规划的实施，开始了第二次体育发展方式的改革。鉴于竞技体育夺冠扬名的突出地位与作用，体育发展方式开始向竞技体育倾斜，即优先发展竞技体育，竞技体育后备人才培养也以增强青少年儿童体质为主的学校体育活动向提升运动技术水平和提高专项运动技能为主的业余训练形式转变；国家体委参照苏联经验在全国创建青少年业余体校⑤，竞技体育后备人才培养形式由学校运动队扩展到体育传统项目学校、少儿业余体校、专业队，开始了一条龙式的三级训练网体系的专项训练，并逐渐形成了计划经济体制下的竞技体育"举国体制"，竞技体育取得了非凡成就。

第三次改革是以"体教结合"为主的竞技体育后备人才培养方式转变和以体育综合改革为推手的体育发展方式的转变。随着我国国民经济、社会、政治改革进程不断深入，经济发展已由计划经济转向市场经济为主体，经济增长方式由"粗放型追赶"转变为"集约型发展"，体育和教育改革跟随推进。《中共中央关于教育体制改革的决定》发布第二年，1986 年，体育体制改革⑥ 随后跟进。体

① 国家体育总局."发展体育运动，增强人民体质"题词缘起［EB/OL］. http://sport.gov.cn.

② 国家体委政策研究室.教育部、卫生部、总政治部、青年团中央、全国总工会、全国妇联、全国青联、全国学联关于贯彻中华全国体育总会的今后体育运动方针任务的联合通知（1952 年 6 月 30 日），体育运动文献选编（1949–1981）［M］.北京：人民体育出版社，1982.

③ 新华社.70 年来我国人均预期寿命从 35 岁提高到 77.3 岁［EB/OL］. http://www.gov.cn.

④ ［美］M.P.托达罗.第三世界的经济发展（上）［M］.于同申等译，北京：中国人民大学出版社，1988.

⑤ 马德浩.新中国成立以来我国竞技体育发展方式演进历程与展望［J］.中国体育科技，2021（1）：4–11.

⑥ 国家体委政策研究室.关于下发《国家体委关于体育体制改革的决定（草案）》的通知（1986 年 4 月15 日），（86）体政研字 11 号［A］//体育运动文献选编（1982–1986）［M］.北京：人民体育出版社，1989.

育体制改革包含十大内容：改善领导体制、建立训练体制、改革竞赛体制、推广群众体育、繁荣民族传统体育、建设体育科研、改革体育教育体制、改进体育宣传、完善奖励制度、开放的体育外交。为配合教育、体育体制改革，1985 年，国家教委、国家体委联合在山东掖县召开了全国学校学生业余训练工作座谈会，重点讨论研究了《关于发展学校体育训练，提高学校体育运动技术水平的规划（1986—2000 年）》并在 1986 年以文件形式下发①。随后，教育部批准了第一批 51 所高校试办高水平运动队、216 所中学为高水平竞技体育后备人才培养试点中学，他们均以"体教结合"的形式配合国家教委、体委由"粗放型追赶"转变为"集约型发展"的体育综合改革。

第四次改革是当前正处于研究热潮中的以"体教融合"或"体教合一"为形式的竞技体育后备人才培养与"高质量发展体育方式"的转变。高质量发展是全面建设社会主义现代化国家的首要任务，而构建高质量的竞技体育后备人才培养体系是高效推进群众体育和竞技体育全面发展，实现"体育强国"的重要载体。然而，通过前 3 轮体育改革与发展，我国体育，尤其是竞技体育，其体制机制与经济社会发展不相适应情况依然存在，表现在地区和城乡之间发展不平衡，大学和中小学之间衔接不平衡，学校体育竞赛和职业体育竞赛贯通不平衡，奥运项目与非奥项目布局不平衡、夏季项目与冬季项目发展不平衡等诸多问题。在新时代，如何坚定不移地推动体育与教育的深度融合，着力破解竞技体育发展不均衡不充分的突出矛盾，实现体育发展与竞技体育后备人才培养从集约型发展转向高质量发展，已成为我国体育发展过程中迫切需要解决的新问题。

新时代，以人为本的理念不断深入人心。体育，尤其是竞技体育发展理念正在从强调竞技体育为国争光的单向度功能定位逐步向强调竞技体育多元化功能定位演进。管理体制正在从由政府一元主体管理向政府、社会与市场多元主体共治转变。运动项目布局正在由单一强调奥运会项目、优势项目发展向强调奥运会项目与非奥运会项目、夏季奥运会项目与冬季奥运会项目、优势项目与潜优势项目、基础项目及集体球类项目协调发展转变。②在竞技体育后备人才培养上从"体教结合"向"体教整合"转变。通过发展，不断实现发展成果由人民共享、促进人的全面发展上取得新成效。③

---

① 国家教委，国家体委.关于发展学校体育训练，提高学校体育运动技术水平的规划的通知.（86）教体字 015 号［J］.学校体育，1986（6）：6-8.

② 马德浩.新中国成立以来我国竞技体育发展方式演进历程与展望［J］.中国体育科技，2021（11）：4-11.

③ 杨桦，任海.转变体育发展方式由"赶超型"走向"可持续发展型"［J］.北京体育大学学报，2013（1）：1-9.

（二）竞技体育后备人才培养与体育发展方式的内涵、类型

关于体育发展方式，已有的工具书和教科书还没有作出专门的定义和解释。根据国内外已有文献对体育发展方式内涵较为一致的提法，指确保满足社会体育需求的这一过程得以持续的方法与机制。[①] 其实质是依赖什么要素，借助什么手段，通过什么途径，实现体育发展。梳理学者研究的理论成果发现，体育发展方式大致可统一划分为粗放型体育发展（也叫追赶型发展）方式、集约型体育发展方式（也叫可持续性发展）和高质量发展方式。粗放、集约与高质量这三个词，均来源于经济学。在农业生产上，广种薄收为粗放，精耕细作为集约。两者的主要区别是单位面积产量的高低，而高质量发展是创新驱动型经济的增长方式，随着生产力和社会分工的发展，粗放、集约与高质量这三个词从经济领域延伸到了体育学和其他学科。

党的二十大报告中明确提出"高质量发展是全面建设社会主义现代化国家的首要任务，要促进竞技体育全面发展，加快体育强国建设"。[②] 把粗放、集约和高质量的含义应用于探讨体育发展方式，是理论研究与一线实践所提出的粗放型（或赶超）体育发展方式、集约型（或可持续发展）体育发展方式和高质量体育发展方式。即面对新发展阶段我国竞技体育发展不平衡不充分、质量不高、效率低下等现实问题，竞技体育迫切需要改变原有的一味追求数量和规模增长的壁垒，从粗放式发展转变为集约式发展，进而提升发展质量和效益，推动体育强国和教育强国建设。[③]

粗放式体育发展，即国家投入的粗放（或赶超）型体育发展。所谓粗放型经济增长方式，指主要依靠资金、劳动力、原材料和能源等实体性生产要素的消耗来支撑经济增长。受制于实体性生产要素边际报酬递减规律的影响，快速经济增长往往伴随资源的大量消耗，其结果是高投入、高消耗、低质量、低效益。新中国成立初期，国民经济非常贫乏，人民健康状况非常糟糕，体育非常落后。面对中国体育一穷二白的状况，恢复经济、保卫国家、建设国家、走向世界是中国体育追求与服务的目标。体育发展全部由国家投资，实施计划经济，从改善国民健康入手，快速转身竞技体育以赶超体育先进国家，并逐渐形成中国特色的举国体制。该发展的贡献，快速构建了新型体育制度与发展方式，点燃了国人建设社会主义、发展国民体育的热情，凸显了社会主义制度的优越性。在该发展方式下的竞技体育后备人才培养主要由少儿业余体校、体工队完成。

① 杨桦，任海.中国体育发展方式改革研究［M］.北京：高等教育出版社，2016.

② 习近平.高举中国特色社会主义伟大旗帜　为全面建设社会主义现代化国家而团结奋斗——在中国共产党第二十次全国代表大会上的报告［R］.2022.

③ 刘玉.论新中国60年体育发展方式的演进与转变［J］.西安体育学院学报，2012（1）：25-31.

集约式体育发展，即国家主导、社会参与，多元化发展的集约式体育发展方式。所谓集约型经济增长方式，指主要依靠技术、管理和提高劳动者素质等手段提高资源的综合利用率来支撑经济增长。①改革开放 40 多年，经济发展由计划经济转变为市场经济，国民经济由新中国成立初的一穷二白已发展为世界第二经济体，中国在世界上已获得稳固的话语权。中国的竞技体育也在举国体制的推进下取得了非凡成就，从 1984 年获得夏季奥运会首枚金牌开始，奥运夏季项目已迈入世界前 3 强。当今中国，发展已成为各行各业新的主题，体育发展面临的主要问题是落后体育生产及供给与人们体育文化需求之间的矛盾，如何解放思想、寻求体育发展新动力、加快体育管理体制改革，推动我国体育事业快速持续发展成为这一时期体育发展的主题。②竞技体育后备人才培养由中小学校、少儿业余体校、高校、体工队、社会体育组织（俱乐部）共同完成。

高质量体育发展，即新发展理念引领下的高质量体育发展方式。所谓高质量发展指创新驱动型经济的增长方式，是能够很好满足人民日益增长的美好生活需要的发展，是体现新发展理念的发展，是创新成为第一动力、协调成为内生特点、绿色成为普遍形态、开放成为必由之路、共享成为根本目的的发展。③

从经济层面上讲，高质量发展指能够更好满足人民不断增长的真实需要的经济发展方式、结构和动力状态④；2021 年东京奥运会和 2022 年北京冬奥会，中国再次向世人展示我国在新时代体育发展的新成就。当下，面对世界百年未有之大变局，在全面建设社会主义现代化国家新征程、向第二个百年奋斗目标进军的关键时刻，我们要立足新发展阶段，全面贯彻新发展理念，针对体育发展不平衡不充分、质量不高、效率低下、竞技体育需求结构转变和需求升级等现实问题，以深化供给侧结构性改革为主线，推进体育发展的动力变革、效益变革、结构变革，提升体育发展的质量和效益。为此，新发展格局下全面建设体育强国，需要更新和树立能够支撑体育高质量发展的新思想、新理念至关重要。⑤2020 年 9 月 22 日，教育文化卫生体育领域专家代表座谈会指出：体育是提高人民健康水平的重要途径，是满足人民群众对美好生活向往、促进人的全面发展的重要手段，是促进经济社会发展的重要动力，是展示国家文化软实力的重要平台。这是我国体育高质量发展的思想基础。坚持以人为本、全面协调、可持续发展观，促

① 唐龙.体制创新与发展方式转变［M］.北京：中国社会科学出版社，2012.
② 刘玉.论新中国 60 年体育发展方式的演进与转变［J］.西安体育学院学报，2012（1）：25-31.
③ 赵昌文.推动经济向高质量发展［N］.光明日报，2018-04-18（3）.
④ 金碚.关于"高质量发展"的经济学研究［J］.中国工业经济，2018（4）：5-18.
⑤ 鲍明晓.新发展格局下体育发展的新理念、新动能、新模式、新机制研究［J］.体育科学，2022
（1）：3-14.

进经济社会与人的全面发展，推动以为国争光为主导的体育发展模式向以民生责任为主导的体育模式转型发展是发展的主题。竞技体育后备人才培养在现有中小学校、少儿业余体校、高校、体工队、社会体育组织（俱乐部）共同完成的形式上，如何做好"体教融合"甚为关键。

综上所述，我国体育发展尤其是竞技体育的发展，是在不断解决实践中遇到的问题，并依据当时实际需要所做的应对性选择基础上逐步形成的，从某种意义上讲，它的形成、转变是不断探索适合我国社会发展实际的选择过程。这个过程正如学者杨桦、任海（2016）所说："是由一系列量变和质变组成的动态过程，旨在满足日益增长的社会体育需求。用'发展'方式而不用'增长'方式来把握这一过程，就兼顾了量的增长与质的转化，更为符合体育过程自身的规律。"① 尽管在这个过程中，体育发展获取的途径不同、发展需求取向不同、发展内驱力及发展能力类型的不同②，但不可否定的是中国体育的发展始终沿着以人为本、科学发展、改革创新、打造中国特色、不断提升综合实力和国际影响力之路砥砺前行。

（三）竞技体育后备人才培养与体育发展方式改革的逻辑关系

体育要发展，后备人才培养是基础工程。从经济发展的历史演进过程看，人们将"经济增长"与"经济发展"相区别是基于对一些欠发达国家所出现的"有增长无发展"状况的观察与思考。应把经济发展与经济增长加以区分。认为发展＝经济增长＋结构转型，拓展了发展观的研究视野③。它启示我们：为什么发展体育？谁来发展体育？如何发展体育？④ 为了谋求体育发展，必须首先确保推动体育发展的各要素的到位，如政策、机制、资金等；如果政策失误，或机制上存在缺陷，则完全有可能不能实现持续、稳定面又协调发展的理想目标。与此相适应，体育发展方式与竞技体育后备人才培养也是一脉相承的，前者不是对后者的替代，而是以后者为基础，从更广阔的视野寻求通过提高体育发展质量来实现高水平竞技体育后备人才培养目标实现的途径。因此，深刻理解体育发展方式需以深入领悟竞技体育后备人才培养为逻辑起点。

关于体育发展方式构成环节的逻辑关系，像杨桦、任海（2016）⑤，辜德宏、蔡端伟、王家宏（2017）、马德浩（2021）等学者提出极具远见的见解，如"体

① 杨桦，任海.中国体育发展方式改革研究［M］.北京：高等教育出版社，2016.

② 辜德宏，吴贻刚，陈军.我国竞技体育内生式发展方式的概念、分类、内涵与特征探析［J］.天津体育学院学报，2012（9）：382-385.

③ 唐龙.发展观的历史演进述评［J］.财经科学，2005（11）：59-65.

④ 杨桦，任海.转变体育发展方式由"赶超型"走向"可持续发展型"［J］.北京体育大学学报，2013（1）：1-9.

⑤ 杨桦，任海.中国体育发展方式改革研究［M］.北京：高等教育出版社，2016.

育发展的目标设定具有统领作用，它决定着体育发展的方向。体育发展目标的确定是由社会的体育需求和满足其需求的现实条件所决定的。体育发展主体根据发展目标，选择发展机制，提供发展手段，以促使其朝着目标设定的方向发展。发展评定旨在通过反馈机制确保发展不迷失方向并改善发展过程，发展规范则使发展方式，有章可循、有法可依，以减少发展方式运作中的不确定性。"这些研究成果为我们后续体育高质量发展研究与人才培养提供强有力的导向支撑作用。

第二章　研究方案设计

第一节　研究思路、研究内容及创新点

一、研究思路

本书以我国各省竞技体育水平和教育现状为依据，取中游水平的江西、福建、湖南、黑龙江四省为研究对象，旨在探讨我国学校竞技体育后备人才培养模式的建立及其发展的基础，从分析新时代四省竞技体育后备人才培养的现状及特质入手，借鉴国外竞技体育后备人才培养的经验，结合现行竞技体育发展的要求和教育体制改革趋势，针对竞技体育后备人才培养的特点及存在的不足，提出竞技体育后备人才培养模式改革与创新的具体设想和建议，以求为我国竞技体育事业的发展提供参考依据。本书从理论、实证、应用三个层面开展研究。

（一）理论探索

首先，以人本发展为基础，科学发展观为指导，"健康第一"为准绳，以马克思关于人的全面发展学说和社会协同学说为理论，从发展和教育的视角审视中国学校竞技体育与学校素质教育，探求推动学校竞技体育和素质教育的协同发展，以提高学生综合素质的新路径。研究上主要是运用历史学、教育学、体育学、协同学等学科的基本原理，对江西、福建、湖南、黑龙江四省部分高校、中学（含业余体校和体育中专）竞技体育后备人才培养现状进行调研，剖析我国竞技体育后备人才培养的发展历程，构建我国竞技体育后备人才培养的理论分析框架。

其次，立足于中国现代化和经济全球化大背景，以发展学生为本，借鉴世界现代体育、教育等基本原理，对中、美、德、日、俄等国竞技体育后备人才培养模式进行比较分析研究。

最后结合 2008 年奥运会我国社会转型时期的特点、竞技体育发展要求以及

教育体制改革趋势，提出构建我国竞技体育后备人才培养新模式。它是新时代开展竞技体育后备人才培养的重要基础。本部分用定性与定量相结合的分析方法。

（二）实证分析

运用灰色系统理论建立灰色模型。灰色模型（Grey Model，GM）建立在发掘已知数据序列内在规律的基础上，利用灰色模型对灰色数列规律进行预测，具有数据少、结果准等特点。在建构理论分析框架的基础上，通过剖析影响竞技体育后备人才培养诸因素，选择有突破带动作用的动力、竞赛、激励、控制、保障等因子构建灰色模型；在统计分析和实证测算的基础上，编制符合新时代我国社会发展要求，符合我国竞技体育发展需求，具有地方特色的竞技体育后备人才培养模式的建模编程，并对现行竞技体育后备人才培养模式、管理与效益进行评估研究，为构建新时期我国竞技体育后备人才培养新模式打下基础。

（三）应用研究

根据以上理论和实证研究，结合中国国情提出建立新时期我国学校竞技体育后备人才培养新模式并开展应用研究，同时提出新时期我国开展竞技体育后备人才培养的发展战略，以求为我国竞技体育事业的发展提供参考依据。

二、研究内容

（一）主要研究内容

（1）我国竞技体育后备人才培养模式的基本现状与基本特征。

（2）我国竞技体育后备人才培养模式的理论研究。

（3）以马克思关于人的全面发展学说和社会协同学说等为理论基础，灰色理论为指导，建构竞技体育后备人才培养新模式研究。

（4）针对2008年奥运会我国社会转型时期特点、竞技体育发展要求以及教育体制改革趋势，对新构建模式进行应用研究。

（二）研究的重点难点

（1）研究的重点，收集、甄别影响竞技后备人才培养因素的动力机制、竞赛机制、激励机制、控制机制和保障机制等建模因子。

（2）研究的难点，构建符合新时期我国社会发展要求，符合我国竞技体育发展需求，具有地方特色的学校竞技体育后备人才培养模式的建模编程。

三、创新点

（一）视角创新

在借鉴国外经验，充分考察社会转型时期的历史条件及发展趋势的基础上，引入社会协同学的核心概念范畴，从新的理论视角探讨竞技体育后备人才培养体系，试图构建以"体教融合"为主模、多种模式协同发展的竞技体育后备人才培养模式。

（二）应用创新

本书首次利用灰色系统理论建立模型进行研究，丰富和完善了竞技体育人才培养的理论，为我国竞技体育的发展和深化素质教育改革提供可借鉴的目标模式、改革策略和路径选择。

第二节　研究对象与方法

一、研究对象

研究对象是我国竞技体育后备人才培养体系。根据本书具体的研究目的和内容，设计相关的调查表格和访谈提纲，调研对象主要是以江西、福建、湖南、黑龙江四省为主，以国家体育总局、教育部门及相关省市体育局青少处、体卫艺处、教育体育局的负责学校体育或业余训练的人员，有关院校的专家、教授、教练员和体育教师，国家高水平竞技体育后备人才培养基地、省体育工作大队、高校高水平运动队、业余体校的运动员为辅，以求得他们对竞技体育后备人才培养方面的理念、认识、意见和建议。

（一）研究对象的主体表征

本书以我国各省竞技体育水平和教育现状为依托，取其中游水平的湘、赣、闽、黑四省部分国家级高水平竞技体育后备人才培养基地、招收高水平运动队的高校、竞技体育后备人才培养试点中学和省、市体育运动学校、县（市）少儿体校、省传统体育项目学校进行主体调研，并辅之以其他省市的高校高水平运动队、体校和体育传统项目学校的调研。

期间，先后展开实地调研的对象有湖南国家高水平竞技体育后备人才基地：湖南省体育运动学校、湘潭市体育运动学校、株洲市少年儿童体育学校、湖南省体操运动学校、长沙市体操学校、长沙市青少年体育运动学校；高校试办高水平运动队学校 5 所，湖南工业大学、湘潭大学、中南大学、湖南大学、湖南师范大学等。对江西展开实地调研的对象是 7 所国家高水平竞技体育后备人才培养基地：景德镇市体育运动学校、江西省体育运动学校、南昌市体育运动学校、昌江区少儿体育学校、九江市少年儿童体校、宜春少儿体校、吉安市少儿体育体校；

2 所国家奥林匹克运动项目单项基地，新余市少儿体校、吉安市泰和县少儿业余体校；10 所试办高水平运动队的高校，南昌大学、华东交通大学、南昌航空大学、江西师范大学、江西财经大学、井冈山大学、江西科技师范大学、赣南师范大学、江西应用技术职业学院、九江学院划船队；具有运动训练专业的高校，宜春学院、南昌大学、华东交通大学、江西师范大学、井冈山大学、赣南师范大学；部分国家级或省级高水平竞技体育后备人才试点中学，如高安中学、江西师大附属中学、吉安市白鹭洲中学、吉安一中、新余新钢中学、新余新钢第一小学等；部分省级以上体育传统项目学校和部分县级业余体校和中小学校。对福建展开实地调研的对象有国家高水平竞技体育后备人才基地，福建省青少年体育学校、福建省福州市体育运动学校、福建省福清市少年儿童业余体育学校、厦门市体育运动学校、厦门市水上运动学校、福建省泉州体育运动学校、晋江市少年儿童业余体校；试办高水平运动队高校，厦门大学、华侨大学、集美大学、福州大学、福建师范大学等。对黑龙江的省田径管理中心、黑龙江省哈尔滨市体育运动学校、黑龙江省体育运动学校、哈尔滨市游泳业余体校、东北林业大学、哈尔滨工业大学、哈尔滨师范大学进行了实地调研。

（二）大学生运动员纳入的理论依凭

高校是国民教育系列的最高级别，就读者是青少年群体。为解决学校教育在人才培养中出现的失衡现象，1986 年国家开始改革教育培养体制，推行素质教育，至今，教育部已批准 289 所中学和 283 所高校作为培养高水平竞技体育后备人才的试点学校。2013~2017 年，先后进行两批次遴选出 300 所业余体校为高水平竞技体育后备人才培养基地。至此，283 所高校在教育部领导下，承接为国家队和职业队输送人才、代表国家参加世界大学生运动会、优秀者入选国家队参加奥运会的任务，同时承担了为退役运动员进入社会之前充电、培训的任务，以解国家队、省队后顾之忧。由此可见，高校成为后备人才库实至名归。

二、研究方法

有效的研究需要有效的研究途径，科学的结论源于正确的研究方法。这是本书方法论的指导思想。为此，本书在研究中，一是坚持规范与实证研究相结合的原则方法，对我国竞技体育后备人才培养体系和培养模式进行抽象、逻辑的规范研究，解析其基本特质。但并不囿于教条的方法原则，还注重结合国情实际及经济、政治、社会发展的必然趋势而确立后备人才培养体系和培养模式的目标。二是坚持定性与定量研究相结合，力求具体地、准确地把握我国竞技体育后备人才培养的特点、发展趋势，以及竞技体育后备人才培养体系和培养模式与社会发展的必然联系。

（一）定性研究方法

（1）文献资料法。通过国家体育总局法规司、教育部体卫艺司、教育部大学生体协、省体育局青少处、省体育局竞赛处、省教育厅体卫艺处、省学生体协、市档案馆、地市教育体育局、相关竞技体育后备人才培养高校等途径查阅、收集相关人才培养材料：有关单位近5年竞技体育后备人才培养规划、基地建设情况，体校或高水平运动队近5年每年度工作总结、工作计划、参加赛事情况分析报告等文献资料、数据记录、著作等。以"培养机制""竞技体育""后备人才培养"等关键词，在国家体育总局法规司、国家图书馆、学校图书馆、中文期刊全文数据库、国家图书馆博硕文库、中国知网、万方数据库等网络资源进行检索，查阅、收集了与本书有关的文献、文件、期刊等资料共计600余篇、章，仔细研读并加以分析，为课题研究提供理论基础和现实依凭。

（2）访谈法。围绕竞技体育后备人才培养主题，拟定9个问题的专访提纲并赴实地调研，重点求证专家"在体育人才培养过程中，对人才成长的五大机制的作用（动力机制、控制机制、激励机制、保障机制、竞赛机制）是如何认识的？"使之与设计的问卷调查内容相呼应，从实践层面，求证新时代学校竞技体育后备人才培养新模式路径选择。访谈对象涉及体育领域有关专家、学者、官员、教练员及其他人员共计109人。如表2-1所示。

表2-1 领导、专家、教授、教练员访谈统计

序号	单位	姓名	职务或职称
1	首都体育学院	WKZ	首都体育学院副校长、教授、博导、国家教指委成员
2	北京体育大学	YZS	原北体大竞技学院院长、教授、博导
3	上海体育学院	WY	原研究生院院长、二级教授、博导
4	湖南师范大学	SHD	树达学院院长、二级教授、博导、国家教指委成员
5	湖南工业大学	LYY	体育学院院长，教授、硕导、国家教指委成员
6	华东交通大学	WZP	体育学院院长、教授、硕导、国家教指委成员
7	厦门大学	HYZ	体育教学部副主任、教授、博导
8	江西财经大学	ZZQ	体育学院院长、教授、博导、省教指委成员
9	赣南师范大学	WYH	体育学院院长、二级教授、硕导、省指委成员
10	江西省体育局	WY	主管竞技工作的副局长
11	教育部体卫艺司	XH	二级调研员
12	福建省体育局青少处	HYC	处长、二级巡视员

续表

序号	单位	姓名	职务或职称
13	江西省体育局竞技处	XYY	
14	江西省体育局青少处	ZLY	处长
15	江西教育厅体卫艺处	CX	处长
16	江西教育厅体卫艺处	XZY	副处长、省学生体协主席
17	江西省体科所	QY	博士、副所长
18	华侨大学	WGL	副院长、福建省大学生体协副秘书长、竞赛部主任
19	华侨大学	WYS	博士、高水平运动队教练员
20	湖南体育职业学院	TYL	教授、校长
21	湖南体育职业学院	FB	副校长、湖南省篮球协会秘书长
22	湖南省体校	WGJ	副校长
23	湘潭市体校	LZJ	校长
24	湖南工业大学	CL	体育学院副院长、教授、博士
25	福建省体校	HYX	校长
26	厦门水上运动中心	XWH	中心主任、硕导
27	湘潭大学	CXS	体育教学部副部长、教授、硕导
28	湘潭大学	TSH	高水平运动队教练员
29	湘潭大学	XP	高水平运动队教练员
30	湘潭大学	LJW	高水平运动队教练员
31	江西师大	LL	体育学院院长、教授、硕导、省教指委成员
32	江西师大	CQL	体育学院书记、教授、硕导、省教指委成员
33	南昌大学	HZ	体育研究所所长、教授、硕导
34	九江学院	WQ	体育学院院长、教授、省教指委成员
35	九江学院	ZLL	高水平运动队教练
36	宜春学院	XJ	体育学院院长、教授、省教指委成员
37	宜春学院	LJJ	副院长、教授
38	宜春学院	HYF	教授、博士

序号	单位	姓名	职务或职称
39	南昌航空大学	XYN	体育学院副院长、教授、硕导
40	江西科技师范大学	XW	体育学院书记、教授、硕导
41	江西科技师范大学	WX	高水平运动队教练
42	井冈山大学	XBH	体育学院院长、教授、硕导
43	景德镇学院	XJ	书记
44	景德镇昌江区体校	WZS	副校长
45	景德镇体校	DBC	副校长
46	景德镇体校	LHM	教练员
47	景德镇体校	WXJ	教练员
48	景德镇体校	LL	教练员
49	景德镇体校	WYX	教练员
50	景德镇体校	HXC	教练员
51	九江市体育局	ZY	副调研员
52	九江体校	JT	校长练
53	九江体校	HW	教练员
54	九江体校	WX	教练员
55	九江体校	ZZQ	教练员
56	九江体校	CZ	教练员
57	省体校	LAJ	校长
58	江西省体工队	SWJ	高级教练员
59	吉安市体育局	LNM	主管竞技工作副局长
60	吉安市体校	LTM	校长
61	吉安市体校	WJH	教练员
62	吉安市体校	YNH	教练员
63	吉安市体校	LPY	
64	吉安市体校	WHG	教练员

续表

序号	单位	姓名	职务或职称
65	宜春市体育局	ZYZ	副局长
66	宜春市体校	WXZ	校长
67	宜春市体校	LY	教练员
68	宜春市体校	ZW	教练员
69	宜春市体校	MZX	教练员
70	吉水县体校	LP	校长
71	峡江县教育体育局	WMS	副局长
72	新余市体校	MJ	校长
73	新余市体校	ZDY	教练员
74	新余市体校	ZJG	教练员
75	新余市体校	HXN	教练员
76	新余新钢中学	SZH	体育教研组组长、老师、教练员
77	新余学院	FC	院长
78	新余市新钢第一小学	LH	副校长
79	南昌市体校	ZYP	校长
80	泰和县教育体育局	ZYL	副局长
81	泰和县体校	LZY	校长
82	泰和县体校	GJ	教练员
83	泰和县体校	LJ	教练员
84	泰和县体校	XSQ	教练员
85	万安县教育体育局	KJP	副局长
86	万安县体校	PJN	教练员
87	万安县体校	PWM	体育老师
88	万安县体校	LGN	体育老师
89	新干县教育体育局	NC	主任、校长
90	新干县体校	DAP	校长

序号	单位	姓名	职务或职称
91	新干县传统项目学校	LLG	教练员、体育老师
92	安福县教育体育局	LNB	书记
93	安福县体校	WJL	校长
94	永新县教育体育局	CYH	校长
95	遂川县教育体育局	ZWG	教练员
96	吉安市白鹭洲中学	WYP	校长、省体育学科带头人
97	吉安一中	HXQ	教练员、体育老师
98	安福县二中	LLJ	校长
99	遂川中学	HXT	教练员、高级老师、省体育学科带头人
100	永新县禾川中学	HY	副书记
101	青原区体校	LSB	校长
102	高安中学	ZYN	副校长
103	高安中学	AXM	体育教研组组长
104	福州市体校	LH	校长
105	福州市体校	HJH	副校长
106	泉州市体育局	LWQ	书记、
107	泉州市体校	GJX	副校长
108	晋江市少体校	WJC	校长
109	晋江市少体校	YYJ	副校长兼射箭教练

（3）逻辑推演。结合访谈内容，对"我国竞技体育后备人才培养体系和运行机制"等相关概念、政策、内容进行归纳演绎。

（二）定量研究方法

1.问卷调查法

效度检验：根据收集到的信息，结合相关理论研读，在走访有关专家、教授的基础上就研究问题设计出相应问卷。为确保问卷的内容和结构效度，特请10位专家对问卷设计的内容与结构效度进行了检验。6位专家认为合理，4位专家认为基本合理。然后进行筛选，并仔细修改后进行调查。如表2-2所示。

表2-2 专家人员构成情况

姓名	职称	工作单位
YZS	教授、博导	北京体育大学
WKZ	教授、博导	首都体育学院
HYC	教授、博导	厦门大学
WZP	教授、硕导	华东交通大学
ZZQ	教授、博导	江西财经大学
PJZ	教授、硕导	河南大学
HZ	教授、硕导	南昌大学
CQl	教授、硕导	江西师范大学
QY	研究员、副所长	江西省体育科学研究所
ZJY	处长	江西省体育局青少处

信度检验：采用Bernbach's α系数估算问卷的一致性信度系数，发现各分量表的α系数基本在0.8以上，表明问卷内部一致性良好。

问卷评价方式：问卷采用命名量表，评判标准采用李克特（Likert）六级量表为主，根据被调查者对问题的认可程度，由高到低，100%表示程度最高，80%表示程度较高，60%表示程度一般，40%表示程度不太高，20%表示程度较低，0表示程度为零。

调查方式：调查问卷发放以四种方式进行：一是现场发放与回收。2017年全国学生体协在四川成都电子科技大学举办，课题组成员对全国高校田径教练员培养班进行现场调研；2018年，全国田径测试赛在济南举行，课题组对准备参加体育单招和报考高校高水平运动队的运动员及教练员，全国各试办高水平运动队高校管理者和教练员进行调研。二是实地走访时点对点发放调查问卷。三是针对特定对象沟通后邮寄调查问卷。四是网上问卷调查。

调查时间：2017年7月至2019年10月。

本书主要对江西、湖南、福建、黑龙江四省进行调研。考虑到样本单一性和可靠性，又分别对上海、广东、浙江、山东、北京、湖北（武汉）、辽宁（沈阳）、广西等部分单位进行了问卷调查，增强了研究的广度与可信性。考虑到竞技体育后备人才培养模式的多样性、层次性，选取竞技体育后备人才培养管理人员，竞技体育后备人才培养体系的教练员和体育运动学校，高校高水平运动队队员三个层次进行调研，共发放问卷500份，回收问卷451份，回收率为87.4%。

其中，管理人员发放问卷100份，回收75份，教练员问卷发放200份，回收175份，运动员问卷发放200份，回收187份。如表2-3所示。

表2-3　调查问卷发放与回收情况统计

	管理人员	教练员	运动员	合计	回收率
发放问卷	100	200	200	500	100
回收问卷数	75	175	187	437	87.4

2.数理统计法

数理统计法主要运用"灰色系统统计软件（第7版）"和"灰靶决策模型"计算。通过主成分分析法、相关法、GE矩阵分析法等对调查资料及有关数据进行统计处理后得到的管理员矩阵、教练员矩阵和运动员矩阵进行计算，探究竞技体育后备人才培养与控制、保障、动力、激励、竞赛等因子的关联程度，然后运用多指标加权灰靶决策模型，根据结果进行分析、讨论，以证实多指标加权灰靶决策模型应用的合理性。三个层面人员的指标关联矩阵见管理员矩阵表、教练员矩阵表、运动员矩阵表（注：因版面问题，如有需要，可向作者索取电子版）。

第三章　研究的理论基础

第一节　体育全面发展理论

马克思主义是马克思主义理论体系的缩写，主要内容是世界无产阶级和人类的全面解放的学说。马克思主义是由马克思、恩格斯创立的，其观点和理论体系是马克思主义者后来不断丰富和发展的。马克思主义从阶级性质上讲，是无产阶级争取自身解放和整个人类解放的科学理论，是关于无产阶级斗争性质、目的和条件的理论。从研究的角度及其主要内容看，马克思主义是无产阶级科学的世界观和方法论，是关于自然、社会和思维发展的普遍规律的理论。

马克思主义分为狭义和广义。狭义的马克思主义是马克思、恩格斯创立的基本理论、基本观点和学说的体系。恩格斯在1886年解释了为什么该理论以马克思的名字命名。从最广泛的意义上讲，马克思主义不仅指马克思、恩格斯创立的基本原理理论、基本观点和学说体系，还包括其后继者在实践中的不断发展。马克思主义在广义上可理解为中国共产党和社会主义事业的指导思想。简而言之，马克思主义是关于无产阶级和人类解放的理论，即人的解放。

马克思主义在19世纪40年代产生于西欧，当时西欧资本主义已有相当发展。当时英、法、德等国已经或正在实现产业革命，生产力和科学技术达到前所未有的水平。以《共产党宣言》的问世为标志，它吸收和改造了人类思想文化的一切优秀成果，特别是18世纪中叶和19世纪上半叶的社会科学及自然科学的成果。它的主要理论来源于德国古典哲学、英国古典政治经济学和英法空想社会主义，它是人类优秀文化遗产的产物。此外，法国启蒙学者的思想和法国复辟时期历史学家的阶级斗争学说，也为科学社会主义理论提供了有益的补充。

马克思主义哲学是辩证唯物主义和历史唯物主义的总称，其前身是德国古典哲学。辩证唯物主义认为：世界的统一性在于它的物质性，物质性是世界一切变化的基础。社会存在决定人的意识，人能够理解客观规律并正确运用。辩证法的规律来源于自然历史和人类社会历史，其本质可以概括为三个规律：从量到质、从质到量；对立相互渗透的规律；否定之否定定律。这场运动的根源在于矛盾。矛盾的双方只存在于相互依存和相互联系中。人们要想了解物质世界的运动规律，就必须经过实践。人们应该在实践中证明思想的真实性。人类的认知能力是无限的，而个人的知识是有限的。生产关系和社会关系的性质随着生产力的变化而变化，人们必须先吃、喝、住、穿，才能从事政治、科学、艺术等活动；因此，每个历史时期的物质资料的生产以及由此产生的社会结构都是这个时代的政治和思想基础。

马克思主义的诞生是人类思想史上的一次伟大革命。它首次确立了科学的世界观和方法论。它不仅为全世界无产阶级和人类的解放指明了正确的道路，而且为各门科学的发展提供了锐利的武器。毛泽东是最早提出马克思主义中国化思想的人[①]。1938年10月，毛泽东在中共六届六中全会政治报告《论新阶段》中指出："没有中国特色的马克思主义，是抽象的、空洞的马克思主义。因此，马克思主义中国化在每一个表述中都具有必要的中国特性，即按照中国特点来运用，已经成为全党亟待了解并亟待解决的问题。"马克思主义为什么要中国化？这首先是由马克思主义自身的理论品质决定的。马克思主义创立时就提出了这样一种观点："工人没有祖国"，但工人"本身还是民族的"[②]。这揭示了无产阶级世界性、国际性和民族性的辩证统一。由此，我们当然可以得出这样的结论：对于马克思主义的基本原则来说，"宣言中所说的这些原则的实际运用，必须在任何时候根据当时的历史条件加以转移"[③]。也就是说，马克思主义一旦走进实践，在现实世界中落实，成为一个国家无产阶级的理论思想和行动纲领，就必须回答和解决这个时代的实际问题。深入学习和研究马克思列宁主义理论，把它运用到中国的具体环境中，使之成为伟大中华民族的一部分。她用与时俱进的科学理论，回答了"中国向何处去，社会主义向何处去"的历史课题和时代之问。这些思想成果深深植根于中国，深刻影响着国家和民族的前途命运，极大地改变了中国人民的精神面貌。中国人民在党和政府带领下，在新时代百年梦想的新征程中奋进，少年强，则中国强，中国强，则体育强。体育强国梦是中国梦的一部分，是中国人为之奋斗的目标。

① 马克思主义为什么一定要中国化［N］.文摘报，2021–08–12（06）.

②③ 中共中央编译局编.《马克思恩格斯选集》第1卷［M］.北京：人民出版社，2012.

一、马克思主义关于人的全面发展理论

马克思主义关于人的全面发展的理论①是以历史唯物主义和剩余价值学说理论为基础的，它认为人的全面发展既是现代大规模生产的客观要求，也是对共产主义新人的理想蓝图的描绘。1866年8月，马克思提出"我们把教育理解为以下三件事：一是智育，二是体育，三是技术教育。"1867年，他指出："未来教育，这种面向所有已到一定年龄的儿童的教育，都是生产劳动同智育和体育相结合，它不仅是提高社会生产的一种方法，也是培养全面发展的人的唯一方法。"②

（一）人的全面发展是中国教育方针的理论基石

进入新时代后，党和国家深刻审视社会环境和人的发展状况，深刻反思人的全面发展。"教育是民族振兴、社会进步的重要基石，是功在当代、利在千秋的德政工程，对提高人民综合素质、促进人的全面发展、增强中华民族创新创造活力、实现中华民族伟大复兴具有决定性意义。教育是国之大计、党之大计。""培养德智体美劳全面发展的社会主义建设者和接班人，加快推进教育现代化、建设教育强国、办好人民满意的教育"。人的全面发展应与社会的全面发展相统一，以人民群众的根本利益为重，不仅追溯本源、普世的人的发展理论，从实践上丰富和发展马克思主义，以建设有中国特色社会主义的实践，为人们正确把握和全面落实教育方针，推进社会成员的全面发展奠定思想和理论基础。

人类总体发展的核心是人类劳动的发展，人类力量和智力的全面、和谐、完整的发展，人类道德的发展。科学素质是人的全面发展所内聚的，与人的社会生活条件有关。生产劳动同智育和体育相结合，它不仅是提高社会生产的一种方法，而且是造就全面发展的人的唯一方法。③

马克思主义人的全面发展理论中有六个基本立场：第一，人的全面发展是共产主义的基本特征；第二，人的全面发展不仅是一个理想的目标，也是一个漫长的历史过程；第三，个人的发展，有效地植根于对自己的实际需求；第四，人的发展与社会和生产的发展是一致的；第五，发展生产力是追求人的全面发展的基本道路和前提；第六，废除私有制和旧的分工制度是人类发展的必由之路。

（二）人的全面发展是教育追求的愿景

推动和实现人的全面发展是马克思主义教育理论的基本观点。古希腊伟大的哲学家、科学家亚里士多德曾提出"体、智、德和谐发展"的和谐教育理念，即真、善、美三位一体，培养"健全人"。夸美纽斯在其自己的著作《大教育学》

① 杨玉珍，马克思"人的全面发展"理论探析［N］.理论学习与研究［J］.1994（4）：20–22.
② 恩格斯.《资本论》第一卷［M］.北京：人民出版社，1972.
③ 中共中央马克思恩格斯列宁斯大林著作编译局.马克思恩格斯全集［M］.北京：人民出版社，1972.

中提出了"泛智"的教育理想，即每个人都能得到一个完整的教育，使自己在各个领域得到充分发展，成为一个全面发展的人。法国启蒙思想家卢梭是自然主义教育思想的代表人物。他认为教育的目的和本质是促进人性的全面发展，即自由、理性和善良。瑞士教育家佩斯塔洛齐主张教育的目标应该是人的善良、理性、自由和所有潜在能力的和谐发展。这一思想是18世纪和19世纪资产阶级教育家和空想社会主义者继承并发展的。马克思把这一理想从幻想变为现实，提出了人的全面发展理论。马克思从分析现实的人和现实的生产关系入手，指出了人的全面发展的条件、手段和途径及其基本内涵。它包括：人的体力、智力、思想道德的全面发展；人们在社会各个领域的才能和创造；人的个性的自由发展和在特定历史条件下从事各种社会活动的意愿。当然，这不能阻碍其他人的自由和充分发展。

中国共产党在多年的历史中成功地赓续了这一理论，将其作为教育政策和教育实践的理论基础，旨在以全面发展为教育基本目的。通过"五育并举"和创新实践，在教育如何推动人的全面发展方面走出了一条中国道路。千百年来，教育如何推动人类全面发展、人类社会理想和追求的中国之路何能蓬勃发展？早在春秋之际，儒家就提出要培养"好道"和"学者"，而"道"被儒家解释为"在明明德，在亲民，在止于至善"的完美人格修养。"中国共产党完全继承了马克思关于人的全面发展理论，并被视为中国共产党发展教育的世界观和方法论武器。目的是解决培养的根本问题，如何培养人，为谁培养人。"①

（三）全面发展教育是诸育和谐发展的教育

人的全面发展是一个相对的概念，"全面发展"绝不是要把人培养成随心所欲，无所不能和"法力无边"的人。所谓人的全面发展指人的完整、和谐、自由、多方面的发展。

人的全面发展指人的完整发展，即人的各种最基本或最基础的素质必须得到完整的发展。人们通常所说的人的全面发展，把人的基本素质分解为诸多要素，即培养受教育者在德、智、体、美、劳等方面获得完整发展。德、智、体、美、劳都有各自的内涵和任务，它们在人发展的各个阶段和各个时期存在显著差异，在发展顺序上也有一定的差异，但不可忽视。

和谐教育是从实现满足社会发展和学生身心发展的需要出发，调整教育中各种教育因素之间的关系，教育节奏与学生发展步伐相对应的教育。那么"教"与"学"会产生共振效应，提高学生的基本素质，实现全面和谐发展。善待他人是和谐教育的核心。首先，要坚持以教师为中心的办学原则。形成一支师德高尚、

---

① 胡娟.推动人的全面发展是教育的时代使命［N］.光明日报，2021-07-13（03）.

业务精良、社会支持、学生热爱的师资队伍，为教师的工作、生活、学习创造良好的环境和条件。其次，坚持教育导向。也就是说，要以学生的全面和谐发展作为教学活动的出发点和基础，研究教学方法，转变教学理念，不断深化教学改革，不断提高教育和教学质量，激发学生积极性、主动性和创造性，充分激发学习活力，保证学生全面和谐发展。

（四）人的全面发展是中国化反思

马克思学说的人的全面发展原则在中国是通过教育政策的确立而实现其中国化的，其过程是在1950年后完成的。1957年，毛泽东提出了"我们的教育方针，应该是使受教育者在德育、智育、体育方面都得到发展，成为有社会主义觉悟的有文化的劳动者"的重要结论，为中国几十年教育政策的发展奠定了历史基础。与马克思主义经典著作的理想目标相比，具有地域化、世俗化和制度化的特点。具体表现：

第一，对中国传统文化即中国传统教育思想的整合发展，成为民族教育思想意识的有机组成部分。新中国诞生于半封建半殖民地社会，不能继承资本主义的遗产。反之，它又受到传统文化特别是儒家传统思想的影响。道家创始人老子坚持无为而治，圣人孔子认为君子不器，不可片面发展。亚圣孟子认为劳心者治人，劳力者治于人，主张通过教育发展人的多方面才能。他说："君子之所以教者五：有如时雨化之者，有成德者，有达财者，有答问者，有私淑艾者。此五者，君子之所以教也。"这种朴素的全面发展教育思想经过几千年的积淀，逐渐形成儒家以德为首、德智体美全面发展的教育思想传统。新中国成立后的德智体美全面发展的教育方针，刻有本土文化传统的烙印。

第二，这里所说的世俗化并不指庸俗化，而是社会理想的非理想化、功利化过程。在纠正人们"左倾幼稚病"时，列宁尖锐指出："共产主义正是向这个方向走去，它必须向这个方向走去，并且定能达到这个目的，不过需要许多年份。"从功利目的看，新中国成立初提倡人的全面发展原则，是为当时加强学校思想政治工作的任务服务的。毛泽东指出："在知识分子和青年学生中间，最近一个时期，思想政治工作减弱，出现一些偏向。思想政治工作，各个部门都要负责。共产党应该管，青年团应该管，主管部门应该管，学校的校长教师更应该管。"新中国成立初期的教育政策是中国共产党根据百废待兴的贫困国情进行独立思考的结果。其特点有三：一是降格思维。它将人的发展问题简化为教育问题，因此它不会被动地等待社会和历史条件的自然成熟，因为培养什么都能干的人需要很多年。二是逆向思维。它从教育的角度看待人的发展，强调提高工人素质的作用，而不仅仅是消除私有财产和劳动分工，以便为全面发展创造条件。三是辩证思维。他强调教育促进人的多方面发展的现实可能性，而不是追求社会成员全面彻底发展的不切实际的可能性。

第三，虽然制度分析不能揭示人的全面发展的规律，但它可以回答其植根于中国的原因。人的全面发展原则的中国化是通过制度化实现的。1951年3月第一次全国中等教育会议首次提出全面发展智育、德育、体育、美育，这已成为新民主主义社会学校培养人的教育方针。主要目标是：①智力教育。儿童应掌握阅读、写作和算术的基本技能，以及社会和自然的基本知识。②道德教育。儿童具备爱国主义、民族道德、诚实、勇敢、团结、互助、纪律等良好素质。③运动教育。使孩子有强健的体魄，活泼快乐的心情，以及健康的基本知识和习惯。④美育教育。儿童具有爱美的观念和初步的艺术欣赏能力。这标志着人的全面发展思想已经由理想状态进入操作层面，并一直沿用至今。

二、毛泽东体育思想的当代价值

毛泽东体育思想是毛泽东思想的重要组成部分，其内容博大精深，具有深刻的哲学思想、教育思想、体育思想，是马克思、列宁、斯大林等体育论述的传承和发展，同时结合中国革命实践形成了具有中国特色的体育理论思想；强调理论与实践的结合；顺应时代发展走向；具有鲜明的中华民族特色。毛泽东体育思想具有深刻的历史意义与现实意义，他是中国体育发展历史上宝贵的精神财富，同时是指引我国体育运动向前发展的重要理论基础，为国家的经济、政治、文化、外交等领域作出了突出的贡献。[①]

毛泽东体育思想在长久的革命实践斗争中对特定历史背景中体育的功能、作用及其他要素进行思索与研究，运用马克思主义辩证唯物论，在实践基础上持续丰富和发展，形成了独有的思想体系。旧中国时期，西方诬蔑我们为"东亚病夫"，炎黄子孙也无不为之痛心疾首，因此，为改变中华民族体质孱弱的状况，挽救灾难深重的中华民族，从对"民族之体质日趋轻细"的担忧，到对"文明其精神，野蛮其体魄"的呐喊，[②]毛泽东以超越的智慧和眼光认定健康身体与强壮体魄在历史发展长河中对中华民族的重要性，面对外夷入侵，毛泽东发出了"锻炼身体，打倒日本"的号召[③]，在新中国成立初期，面对经济萧条、百废待新的现状，毛泽东在1952年6月10日题写了"发展体育运动，增强人民体质"[④]。次年，毛泽东又强调，体育是关乎国民身体健康的重大事件[⑤]，提高国民身体素质，

① 申伟华等.毛泽东体育思想概论［M］.长沙：湖南人民出版社，2009.

② 毛泽东.体育之研究［M］.北京：人民体育出版社，1979.

③ 毛泽东同志为重庆《新华日报》题词，1942年9月9日。

④ 孙大光.毛泽东体育思想主线：体育关系国家民族盛衰兴亡［N］.光明日报，2012-06-11（17）.

⑤ 何立波.毛泽东的体育强国梦［EB/OL］.http://cpc.people.com.cn.

增强人民体质，是中国共产党执政的一个重要目标。并且，以法律确保全民健身的合法性，动员全国人民积极锻炼身体，建设新中国，从而改变了国人体质状况，使国人的人均预期寿命由新中国初期的 35 岁提高到现在的 77.3 岁①。同时，毛泽东这一题词中的重要思想对当时的生产发展和国防建设同样具有重大意义，当时仅有的体育杂志《新体育》大力宣传这一思想，以唤醒国人，促进体育运动发展。对于祖国的花朵，毛泽东也提出新的要求：当代中国需培养有文化、有社会主义觉悟的全面发展的人才，并提出"身体好、工作好、学习好"的三好要求②。面对帝国主义对新中国经济建设的封锁和政治仇视，在"友谊第一，比赛第二"的指导思想下，1971 年通过乒乓外交，破冰了中美两国人民的交往，打破了西方列强对我们的长期围困，创造了小球推动地球的经典经世之作。

毛泽东体育思想指出了新中国体育事业的根本目的，指明了中国体育未来的发展方向，推动我国体育运动不断向好向前发展。

（一）增强人民体质对大众体育的引导

毛泽东体育思想具有重要价值。首先，促进了全民健身氛围的形成，国民开始逐渐意识到体育的重要性，自觉主动地参加体育锻炼，全国掀起健身浪潮。其次，体育实践的发展促进体育思想发展，全民健身思想不断发展完善，在人民心里种下体育的种子并发芽结果。毛泽东也以身作则，积极参加体育锻炼，投身体育实践，带领国人运动，感受健身的乐趣。

新中国诞生之前，由于传统教育思想和体制的禁锢，国民不重视体育，人民身体素质低下，中华民族孱弱多病，被西方列强貌称为"东亚病夫"，当时的人才虽有救国之才，却无能为力。早期的毛泽东思想虽带有一定的唯心主义，但为人民服务、一切为了人民的思想已经深深植根于毛泽东心中，受到马克思主义的影响后，民为本的思想成为毛泽东思想的核心与根本出发点。

新中国诞生后，刚从贫困与饥饿中脱离出来的中华人民的平均寿命只有 35 岁，如何建设新中国？毛泽东把重点放在增强人民大众体质上。他倡导普及国民体育，要重视群众体育、社会体育、学校体育的发展。新中国成立 20 天后召开的全国体育工作者代表大会上，强调发展体育的重要性与必要性：我们发展体育是为了改善人民健康状况、建设新民主主义国家，增强新中国国防实力。毛泽东在 1952 年 6 月为中华全国体育总会题词"发展体育运动，增强人民体质"，这十二字成为新中国体育发展的新篇章。自此，国家以人民为中心，秉承体育是精神、体育是文化、体育是民生、体育是健康、体育是和谐的新理念，把满足广大

---

① 数据要闻，70 年来我国人均预期寿命从 35 岁提高到 77.3 岁［EB/OL］. www.gov.cn.

② 毛主席接见中国新民主主义共青团第二次全国代表大会主席团成员［EB/OL］. http://gktk.zhtj.youth.cn/xxzltszlg/201702/t20170219_9138474.html#:~:text=1，1953-06-30.

人民群众日益增长的公共体育需求作为工作根本目标，办群众体育，让体育服务于民。工间操、课间操、眼保健操、达标赛、劳卫制、职工综合运动会等多种形式的群众体育活动逐渐兴起。为更好建设新中国，加紧锻炼身体成为群众体育活动开展的主旋律。1966 年 7 月 16 日，随着毛泽东畅游长江消息的报道，尤其是毛泽东撰写的《水调歌头游泳》的发表，"不管风吹浪打，胜似闲庭信步""万里长江横渡，极目楚天舒"。让国人感受到了伟人对中华儿女建设祖国和改变山河的豪迈气概，对日后美好景象的展望。全民健身热潮不断高涨，全国人民都参与，国人以饱满的热情加入全民健身活动队伍，汇成汹涌澎湃的"健身潮"。在这热火朝天的群众体育活动中，社会上形成了我运动、我健康的新风气。并充分发挥厂矿、居委会、生产队、学校、机关等组织作用，积极开展各种适合工人、农民、学生、干部、老年人、妇女、残疾人等各类人群、不同年龄、具有地方特色和行业特点的健身活动，群众参与体育活动的形式更加丰富多样、贴近生活、利民惠民，成为锻炼好身体、建设新中国的一道道亮丽的风景线。

与此同时，1951 年 8 月 6 日发布的《关于改善各级学校学生健康状况的决定》，被学术界一致视为"开启了新中国体育法制的初创发展阶段"。同年 11 月 24 日，中华全国体育总会筹备委员会等 9 个单位颁布《关于推行广播体操活动的联合通知》。1954 年中共中央发布了一系列关于改善人民健康，强健国民体魄的指导文件，如《关于加强人民体育运动工作的报告》《关于在政府机关中开展工间操和其它体育运动的通知》《"准备劳动与卫国"体育制度暂行条例》《"准备劳动与卫国"体育制度暂行项目标准》《"准备劳动与卫国"体育制度预备级暂行条例》。1965 年 3 月 11 日，国家体委发布了《青少年体育锻炼标准条例（草案）》和《青少年体育锻炼标准少年级、一级、二级项目标准（草案）》。这些制度的颁布，均是围绕毛泽东提出的"发展体育运动，增强人民体质"这一国家体育方针而产生的，其精神实质是全民健身，整个体育工作的重心是"增强人民体质"。

（二）德智体全面发展对学校体育的推动

毛泽东十分重视学校教育和学校体育，在他带领国民建设新中国时期，不仅重视经济发展，也重视文化教育事业的建设，对于国民教育提出许多真知灼见，这些思想在当时促进了新中国的教育改革。在新时代，这一思想仍然影响着当代教育事业的发展。在中华民族漫长的革命生涯中，毛泽东探索出了一条适合中国国情的教育发展道路，在中国教育发展历史上留下了浓墨重彩的一笔。

在毛泽东求学时，他深受杨昌济先生"三育并重"教育思想的影响，并结合实际与自己的理解，以唯物主义为根本出发点，论述德智体三者关系，他认为体是基础，承载着德智。为支撑自己的思想，他列举古今中外名人大家，来说明体的基础性与重要性，体承载着德智，德智离开人体就会荡然无存。他认为当时的中国是畸形发展的，和他的思想是截然不同的，所以他尖锐批评当时传统的忽视体育的教育思想。他认为不破不立，要想从根本上解决新中国发展问题，应培养国家栋梁之材。首先，废止一切落后的、一切不适宜当今发展的思想与制度，建立一个全新的、适合国情的思想和制度；其次，改善学校硬件基础设施建设、学校学习氛围等客观环境，例如，投放更多体育器材、组织各种体育活动与比赛等，营造良好氛围潜移默化影响学生；最后，也是最重要的，是要根本改变学生思想，让学生了解体育重要性。毛泽东常常对学生说，身体好了，学习才能好，工作才能好，就如我们常听到的俗话——身体是革命的本钱，学生要爱惜身体，加强体育锻炼，这样一来，通过外界客观条件的改善和学生主观的努力，情况大有改观。

当今世界的竞争说到底是人才的竞争，人才与教育密不可分，教育发展关乎国家命运。体育又是教育的重要部分，所以要促进体育发展，促进教育事业蓬勃发展，培养全方面发展人才，增强国际竞争力，使中华民族屹立于世界。毛泽东对国家的建设者和接班人提出要求：他们需要有文化、有社会主义觉悟并且是全面发展的人才。同时他强调了体育的重要性，要树立"三育并重"、体育第一位，全面发展的人才观。毛泽东体育思想反映了他对体育的独特见解，他认为"强筋骨"是体育的本质。为此，他特别提出："欲文明其精神，必先野蛮其体魄。"新时代形势下，党的十九大再次突出强调了体育的重要性，一方面，要求立德树人是教育的根本任务，学校体育不仅提高学生身体素质，同时增强学生意志力，培养团队合作精神等，具有重要的育德价值；另一方面，推动学校体育的发展促进了体育现代化建设和体育强国建设。这是毛泽东体育思想的继承和发扬。

（三）友谊第一对竞技体育的影响

新中国成立以来，我国竞技体育在毛泽东体育思想的指导下，突飞猛进，取得了骄人的成绩。竞技体育的举国体制为国人争得了地位和话语权。在"更强、更高、更快、更团结"语境下，毛泽东的决策和体育思想不仅使我国竞技体育让世人感到惊叹，也让我国的体育外交取得世人瞩目成就。

在竞技体育方面，我国的发展令世人震惊，从1984年奥运会上实现金牌零的突破，五星红旗第一次在国际舞台上冉冉升起；到2000年悉尼奥运会，我国在金牌榜和奖牌榜上均排名第三；再到2008年，中国举办了北京奥运会，并取得金牌榜榜首。在新时代，我国一直保持竞技体育世界前三名，成为名副其实的竞技体育强国，让世人仰目。中国运动员取得的辉煌成绩，是在毛泽东体育思想的指导下一代代党中央领导集体锐意进取的结果。2020年东京夏奥会和2022年北京冬奥会，不仅让世人感受到了中国竞技体育的全面腾飞，更让世人感受到了中国体育外交的巨大成功，友谊之花开满大地。

"友谊第一，比赛第二"这句话已是我国和世界的一份宝贵精神遗产，让人性的高尚精神品质在竞技舞台上得以体现。新中国成立之初，我国国力较弱，国际地位也比较低，弱国无外交，所以，当时中国不断加强自身建设，提高国力，促进外交事业发展；与此同时，苏联和一些社会主义国家与我国交往十分密切，我国以友好亲和态度对待这些国家，不仅利于双方关系，也利于中国走向世界舞台，促进外交事业的发展。当时中国和这些"朋友国"交往的主要途径是体育交流，双方通过体育紧密联系在一起，互相派遣运动员参加彼此的体育赛事，这样不仅利于两国运动员交流体育经验与技能，也利于两国体育事业发展，更拉开了新中国体育外交的序幕。据记载，中国与"朋友国"交往密切，苏联男子篮球队多次来到中国，双方在比赛中交流了经验，提升了自身实力，同时促进中苏关系发展；中国运动员也多次赴其他国家参加比赛，吴传玉赢得了 1953 年举行的世界青年与学生和平友谊游泳比赛男子 100 米仰泳项目的冠军。通过多年的努力，中国不断撼动西方国家长期在体育方面的霸主地位，中国被称为"东亚病夫"的时代已经过去，中国有能力举办奥运会。新时代，中国更是体育大国，每一届奥运会五星红旗都会升起，中国也成功举办了令世界瞩目和无比称赞的冬夏奥运会，成为世界"双奥之国"。

20 世纪中后期，世界局势发生巨大转变，亚非拉崛起，毛泽东看到他们的巨大发展潜力，因此调整我国外交政策，通过体育与他们建立外交关系。以体育为媒介建立两国联系，是和平和友好的，不仅促进双方体育事业发展，也促进了两国以和平友好的方式建立联系，促进双方外交事业不断向前向好发展。1958年 9 月，毛泽东在和印度尼西亚总统苏加诺谈话时曾提到，我们工作和友谊的基础应该在三大洲——亚洲、非洲和拉丁美洲，以及半个欧洲①。这直观地表明了20 世纪中后期亚非拉崛起给世界局势带来的新的改变。影响力较大的是印度尼西亚在中国和亚非拉美国家支持下举办的第一届新兴力量运动会；同时中国体育水平也在不断提高，许多外国运动员不断访问中国，与中国运动员交流经验，他们还在北京参加亚非拉乒乓球友好邀请赛。中国自古奉行和平友好的外交政策，我们用骨子里的温良打动他国，越来越多国家接受我们，成为我们的朋友，承认我国的国际地位，中国以友好亲和的形象登上了国际外交舞台。

特别是从 20 世纪 60 年代开始，从中日之间的"围棋外交"再到 70 年代的乒乓球外交，"小球转动地球"，是毛泽东体育外交思想的一个光辉典范。一只小小的乒乓球，敲开了中国和美国这两个大国之间的交流大门。根据统计，2022

---

① 申伟华，尹华丁，彭光辉，田名高 . 毛泽东体育思想概论［M］. 长沙：湖南人民出版社，2009.

年北京冬奥会，共有近 70 个国家和国际组织的大约 170 位代表来到中国，直观地说明了新时代各国都是我们的好朋友，德不孤，必有邻。中国举办的冬奥会得到这么多国家的支持和祝福，说明各国同中国发展友好合作关系的意愿是最真挚和浓厚的，我们的朋友遍天下。

三、习近平关于体育重要论述的时代价值

习近平高度重视体育事业的发展，党的十八大以来更是对体育工作的开展做出了一系列的讲话、批示，内容主要包含体育功能、竞技体育、体育产业、健身体育、体育强国、体育交流、体育文化、体育法治等方面。

习近平强调加快建设体育强国是一个不断发展的科学体系，是在继承和发展毛泽东体育思想的基础上形成的，是在对中国体育事业发展的实践进行深刻回答的基础上不断丰富的，指导着新时代的体育工作，它是习近平新时代中国特色社会主义思想的重要组成部分，同时也发展创新了体育理论。在继承上：习近平强调加快建设体育强国始终坚持以人民为中心的观点；重视青少年的健康发展，在中国和平崛起的道路上注重发挥体育政治功能；培养优秀的社会主义接班人。在发展上：将青少年体育、健身体育、竞技体育与体育文化、体育产业和体育外交相融合；更注重体育事业的全面发展，强调体育的多元功能和价值，并把其充分运用到治国理政的过程中；把体育发展上升到国家战略高度；最终将体育发展作为提高国家软实力的重要手段。

在新时代新征程中，习近平强调加快建设体育强国促进我国体育事业取得了全面的发展。积极开展全民体育运动，全民健身运动得到进一步普及，人民体质得到增强；体育体制改革不断深入，竞技体育内在活力得到激发，竞技体育综合实力显著提升；推动了冰雪运动开展，提高了冰雪运动的成绩，满足了人民多样化健身的需求。

习近平强调加快建设体育强国促进了健康中国的发展，保障了国家全民健身战略的实施，推进了中国社会主义现代化建设。体育在社会主义精神文明建设中发挥的作用，为中国梦的实现增加了动力。

习近平强调加快建设体育强国以运动员和大型体育赛事为载体，促进了国际合作与交流，通过体育民间交流，促进中外人文交流，展现中国良好形象。

（一）继承和发展了毛泽东体育思想

毛泽东体育思想在我国社会政治、经济、文化发展的不同时期，其任务诉求有所不一样，但其思想上的探索和实践中的努力，都是把发展体育运动，增强人民体质，实现中华民族伟大复兴作为体育发展的主题。国家领导人作为党和国家的领导核心，其思想理论成果指导着新中国体育事业的发展，国家领导人的体育

思想反映了当时的领导集体根据时代背景对体育事业发展所做出的指导意见。在毛泽东体育思想的基础上，习近平对其进行了赓续，具有了新的特征，并结合国家发展情况和时代背景逐渐丰富和发展了毛泽东体育思想。

1. 对毛泽东体育思想的赓续

第一，坚持以人民为中心的立场　新中国成立以来，在毛泽东"以人民为中心"体育思想的指引下，党和国家领导人高度重视人民群众的身体健康，之后几代党的最高领导人坚持和继承了这一体育思想，大力发展全民健身运动，使得我国体育人口也逐渐壮大。习近平继承和坚持了这一体育思想，他在许多重要场合都多次提出推动全民健身运动的重要性。2013 年 8 月，习近平在参加会见全国群众体育先进单位等代表时，着重强调，要推动全民健身体育的建设，把群众的身心健康作为全面建成小康社会的重要内容，[①] 2015 年 8 月，习近平在会见巴赫时指出，我国颁布实施了许多全民健身相关的政策举措来提高人民的身心健康。[②] 2016 年 8 月，第三十一届奥运会开展时期，习近平会见了中国体育代表队，强调了全民健身运动的重要性。[③] 2017 年，习近平在会见巴赫时指出，要重视全民健身的重要性，通过全民健身实现全民健康。[④] 在新的历史条件下，习近平继承和坚持了"以人民为中心"这一思想。

第二，重视促进青少年健康的体育思想　新中国成立以来，我国经济不断发展，从而促进了综合国力的提升，国际地位也日益上升，这些离不开合格的建设人才。而要培养这种合格的建设人才要从青少年教育开始。青少年的身心健康是一切学习的基础。因此，新中国自成立以后，国家非常重视青少年的身心健康培育。1951 年，在写给马叙伦的信中，毛泽东指出"健康第一，学习第二的方针。"习近平继承和坚持了"健康第一，学习第二"的思想。国家相关部门在习近平关于开展体育工作的重要讲话的精神指导下，制定了相关的政策。2014 年 8 月，习近平观看中国体育代表团青奥会的比赛时，称赞运动员在赛场上的精彩表现，将为全国青少年积极投身体育锻炼提供推力。青奥会结束之后，习近平强调，要总结青奥会的经验，积极关注广大青少年的体育运动。2016 年 5 月，国家体育总局颁布了《"十三五"体育发展规划》，强调关注青少年的体育发展，制订和实施青少年相关体育活动的计划，加强相应的运动条件保障。同年，国家发布了《"健康中国 2030"规划纲要》，其中对青少年体育锻炼方面做出了一些要

① 李斌.发展体育运动，增强人民体质，促进群众体育和竞技体育全面发展［N］.人民日报，2013-09-01（01）.

② 赵明昊.习近平会见国际奥委会主席巴赫［N］.人民日报，2015-08-23（01）.

③ 兰红光.中国队加油！中国加油！［N］.人民日报，2016-08-26（01）.

④ 杜尚泽.习近平会见国际奥委会主席巴赫［N］.人民日报，2017-01-19（01）.

求，规定了每天锻炼的时间、注意对运动技能的把握、到 2030 年学校体育相关配套设施达标率 100% 等。

第三，注重发挥体育的政治功能　体育与外交创造性地结合主要归功于毛泽东体育思想的开放性，体育外交历史上著名的外交事件："小球转动大球"的"乒乓球外交"开启了新中国的新外交，为中美关系开创了新局面，也使得新中国加快了走向世界的步伐。同时促使了毛泽东外交体育思想的形成。党的领导人利用体育外交的功能，积极参与大型体育比赛，为国争光；举办奥运赛事，展示国家综合实力；与其他国家开展体育访问，进行体育文化交流。党的领导人利用体育外交功能，提升了我国的国家形象，提高了我国国际地位。

习近平多次借助体育开展外交。2015 年，习近平参观了位于华盛顿州塔科马市的林肯中学，并向林肯中学赠送了各种资料。习近平指出，希望加强中美两国青少年之间的交流，促进中美两国友谊。[①] 不久，林肯中学的学生到中国参观，在这近半个月的游历中，许多孩子表示这次旅行是"一次改变人生的旅行"。2015 年 10 月 23 日，习近平与时任英国首相卡梅伦，一起参观了曼彻斯特城市的足球学院，习近平与曼城球员的代表塞尔吉奥阿圭罗和托尼杜根一起自拍。这一行为让人觉得亲切，立刻引起了海内外广大网友的关注。习近平运用体育外交展现出的"亲民"，一路传达着温暖与善意，获得了各个国家人民的信任与支持。习近平坚定的继承毛泽东体育外交的思想，对新时代的体育外交做出了新的贡献。

综上所述，可以看出习近平吸收借鉴了前几代共产党领导人的体育思想，并在新的历史条件下，丰富和完善了毛泽东体育思想。

2. 对毛泽东体育思想的发展

第一，注重体育全面协调发展　体育的全面发展是大势所趋。新时代、新要求，习近平高瞻远瞩，在国家发展新的形势背景下，对体育领域的许多问题提出了新的要求。20 世纪末以来，我国提出要实现从体育大国向体育强国迈进的目标。体育从毛泽东时期的增强人民体质逐渐转变成新时代健康中国的建设，更加注重各项体育事业之间的融合发展。新中国成立之初，在"发展体育运动，增强人民体质"的伟大号召下，国民体质得到了很大提升，群众不断开展各项体育运动，体质增强，以达到建设社会主义的目的。21 世纪，我国的竞技体育在国际上取得重大突破。伴随着这一转变，竞技体育项目越来越受到普通大众的欢迎。2008 年，习近平实地考察北京市奥运会的保障工作，当来到东城区地坛奥运文化广场时，习近平非常高兴地说，一定要把奥运文化广场活动扎扎实实做

---

① 杜尚泽. 习近平参观美国塔科马市林肯中学［N］.人民日报，2015-09-25（01）.

好。①2014 年，习近平看望当时正在德国训练的志丹少年足球队，并观看双方的友谊赛。2014 年 10 月 20 日，《国务院关于加快发展体育产业促进体育消费的若干意见》（国发〔2014〕46 号）出台，体育产业在经济新常态下不断成为新的投资热点。体育的民间外交功能也日益与公共外交擦出火花。关于体育旅游、体育健身、冰雪等产业，出台了一系列的政策，为体育产业的发展提供了一系列新的经济思路。

第二，强调体育的多元价值与功能　随着改革开放的深入推进，体育在经济、政治、文化和教育等领域的价值逐渐彰显，其各项功能逐渐被挖掘。习近平充分认识到体育的多元社会价值和综合功能，并将其运用到社会主义现代化建设当中。习近平在其治国理政中，充分发挥体育的各项价值，为小康社会的实现、建成社会主义现代化强国做出了贡献。随着国民经济结构的不断调整改进与优化，政府出台了一系列的重要举措，如利用体育产业推进供给侧结构性改革，并升级和促进国民经济增长。这为国家经济结构的优化和增长提供了动力支撑；将体育作为引导青少年思考健康生活方式和促进全面发展的重要手段，为我国培养优秀人才做好铺垫；将体育文化作为传播交流中国传统文化和丰富人民精神世界的有效途径，提升了我国坚定文化自信的信心，推动了社会主义文化繁荣兴盛。为了维护各民族团结、加强各国人民交流和促进国家间关系，习近平将体育作为重要纽带，为维护社会和谐稳定发展和营造良好的国际环境做出贡献。例如，2022 年，我国成功举办了北京冬奥会，几十个国家总统、政要亲临北京，我们的朋友遍布天下。

第三，把体育发展提升到国家战略高度　当今世界各个国家间的竞争已经从硬实力逐渐蔓延到软实力领域，虽整体风云变幻，但和平与发展仍然是主旋律。体育是国家软实力的重要组成部分，体育的发展与国家形象有着密不可分的关系。2013 年 8 月，习近平在会见全国群众体育先进单位等代表时指出，全民健身运动的发展必须得到重视。② 国家相关部门根据习近平讲话的重要精神出台了一系列的政策。例如，强调做好群众体育工作，对其进行改进，落实"将全民健身上升为国家战略"；国家为了推进全民健身体育工作的实施，发布了《关于加快发展体育产业促进体育消费的若干意见》。2016 年 8 月，习近平在会见第 31 届奥运会中国体育代表团时，更是强调了全民健身战略的重要性，提出要加强体育的建设。习近平鼓励人们投身于体育锻炼当中，形成一个良好的生活习惯，为

①　习近平.13 亿中国人民热情欢迎各国各地区宾客到来［EB/OL］. http://news.cctv.com/china/20080802/105319.shtml，2018-08-02.

②　李斌.发展体育运动增强人民体质　促进群众体育和竞技体育全面发展［N］.人民日报，2013-09-01（01）.

全面建成小康社会营造一个健康积极向上的生活氛围。① 在新形势下，习近平把全民健身上升为国家战略的高度，促进了群众体育的发展。

新时代新征程中，习近平继承了坚持以人民为中心的立场，注重发挥体育的政治功能，带领我们不断开创体育新局面。他重视促进青少年健康，审时度势，高瞻远瞩，推进毛泽东体育思想，将其迈上一个崭新的台阶。

（二）推动新时代体育事业全面发展

党的十八大召开以来，习近平对体育工作的开展也提出了一系列的新建议，并做出了重要讲话，对我国的体育事业产生了积极的影响，为我国体育事业的发展提供了理论指导。习近平将体育强中国强、体育强国梦与中华民族伟大复兴的中国梦相结合，为体育发展提供战略定位。

1.以全民健身为纽带，推动群众体育运动的蓬勃发展

改进加强群众体育工作是落实"将全民健身上升为国家战略"的必然要求。2013 年，习近平在会见全国群众体育先进单位等代表时指出，我们要促进群众体育的发展，全民健身活动必须得到广泛开展，群众提高参加体育锻炼的意识是群众体育发展的基础，有利的基础设施和政策是群众体育发展的重要保障。体育工作要被政府高度重视，体育工作要放在重要的位置。②

习近平对于体育的重视，影响着群众对于体育的关注。一是作为国家最高领导人，他对体育的高度关注会使得人民群众对参加体育锻炼的意识也逐渐加深。习近平多次在重要场合讲述体育的重要作用，积极倡导人民群众形成健康的生活习惯和良好的生活作风，让人们在业余时间投身于体育锻炼中，增强身体体质的同时促进人的全面发展。二是国家相关部门认真学习习近平关于体育工作系列的讲话，制定出了许多促进体育发展的政策，颁布了一系列的文件，把全民健身上升到了国家战略，如《群众冬季运动推广普及计划》《体育总局关于加强和改进群众体育工作的意见》等。对群众体育的发展做出了许多详细的指导，如要加强对各种空置场所的利用，如城市公园、郊野公园、公共绿地等，在城市社区建设健身圈，设置好时间，各种场馆设施要得到有效利用，加大群众性冰雪运动场地建设和着力提升体育服务业比重，等等。

全民健身运动，让老百姓参加到体育竞赛中，推动了全民健身和全民健康目标的实现。③ 在中国田协注册的马拉松赛事，2010 年前，仅仅 22 场，而到 2017

①　姜萍萍，杨丽娜.中国队加油！中国加油！［N］.人民日报，2016-08-26（01）.

②　李斌.发展体育运动增强人民体质 促进群众体育和竞技体育全面发展［N］.人民日报，2013-09-01（01）.

③　孙科，张秀云.天津全运会：探索·求证·启示——《体育与科学》学术工作坊"探索与求证——天津全运会启示录"论坛综述［J］.体育与科学，2017（9）：10-16.

年，已有 300 场以上。政府为群众体育的发展提供了强有力的保障，群众体育的发展空前繁荣。2017 年，天津全运会首次增设了群众体育赛事项目，如乒乓球、龙舟等项目，共包含 19 个大项 126 个小项。完美切合了其"全民健身、共享全运"的主题，① 群众体育得到了繁荣发展，为广泛开展全民健身提供支撑，有利于提升人民身体健康水平，进而为全面建成小康社会的实现做出贡献。

2.深化体育体制改革，提升竞技体育综合实力

为实现我国体育大国向体育强国目标迈进的步伐，体育的功能应得到进一步增强，其三个层面的效用更加凸显：个人层面，体育对促进个人身心健康全面发展的效用更凸显；国家层面，体育对促进社会发展，提高综合国力的效用更凸显；世界层面，体育对提升人类进步，促进文明发展的效用更凸显。

竞技体育综合实力在体育体制的改革下得到提升。中国竞技体育在《奥运争光计划》的政策扶持下，取得了优异的成绩，但大多集中于一些优势项目，整体发展不均衡的现象突出。

习近平曾指出，长久以来，在国际赛场上，中国运动员的捷报频频传出，中国体育事业整体取得进步。但是，短板仍然存在某些项目中。要弥补短板，实现体育强国的目标。② 2014 年，在青奥村训练馆，对于发展三大球，习近平表达了殷切希望。习近平对队员和教练说："一定要注重'三大球'的发展，'三大球'的成绩与体育强国的目标有着密切的联系，是其标志之一，所以要努力提高'三大球'的成绩"。③ 习近平曾称赞女排不畏强手，勇夺金牌。④ 习近平多次在外交场合谈到中国足球的发展，他曾在会见韩国民主党党首孙鹤圭时表达了对中国足球的殷切希望："中国世界杯出线、举办世界杯比赛以及获得世界杯冠军。"⑤ 由此可以看出，习近平对于我国竞技体育中一些弱势项目的发展寄予厚望，并且根据中国国情和体育发展的规律对"三大球"有了新的推动力。2015 年 3 月，习近平组织审议通过了《中国足球改革发展总体方案》，这一方案具有前所未有的重要意义，它确立足球改革的战略意义，并且是从国家层面上；2016 年 4 月，国家发改委发布了《中国足球中长期发展规划（2016—2050 年）》，明确了足球发展的目标；中华人民共和国教育部发布了《关于印发全国足球场地设施建设规划（2016—2020 年）的通知》，切实为中国足球的发展提供了保障。

① 李丽.共筑体育强国中国梦［N］.人民日报，2017-08-27（01）.

② 杜尚泽.中国朝着体育强国的目标迈进［N］.人民日报，2014-02-08（01）.

③ 杜尚泽.习近平看望南京青奥会中国体育代表团［N］.人民日报，2014-08-16（01）.

④ 杨方舟.习近平会见韩国客人谈中国足球 希望世界杯夺冠［EB/OL］.http://gx.people.com.cn/GB/179479/15082835.html.

⑤ 姜萍萍，杨丽娜.中国队加油！中国加油！［N］.人民日报，2016-08-26（01）.

2017 年 2 月，姚明当选中国篮协主席，让专业人做专业事。女排不负国家使命，在 2016 年里约奥运会取得了冠军，这是时隔 12 年后女排再一次取得的金牌；田径和游泳也多次实现了重大突破，孙杨实现了男子自由泳从 200 米到 1500 米的奥运会和世锦赛全满贯。2015 年北京田径世锦赛中，男子 4×100 米决赛中国队历史性夺得了银牌。在里约奥运会上也获得历史最佳第四名。

我国竞技体育的发展在政府的携力下，与时俱进，将市场机制和举国体制相结合，激发了竞技体育的内在活力，推动了竞技体育的整体发展。

第二节　空间布局理论

《区域发展及其空间结构》由中国国家科学院院士、著名学者陆大道于 1995 年撰写的。陆大道院士是一个国际知名的地理学家，他一直从事关于土地发展、地区发展和经济地理学等问题的研究。中国的工业布局和中国工业地理学的学术总结都是由陆大道所组织的，并且我国工业地理学的基本理论体系也是由他起草形成的；在 20 世纪 80 年代的中期，"点—轴系统"学说被陆大道提出，从而得到了学界普遍的认可及引证。中国的"T"字形结构策略也是由陆大道提出，即在今后的数十年，中国将采取以沿海城市和长江沿线为当前国土开发与经济布局的第一轴线的发展策略。《区域发展及空间结构》涵盖了过去数十年来，尤其是近年来中国国内有关区域发展问题领域的理论基础和主要方法，重点阐述了中国资源与环境、国际贸易、城市空间结构发展中一些实际性的问题，并总结了中国区域发展的历史进程中城市空间结构发展的基本特点。该书结合了理论和实际，比较深入全面地阐述了中国区域开发战略和经济发展的"点—轴系统"理论以及我国区域经济发展的"T"字形结构，并论述了区域的经济可达性、技术创新、位置级差地租等对地区经济发展有哪些作用。该理论在区域经济发展规划、工业发展布局、城市发展、旅游经济布局、国土开发等领域得到广泛运用，对我国竞技体育后备人才培养基地布局和项目建设有极其重要的指导作用。

一、体育后备人才培养基地空间布局原理

（一）可持续发展原理

可持续发展理论（Sustainable Development Theory）指既不能影响到后代人实现其需求的能力的发展理论，又能够适应当代人的发展需求，以共同性、公平

性、可持续性为三大发展基本准则。达到协调、高效、共同、多维、公平的发展才是可持续发展的主要目的。根据可持续发展的思想，节省空间是空间布局上首先要考虑的问题，也就是说要体现出弹性原则；节省材料消耗是其次要考虑的问题，即要因地制宜，利用已有的资源空间作为布局项目的选址；还要注意布局的合理性，从生活、生产实际出发，以人为本，参考各利益相关者的意见、建议，使布局具有发展性和前瞻性。

（二）系统科学原理

现代管理科学中一个最基本的原理即为系统科学管理。系统科学管理应该是在人们开展管理的同时，通过全面的、系统的方法研究管理过程中应用管理的思想、概念和方式，以便实现进行管理的目标，即识别和解决管理中所存在的问题，同时以系统论的视角考虑。它的应用是广泛的，它既可以运用于各个机构中的人际关系中，也可以运用于社会活动的自然活动中。[①] 系统科学给予基地规划的启示可以是多层次、多方面的，总的来说，可以从关联性和过程化两个角度研究空间布局。体育后备人才的食、住、行、学、训、娱的安排顺序，要在空间上通过城市发展线路体现：后备人才培养基地与规划区内的生活、生产系统的关联，与区外后备人才培养基地的竞争、合作关系，也可以通过布局表达。

（三）文化布局原理

文化建设指开展关于科技、文化教育、健康体育、广播电视、新闻出版、文学艺术、图书馆、博物馆等各种人文视野的建设活动。这既是增强人民道德素质和思想觉悟的关键因素，又是发展物质文明的关键因素。[②] 任何一个城市的发展都有其自身的文脉和地脉，是该地历史的遗存。根据地域文脉和地脉进行城市建设，是一个重要的原理。每座城市都有其自身显著的城市文化、城市经济和城市品牌，依其城市文化和地理位置布局竞技体育后备人才培养基地，是保障其稳定发展的基础。一是文化品牌能彰显其人文风貌，二是地理位置能合理解决生源问题。例如，北方寒冷时间长，适宜冰雪运动项目的开展和人才培养；南方酷暑长，适应水上运动项目布局；西北高原天阔地薄，群山挺拔，适宜登山、攀岩项目开展。当然，在当前的规划实践中，难以找到文化渊源的布局实例也是存在的。面对局势，在无力改变时可以进行微观调整，从而体现一定的文化内涵。

---

① MBAtd 智库·百科，系统原理［EB/OL］. https://wiki.mbalib.com/wiki.
② 共享文化成果——十七大以来我国文化建设成就综述［N］. 人民日报，2011–10–05（01）.

二、体育基地空间布局的理论基础

（一）体育后备人才培养区位理论

区位理论是研究人类活动的空间结构和在空间结构中相互关联的学说。更详细地讲，是探讨人类经济活动的空间区域选择和在空间区域的经济活动优化组合。区位说的是研究人类行为活动的空间。因此，区位不仅表现了世界上特定事件的空间几何位置，而且指人类经济活动与大自然中的种种地域环境要素间的联系，及其相互影响下在空间结构地位上的表现。区位也指交通地理环境区位、经济区位和自然地理区位在空间结构上的有机结合的具体化反映。[①] 新经典区位论（也被称为新古典经济学区位里理论）指以新古典经济学家阿尔弗雷德马歇尔和韦伯为典范的传统区位理论框架。

（二）体育后备人才培养中心地理论

联邦德国的地理学家克里斯泰勒（W.Christaller）深入勘察了联邦德国南方的城市并进行了研究，1933 年明确提出了有名的中心地理论。这个理论产生的历史背景是西欧国家正在进行工业化和都市迅速发展，其理论的主要内容是在一定区域内（国家）城镇功能、大小、层次间的相互联系及其结构的变化规律。克里斯泰勒把这些概念总结成地域内的都市等级和规模的六边形模式。它的基本思想有四个基础：一是中心地分布的主要范围为平原，在这里，自然环境与自然资源要一致，并且同质分布，而居民人口也均匀地分布，他们对物质与服务的需要、消费方向及其收入均相等；二是交通系统要一致，面积相等的中心城市位置应相同，位置与消费水平应呈正相关性；三是使用就近的服务消费，以便降低开支；四是所有的核心都市必须供应同等的产品价值和同等的物质，实际的价值应该反映商品售价与成本的结果。[②]

（三）"点—轴系统"理论

在《地域经济发展及其空间结构》书中，陆大道院士系统的论述了"点—轴体系"基础理论，概括了"发展轴"的基本结构和形式、"点—轴"空间结构的形成、"点—轴集聚区"、"点—轴体系"、"点—轴渐变式扩展"等，并且探讨了各种社会经济发展阶段空间结构的一般特征，以上内容形成了"点—轴体系"的科学理论。陆大道院士认为，在区域或空间以外的领域，社会经济客体之间总处在相互影响状态下，并存在着空间扩散与空间聚集的两种趋势。在发达国家或地区的发展过程中，这些社会经济因素在"点"上集聚，并由线状基础设施串联在一起形成"轴"。"点—轴"开发，是"点—轴渐进式扩散"的发展方式，也既在

① 徐阳，苏兵.区位理论的发展沿袭与应用 [J].商业时代，2012（33）：138–139.

② 挂云帆.空间布局的原理及理论基础 [EB/OL].http://www.guayunfan.com.

国家或地区范围内，选择一个或多个可以发展的线状基础设施轴，又或在中心点地区的若干个点为主要发展目标；而随着经济能力的进一步增强，更低级别的发展轴和发展中心将被注意。同时，发展轴线会逐步向不很发达的地方以及离发展轴线较远的区域扩散，而原先并不能成为开发核心的地区也将逐渐被立为较低层的开发核心。在区域社会经济进一步发展的今天，"点—轴"必定会扩展为"点—轴聚集区"。此处的"聚集区"指对外的作用力或者规模更大的地点，并形成特定的圈层结构。因此，各个等级的点和轴便会在一定区域范围内形成，并且相互紧密衔接，共同形成分布有序的"点—轴"结构。

（四）核心—边缘理论

弗里德曼（J.Rfriedmann）在 1966 年出版的《区域发展政策》书中首先确立了中心—边缘概念，在这一概念的建立上，拉赫希曼与缪尔达尔都作出过重大贡献。《区域发展政策》系统地概括了核心与外围发展模式。这一概念力图探索一种地区系统是怎样从不联系的均衡蓬勃发展，向紧密联系、不均衡的稳定蓬勃发展，即从发展极度不均衡到高度紧密联系的发展均衡的地域系统。弗里德曼首先将特定区域的空间区域细分成"边缘区"和"核心区"。弗里德曼指出，蓬勃发展是依靠革新流程完成的，这个流程是不连续的，但又是慢慢累积的。然而蓬勃发展一般开始于区域里有很大互相影响能力的一些"变革中心"，创新发展则由这个"变革中心"向周围发展潜力比较小的地区扩大，周围地区获得发展需要依靠"变革中心"。弗里德曼把这种创新变革中央地区称作"核心区"，把特定空间区域内的区域称作"边缘区"。不过，边缘区与核心区的结构及其位置并非一成不变的，两区域的衔接位置会发生变化，两区域的空间结构位置会始终处在变动状态，区域结构也将不断发生变化，最后区域空间会变成一体化。

三、当下我国竞技体育后备人才培养布局情况

在新时代的征途上，体育大国的中华民族正奋力迈进体育强国的大门。群众体育和竞技体育的核心要素是竞技体育后备人才，那么中国的竞技体育后备人才培养基地的布局现状是怎样的呢？《关于加强竞技体育后备人才培养工作的指导意见》（以下简称《意见》），是第一次体育与教育部门联合下发的，专门阐述后辈人才培养的纲领性文件。对此田管中心青少部部长表示，《意见》对青少年后辈人才培养提供了良好指导，也是对具有中国特色的培养体系的进一步完善。在2017 年 12 月 8 日，由我国体育总局少年运动项目司印发的《有关做好竞赛体育运动后备人才培养管理工作的指示若干意见》（以下简称《若干意见》）作出了明确的回答。在建立竞赛运动后备人员的培训体制上：

一是明确了学校体育的主要用途，学校体育是竞赛运动后备人才培养的主

体基地，是竞赛运动后备人才培养的基础。"要"最大限度地发挥运动育人的功能，把提高学生体育兴趣爱好和运动能力作为重心，把提高学生的运动技术水平和身体合格作为抓手，强化课外体育和体育课锻炼，从而有效促进青少年健康成长。"要"坚持把学校足球教育作为引领，从而有效加强"一校一品"建设。引导所有中小学校将篮球、足球、排球、游泳、田径、冰雪和少数民族传统运动等各项活动当作目标，合理地组织和实施运动课程和培训内容。"要"把我国级体育传统项目管理的中小学校作为龙头、省级重点体育传统项目管理的中小学校作为骨干、市级和县区体育传统项目管理的中小学校作为基石，稳定增加竞技运动后备人才输出总量和品质。"要"进一步探索小学、初中、高中的一条龙训练方式，共同打造学校校园特色体育运动体系；举办全方位、多形态的校内体育竞赛活动，共同构建校内体育运动文化环境。

二是确定了具备培训学校竞技运动人员为基础功能的地方—各级业余体校。"要"以儿童少年体育运动学校、体育传统项目学校、青少年运动俱乐部等为依托，扩大初级训练规模。"要"以全国重点体校、综合体育运动高中和单项运动学院为中心，探索开展中级培训模式。"要"引导教学资源和运动项目资源优势进行有机优势互补，尽可能做到培训、师资互派互聘、设备资源共享共用。"坚持"以全国中等体育院校、竞技体校为重点，突出全国高水平运动后备人才培养基地的引导示范作用，全面提升高层次人才培养质量。

三是鼓励社会力量办基地。要引导、推动、规范社会力量申办青少年体育俱乐部。

四是在各项布局方面：以国家《奥运项目竞技体育后备人才培养中长期规划（2014—2024）》为要求，把篮球、足球、排球、游泳、田径和冰雪等建设项目作为重点，各省（区、市）展开的奥运工程项目应不少于 25 个部分，各市（地、州）展开的奥运工程项目应不少于 10 个部分，各县（区、市）展开的奥运工程项目应不少于 3 个部分的合理布局。《若干意见》未从社会经济发展层面和区域社会发展层面作出具体安排。

第三节　社会协同学原理

《社会协同学》[①] 由著名学者曾健、张一方在德国功勋科学家赫尔曼·哈肯

---

① 曾健，张一方.社会协同学［M］.北京：科学出版社，2000.

《协同学》基础上创立。社会分工中必定会出现社会协同，这是一个辩证的命题。不言而喻，社会协同学指以现代社会分工方式为基石，以推进"通过社区协作，怎样完成整个社会体系的跃进，把无序变得有序"为主要目的，并展开探究其核心机理。在人们经济社会实践过程中，存在着"人群—资源—自然环境"等一些世界性的难题，这些难题的压力和困难不是突然产生的，而是随着时间慢慢累积增加的。由于人类生存和发展的方法不妥当，人们过分扰乱、毁坏共存的"生物圈—水圈—岩石圈—大气圈"，导致社会圈内消费系统和支撑系统发生"紊乱—失控—失衡"和圈际关系"失度—失序—失衡等现象"，针对这种现状，作者按照他们设计的公式，经过换算数据和来源，从三种基本范畴，即目标关系维度（有途径、时、空、效益四维）、自组有序度和序测量参数与模度换度，对关键性参量怎样确定、怎么得出数据等疑问作出了解答。它们通过社会结构的产生、存在和演化原理，以"资源—环境—人口"为例，系统地在原则、途径、模式、步骤、关键等方面提出了一些根本性的措施。解答问题的三个前提条件：一是在满足社会发展更大需求的同时，不违反自然界的基本法则的条件；二是维持人类社会存在和发展的生产方式和生活方式的条件；三是社会系统选择进化避免退化的条件。并对人类社会未来发展提出了三个理想模型的预言。① 在政治社会学领域运用了合作思维，即强调各种社会活动主体间的相互配合和协调，如区域间的合作、公司间的相互竞争、政府部门间的相互协调等，对于体育后备人才培养具有一定的指导意义。

一、社会系统的涨落

在社会体系中，因为总是具有多种错综复杂的原因，所以不仅社会体系总是由大量元素（它们可以是时间或空间的）所组成，而且即使在最简单的仅仅涉及个人的心理学和几个人的家庭关系中也存在各种偶然因素。这种偶然原因，常常会引起社会的随机性。而这些随机性会导致社会系统中始终存在波动性。随机性也是系统的时间发展过程中无法绝对正确预测的基本因素。它对应着无法控制的随时间及其他因素变化的社会随机变量，对此有时可以用涨落力表示。涨落是对系统的功能及结构进行的一种随机性的扰动。它有可能来自系统的内部结构，也有可能来自系统的外部环境。涨落随时都会出现。当系统处于平衡态附近时，小的涨落对系统的稳定性不会产生大的影响，称为微涨落。反之。涨落本身是随机的，但它们的结果是确定的。只有把偶然性与必然性作为互补的原理结合起来，才能描述现实世界。②

---

①② 曾健，张一方．社会协同学 [M]．北京：科学出版社，2000.

二、社会系统的相和相变

自然科学中相与相变最明显的例子是水的三种状态（冰、水、汽）及其转变。在社会科学中，我们称同样的社会系统处于不同状态时为不同的相。不同状态间的变化称相变，如未婚和已婚是家庭不同的相，计划经济与市场经济是不同的相。孟德斯鸠阐述法的基本出发点是政体存在三种不同的相。[①] 社会科学中的相还包括不同的理论体系、不同的学术流派、不同的伦理道德、不同的宗教信仰、不同的风俗习惯、不同的语系。历史著作中不同的编辑方法（例如，《左传》《资治通鉴》的编年史和《史记》《汉书》的分类史）等。原始社会、奴隶社会、封建社会、资本主义社会、社会主义社会都是不同的相。[②]

三、社会系统的各种参量

社会变化时存在各种各样的因素。按照协同学的观点，这些因素可以分为快弛豫参量和慢弛豫参量两类。前者数目众多，但持续时间较短。后者极少而支配着前者，这是役使原理。慢弛豫参量决定系统的演化方向，因此又称为序参量。孟子说："民为重，社稷次之，君为轻。"中国传统的民本主义认为，在整个历史上人民才是第一位的，国家其次，而统治者只是来来去去的匆匆过客。因此，真正造福于人民的才是不朽的。大禹三过家门而不入，备受后人尊崇。李冰父子修建了都江堰，至今二王庙巍峨耸立，万古流芳。祸国殃民的暴君、奸臣、酷吏，必将遗臭万年。[③]

四、社会系统的自组织结构

各种生物、种群和自然生态都呈现出五彩缤纷的自组织结构。其中，自组织的一类典型是耗散结构。在社会系统中，自组织的产生和演化都是由竞争与协同共同决定的。就如哈肯所说："人们即将发现，许多个体，不管是原子、分母、蛋白质，又或者哺乳动物和人，都可以其集体行为，一面进行竞赛，一面进行协作，间接地决定自己的命运。"协同学指出，一个体系由无序向有序过渡的基础不在于它距离热力学均衡阶段有多远，也不在于它能否达到热力学均衡阶段，而在于构成这个体系的各个子系统在特定的情况下，利用非线性的相互作用可以形成共同作用和相互协调作用，并借助这些作用而形成了内部结构良好和性质合理的体系。这些协同活动表明了系统的新的有序态的产生，从宏观上也显示了系统的自组织过程。[④]

---

① 孟德斯鸠.论法的精神 [M].商务印书馆，1978.

②③④ 曾健，张一方.社会协同学 [M].北京：科学出版社，2000.

第四节　灰色理论

灰色系统科学理论（Grey System Theory）诞生于 20 世纪 80 年代，其主要内容包括以灰色代数系统、灰色方程、灰色矩阵等为基础的理论系统，以灰色序列生成为基础的方法系统，以灰色相关空间为基础的分析系统，以灰色模型（GM）为核心的模型系统，以系统分析、评估、建模、预测、决策、控制、优化为主体的技术系统。邓聚龙（1981）在上海举行的中美控制系统研讨会上发表的学术报告"包括未知系统在内的控制问题"中首次使用了"灰色系统"一词。所谓灰色系统介于白色系统和黑箱子系统之间，信息已知就是白色系统，而所有的信息未知就是黑色系统，部分信息已知，部分信息未知，那么这个信息不完整的系统就是灰色系统。所谓的"不完整信息"一般指：①系统元素是不完整和清晰的；②元素之间的关系不完全清楚；③系统组成不完全清楚。一般来说，社会制度、经济系统和生态系统都是灰色系统。

灰色理论是信息部分清晰，部分不清晰、不确定的应用数学学科。有许多系统比传统的系统理论更有信息。在信息匮乏的系统中，黑箱子法虽然也有比较成功的经验，但对具有内部和局部信息的系统研究较少，这一空白区域成为灰色系统理论的发源地。因此，灰色系统理论主要研究"外延清晰而内涵不明"的"小样本贫信息"问题，客观世界上既没有多少白色系统（信息完全清晰），也没有多少黑色系统（信息不完全清晰），是灰色系统，因此通过对这大量灰色系统的研究，进一步发展了灰色系统理论。①

一、灰色理论的基本观点

灰色系统理论认为，系统个体之间是否或必然会出现同一种系统信息之间交换得不能完全对称的某种特殊系统情况，取决于现有人类的认识和规律认识的层次、信息的获取行为的层次以及人类的决策行为认识的层次，低层次系统所存在的系统信息不确定量应是具有相当有限范围的高层次系统信息存在的一种可近似确定的量，要特别善于和充分利用现有系统已知信息存在的各种信息条件，进一步探索揭示出灰色系统自身发展中的各种规律。灰色系统理论是相对的比较和高层次思考问题，其多学科视野显得也较为深入宽广。

应先学会怎样从事物及其自身形成的整体系统和内部入手，从整个系统自身内部的组织结构和基本组成等出发去具体观察或研究系统。灰色系统的内涵显得

---

① 邓聚龙. 灰色理论基础［M］.武汉：华中科技大学出版社，2002.

更为清晰明确具体。

社会经济系统中，随机因素干扰普遍存在，给系统分析带来很大困难。而灰色系统理论认为，随机量是在一定范围内变化的灰色量，尽管存在无规则的干扰分量，但经过一定的技术处理，可以发现其规律性。

采用灰数、灰方程、灰矩阵、灰群等描述灰色系，突破了传统方法的局限，它更深刻地反映了事物的本质。

用灰色系统理论研究社会经济系统的意义在于从变化规律不明显的情况中找出规律，并通过规律分析事物的变化和发展，一改过去那种纯粹定性描述的方法，如人体本身是灰色系统，身高、体重、体型等通过测量得到的为白色系统，特殊功能、穴位机理、意识流未知难以测量而为黑色系统，灰色系统便介于两者之间。体育领域也是一个巨大的灰色系统，可以用灰色系统理论进行研究。

二、灰关联分析理论

（一）灰色关系

灰色系统这个概念的提出是相对于白色系统和黑色系统而言的。控制科学与工程的邓聚龙最初提出此概念的[1]。按照控制论的惯例，颜色一般代表对于一个系统我们已知信息的多少，白色代表信息充足，比如一个力学系统，元素之间的关系是能够确定的，这就是一个白色系统；而黑色系统代表我们对于其中的结构并不清楚，通常叫作黑箱或黑盒。灰色介于两者之间，表示我们只对该系统有部分了解。

（二）灰色关联分析

灰色关联度分析（Grey Relation Analysis, GRA），是一种多因素统计分析的方法。简单来讲，就是在一个灰色系统中，我们想要了解其中某个所关注的项目受其他因素影响的相对强弱。再直白一点，我们假设以及知道某个指标可能与其他的某几个因素相关的，那么我们想知道这个指标与其他哪个因素相对来说更有关系，哪个因素相对关系弱一点，依次类推，把这些因素排序，得到一个分析结果，就可以知道我们关注的指标，与因素中的哪些更相关[2]。作者认为，灰色关联分析其实就是看两个向量之间的距离，通过数学方法度量两个向量之间的关联性。所以，在分析数据的时候一定要确认好要判断的是什么。总之，最后是对方案或是能对目标造成影响的因素的排序。

①② 邓聚龙.灰色理论基础［M］.武汉：华中科技大学出版社，2002.

（三）灰色聚类与灰色统计评估理论

灰色相关分析法样本量可以小到 4 个，也适用于不规则数据，其基本思想是将评价指标原始观测数进行无量纲化处理，计算关联系数、关联度以及根据关联度的大小对待评指标进行排序[①]。灰色相关应用涉及社会科学和自然科学各领域，特别是在社会经济领域，如区域经济优势分析、产业结构调整、国民经济各部门投资收益等方面，取得了良好的应用效果。

1.灰色聚类

灰色关联聚类可粗略区分为两种类型：一种类型为灰色关联聚类，用于研究对某些同类因素的归并；另一种类型的是灰色白化权聚类，用于检测出被观测到的对象究竟是属于何类[②]。灰色关联聚类可以检查是否存在若干因素大体属于一类，使用这一类的综合平均指标或其中的具有代表性的因素来代表这一类因素，而使信息不受严重损失。

白化权聚类是通过灰色理论中的白化权函数，计算各聚类对象对不同指标拥有的白化权值，以便区分其灰类的方法。通过此种方法检验观测对象应归属于先前设定的何种类别，并确定评价结论。该统计分析方法对样本计算量的多少和样本数量有无规律变化均为适用，计算样本量偏小，其直接量化统计结果将不违背定性分析所得的结论，适用于评价信息不确切、不完全，具有典型灰色特征的系统。

2.灰色评估

灰色系统评估理论是一种基于灰色系统研究的评价理论体系和分析方法，对于某个灰色系统因子或它所属系统因子在其某一特殊时间段里所处的特殊状态，以及它预期达成的评价目标，通过灰色系统因子分析，做出半定性半定量系统的定量评估判断与分析描述，从而在一种更高的研究层次平台上，对该系统因子的研究整体水平进行评价和评估总体效果，即形成可供比较的、可用于决策分析的评价或描述。

灰色评价方法是一种可以较有效解决评价指标难量化、难统计的问题，受主观因素影响小。计算过程简单，可用原始数据进行直接计算，只要有代表性的少量样本就能进行计算。

3.灰色预测

灰色预测是一种对含有不确定因素的系统进行预测的方法。灰色预测通过鉴别系统因素之间发展趋势的相异程度，即进行关联分析，对原始数据进行生成处理，以寻找系统变动的规律，并生成有较强规律性的数据序列，然后建立相应的

---

①② 邓聚龙.灰色理论基础［M］.武汉：华中科技大学出版社，2002.

微分方程模型，从而预测事物未来发展趋势的状况[1]。灰色预测模型。预测未来某一时刻的特征量，或达到某一特征量的时间，是基于已知客观环境事物活动的过去和现在的发展规律，借助于科学的方法对未来的发展趋势和状况进行描述和分析，进而形成科学发展的合理假设条件和判断。

（1）灰色时间序列的预测。利用人们可反复观察到的各种对象特征量之间的时间序列变化重新构造灰色预测模型，预测未来某一时刻的特征量，或达到某一特征量的时间。

（2）畸变预测。通过灰色模型预测一个异常的值有可能将出现并在特定的时间某一个特殊时刻，预测出该异常的值什么时候能再次出现并停留在一个特定时刻的特定时点区内。

（3）系统预测。通过灰色分析方法对多个复杂的系统行为特征指标分别建立相互关联灰色变化关系的预测模型，预测出复杂动态系统的运行模式中涉及的随机变量间及其组合间的具相互联系的系统灰色变化。

（4）拓扑结构预测。将原始数据作曲线，在此曲线轨迹上分别按某定值寻找有关该事件发生前后所有相关时点，再以所有该相关定值事件为基本框架构成相关时点数列，据此建立模型并预测所有该相关定值事件发生前的所有时点。

（5）灰色决策。灰色决策指运用灰色系统理论，对灰色系统（信息部分明确，部分不明确的系统）中的问题进行决策，层次分析决策指将复杂问题中的各种因素通过划分相互联系的有序层次使之条理化，先根据某些判断准则，就每一层次元素的相对重要性赋予定量化的度量，然后依据数学方法推算出各个元素的相对重要性权值和排序，最后对结果进行研究、分析与决策。

综上所述，基于马克思主义理论、灰色系统理论等社会科学和自然科学理论在本书中的适切性，为竞技体育后备人才培养路径选择提供理论指导，为丰富新时代学校体育内涵提供理论支撑，为竞技体育后备人才培养实践与理论研究架起了沟通桥梁，提供了更加复杂、包容政治学、经济学、社会学、体育学的视角[2]，构建了"宏观结构—中观制度—微观行动者"这一独特的分析和解释框架[3]。因此，以上述理论为指导，结合访谈资料从宏观深层结构、中观制度本身以及微观行动者3个逻辑层对我国竞技体育后备人才培养体系进行分析和逻辑推演，与用灰色理论进行定量分析具有天然的契合性。

① 邓聚龙.灰色理论基础［M］.武汉：华中科技大学出版社，2002.

② 王文龙，崔佳琦，米靖，邢金明.我国竞技体育后备人才培养制度的演进逻辑与展望——基于历史制度主义分析范式［J］.体育学刊，2021，28（6）：51-58.

③ 庄德水.论历史制度主义对政策研究的三重意义［J］.理论探讨，2008（9）：142-146

第四章 竞技体育后备人才培养现状与问题研究

第一节 竞技体育后备人才培养发展现实检视

随着中国人民小康社会的全面实现，我们走进了新时代，中国共产党领导中国人民高举习近平新时代中国特色社会主义思想的伟大旗帜，满怀豪情向着第二个百年奋斗目标的新征程迈进。随着 2022 年北京冬奥会的召开，实现体育强国梦和中国梦已成为新时代的最强音。新时代里，如何做好青少年体育工作和竞技体育工作，早日实现体育强国和健康中国，国家给予了高度重视，先后在 2017 年、2018 年、2019 年连续颁布纲要性指导文件和一次全面性地做好落实工作的全国青少年体育工作电视电话工作布置会。2017 年的《指导意见》[①]告诉我们，竞技体育运动与体育后备人才培养是我国体育事业健康、全面、协调、可持续发展的关键，要强化体制和机制建设，完善中国竞技体育各项目后备人才培养的工作体系，改革青少年体育教学训练模式、探索做好青少年体育工作质量和管理效益的方法与手段，要科学、合理布局好青奥项目和基地建设，推动竞技体育后备人才培养等工作有效开展，为建设体育强国、健康中国注入新时代的强大生机力量与创造活力。它是我国第一部专指青少年体育后备人才培养工作的指导性文件。[②]为推动新时代青少年后备人才培养工作的落地生根，体育总局组织召开了全国青少年体育工作电视电话工作布置会，传达了习近平总书记对我们的殷切

[①] 国家体育总局，教育部.关于加强竞技体育后备人才培养工作的指导意见［EB/OL］.（体青字〔2017〕99 号），http://sport.gov.cn.

[②] 钟秉枢.开创竞技体育后备人才培养新局面——《关于加强竞技体育后备人才培养工作的指导意见》专家解读之一［N］.中国体育报，2017–12–08（01）.

嘱托①。素质教育任重而道远。良好的体育教育要从基础抓起，学生的体能素质、综合素质要上去。少年强，青年强则中国强。为贯彻落实好习总书记的指示，我们要踏实有痕、扎实盘活各类体校、做实做好学校体育。《体育强国建设纲要》②已为我们绘出了实现体育强国和健康中国愿景规划，提出三步走实施计划，并从加强组织、政策支持、区域协调、人才培养、法治建设、规划制定六个层面给予政策保障。2020年，中共中央、国务院新规的颁布③，为青少年体育发展保驾护航。

体育蓝图已绘就，"到本世纪的2035年，形成一个以中央政府领导决策更为主导积极和协调有力，社会规范、和谐稳定、运行有序，市场激烈竞争中充满发展强劲市场活力、人民主体权利得到充分平等有序参与，社会组织规范、快速协调、健康高效、稳定发展，公共服务供给保障全面完善，与基本实现现代化相适应的现代国家体育产业经济发展新格局。到2050年，体育成为中华民族伟大复兴的标志性事业"。

我们站在新时代新征程的出发点上，梳理我国竞技体育后备人才培养发展历程，为进军体育强国奠定基础尤显重要。我国著名体育学者、原首都体育学院院长、博士生导师钟秉枢教授曾撰文指出："《关于加强竞技体育后备人才培养工作的指导意见》（以下简称《指导意见》），是新中国成立以来第一个专门针对国家竞技运动体育专业后备梯队人才培养选拔工作正式出台的官方指导性文件。"《指导意见》详细叙述了全面强化学校青少年体育教育和少体校三级训练网络的特殊重要性，指明了少体校是竞技体育后备人才培养的主体，学校体育是竞技体育后备人才培养的基础。厘清了各个地方政府部门的职能，要求"地方各级政府一定要确保将各级公办体育运动学校设置纳入本地政府教育和发展布局规划，教育经费应纳入当地同级公共财政预算保障"④，确保当地体育部门单位和当地教育行政部门能依法各司其职，齐抓共管育好人。这种发展模式、体系的探索建立过程以及政策逐步落实，必将为进一步发挥推动竞技体育水平攀登更高峰的制度优势，打造出具有中国特色的竞技体育后备人才培养体系，这与本书研究所假设的欲达目标是一致的。

①　赵勇.大力改革和加强青少年体育工作为体育强国建设和健康中国建设打下坚实基础［EB/OL］.2018年全国青少年体育工作电视电话会议上的讲话，http://sport.gov.cn.

②　国务院办公厅.体育强国建设纲要（国办发〔2019〕40号）［EB/OL］.http://www.gov.cn.

③　中共中央办公厅，国务院办公厅.关于全面加强和改进新时代学校体育工作的意见［Z］.2020-10-15.

④　国家体育总局，教育部.关于加强竞技体育后备人才培养工作的指导意见（体青字〔2017〕99号）［EB/OL］.http://sport.gov.cn.

一、风雨兼程七十载的学校体育

学校是教育活动的重要场所之一，学校的主要职能是利用指定的教育机构和选定的教育内容，开展教学活动，培养社会所需的人才。学校体育作为学校教育不可分割的部分。早在我国周朝时期，统治者为培养其子弟设置了学校，其"六艺"教育内容中的"射"和"御"都属于体育内容。儒家教育思想在中国封建社会占据统治地位后，中国已经逐渐的开始进入一种"重文轻武"的局面，唯尊崇"万般皆下品，惟有读书高"，并且曾经主导着中国的政治、经济、军事。此阶段我国重视的只有德育和智育，而体育被忽略。直到清末民初，1901年废除科举，1903年才仿照外国兴办学校（称为学堂），在学堂课程中开设"体操课"，至此，体育又重新回到人才培养上。

中华人民共和国成立前，国人寿命平均只有35岁[①]，我们的民族也被外夷称为"东亚病夫"。面对人民体质弱懦、生活贫困、经济萧条、百废待兴的艰难困境，中国共产党人以人民利益为天职，以中华民族万秋千山为己任，以大无畏精神为支柱，带领国人风雨兼程七十载，以"发展体育运动，增强人民体质"（1952年6月10日）为方针，以"身体好、学习好、工作好"（1953年6月30日）为方向，突破敌对势力的各种围困堵截，破除儒家教育中的重文轻武思想，在人才培养上，实施以人为本，以德为先，德智体全面发展的理念，建立了具有中国特色社会主义的办学理念、办学思想、办学体系；构建了具有体育教学、课外体育活动、学校运动代表队训练与竞赛、早操和课间操及科学的作息和保健措施等要素组成的完备的学校体育教育体系，并先后颁布了几十部法律、法规和有关制度。如表4-1所示。

表4-1 新中国成立后国家颁布关于体育的政策法规

年份	颁布政策与法规
1951	《关于改善各级学校学生健康状况的决定》
1956	《小学体育教学大纲（草案）》《中学体育教学大纲（草案）》《普通高等学校体育课教学大纲（草案）》
1958	《劳动与卫国体育制度》
1975	《国家体育锻炼标准》采用新的体育教学大纲和教材
1979	《中小学体育工作暂行规定》《高等学校体育工作暂行规定》（试行草案）《全国学生体育运动竞赛制度》

---

① H.E.Seifert. Life Tables for Chinese Farmers［J］, Milank Memorial Fund Quarterly, 1933.

续表

年份	颁布政策与法规
1982	《国家体育锻炼标准》
1986	《掖县会议》（1986 年首次提出由教育系统在学校试办高水平运动队）
1990	《学校体育工作条例》《学校卫生工作条例》
1992	《中等体育运动学校合格评估标准》《中等体育运动学校办学水平评估标准体系》
1993	《中国教育改革和发展纲要》
1995	《中华人民共和国体育法》
1999	《中共中央国务院关于深化教育改革全面推进素质教育的决定》
2000	《体育与健康教学大纲》
2006	《关于进一步开展全国亿万学生阳光体育运动的决定》
2007	《中共中央国务院关于加强青少年体育增强青少年体质的意见》（中发〔2007〕7 号）
2008	《国家学校体育卫生条件试行基本标准》
2010	《国家中长期教育改革和发展规划纲要（2010—2020 年）》
2012	《国务院办公厅转发教育部等部门关于进一步加强学校体育工作若干意见的通知》（国办发〔2012〕53 号）
2013	《中共中央关于全面深化改革若干重大问题的决定》
2014	《奥运项目竞技体育后备人才培养中长期规划（2014—2024 年）》
2016	《中长期青年发展规划（2016—2025 年）》、《"健康中国 2030"规划纲要》、《关于强化学校体育促进学生身心健康全面发展的意见》（国办发民〔2016〕27 号）、《国务院印发全民健身计划（2016—2020 年）的通知》（国发〔2016〕37 号）
2017	《国务院关于印发国家教育事业发展"十三五"规划的通知》（国发〔2017〕4 号）、《关于加强竞技体育后备人才培养工作的指导意见》（体青字〔2017〕99 号）
2018	《习近平在全国教育大会中关于学校体育的讲话》
2019	《国务院关于实施健康中国行动的意见》（国发〔2019〕13 号）、《国务院办公厅关于印发体育强国建设纲要的通知》（国办发〔2019〕40 号）
2020	中办国办印发《关于全面加强和改进新时代学校体育工作的意见》

在党和政府的关心、关怀下，青少年儿童的健康状况发生了巨变，国人的寿命由新中国成立前的 35 岁增加到现在的 77.3 岁，主要健康指标总体上优于中高收入国家平均水平。①

---

① 于学军．国新办举行"十三五"卫生健康事业改革发展情况发布会［EB/OL］．http://www.gov.cn．

改革开放后，围绕贯彻落实《中共中央国务院关于深化教育改革全面推进素质教育的决定》和《国务院关于基础教育改革与发展的决定》，体育工作者就中国学校体育的功能、作用、地位、实施路径等提出，我国学校体育发展受哪些因素的制约？中国特色社会主义学校体育该是什么样子？如何解决国家对学校体育的需求、社会和个人的需求等问题。学校运动会如何变革？什么是学习模式？何为体育教材的实用性？终身体育与学校体育的关系是什么？① 对如此种种或学术或理论或实践问题，作出了积极探索。随后，针对这一系列的问题，教育部先后出台各阶段学校体育教育的政策文件：义务教育体育与健康课程标准及实验方案（2001），并于 2011 年出台了修订版本、普通高中体育与健康课程（实验）（2003），在 2017 年做了修改并逐渐完善版本、全国普通高等学校体育课程教学指导纲要（2002）等。

进入新时代后，伴随着中国梦，我们齐心努力奔向第二个百年奋斗目标的新征程时，中国体育由体育大国开始迈向体育强国，作为体育主阵地的学校准备不足，如何解决社会对学校体育的新要求和如何满足学生的各种体育需求？在宏观层面，2013 年 11 月 12 日党的十八届三中全会为我们扬起了深化教育领域综合改革的风帆。随后，国家在先后出台了《"健康中国'2030'"规划纲要》（2016）、《学校体育工作条例》（2017 修订）、《〈体育与健康〉教学改革指导纲要（试行）》（教体艺厅函〔2021〕28 号）、《新义务教育体育与健康课程标准》（2022 版本）等多个政策性指导文件。在微观层面，创新大课间体育活动，确保《学生体质健康标准》的有效实施，改革学校运动训练与竞赛；创新体育教学模式，实施以提升教学能力为指导思想的高校体育教育专业的改革等，都是我们面临的新课题。

高质量的体育教育关系到亿万儿童的健康成长、国家的发展和民族的未来。当年设立的"拳脚"与"武艺"，经过了多年的风风雨雨，几经彷徨、几经探索，早已是全面发展教育的一个部分。中国的学校体育和体育课程成了学校教育的重要组成部分。在新时代，审视我国的体育课程设置与功能，在竞技体育后备人才培养的基层链上扎实基础，在助推青少年儿童身心健康上做实做厚，为实现体育强国做好基石。

（一）我国体育课程设置与功能

1. 体育

体育是舶来品，产生于明治时期的日本，于清末传入中国。当时我国学者认为"体育"指身体的教育，是英语 physical education（P.E）的对译词。②

① 杨铁黎，陈钧．学校课余训练改革新视野［M］．北京：北京体育大学出版社，2003.
② 肖威．新中国学校体育 70 年发展历程［EB/OL］．http://funu.edu.cn/tyxy/info/1013/1374.htm.

2. 古代体育教育

溯源我国古代体育教育，首推"六艺"。教育家孔子毕生倡导的"六艺"教育体系中的"射"和"御"都属于体育教育内容，它为古代学校教育和学校体育作出了贡献。就当时而言，在教育体系中包含"射""御"教育，其作用有二：一是射礼和御礼能够在实际生活中起到重大作用。这与早期社会生产力低下、科技不发达、战争频繁、人类生存环境受到大自然严俊挑战密切关联。二是射礼和御礼能够帮助人们实现命运的转变。在阶级相对来说更为固化的古代，贵族以及官僚统治阶级之间往往都有着较为统一的规矩。周朝时期，平民一般来说很难获得受教育的机会，导致骑马射箭这种本领在大部分情况下成为贵族专属。对他们来说，如果连骑马射箭都不会，无疑是令人感到十分羞耻的事情，只有习得了这项本领才能真正获得他们的普遍认可，也才能真正称为贵族。而乘坐马车作为贵族的专利，能够驾驭马车的人从某种程度上来说算是融入了贵族的圈子。在这种情况下，只要他们自身的技艺足够精湛，很容易获得贵族的青睐从而实现自身命运的转变。①

3. 体育课程设置

进入近代社会后，体育课程初现雏形，1903 年，张百熙、张之洞、荣庆拟制定的《奏定学堂章程》是中国近代第一个以教育法令公布并在全国实行的学制，它在学校教育课程设置中明确规定各级各类学堂都设体操课。它代表着中国近代教育的开端，并对中国近代教育产生了重大影响。

从《奏定学堂章程》到现在，经过 100 多年的历程，体育课由当初课程设置的每周 2 节体育课延续至今。2001 年，《义务教育体育与健康课程标准（实验）》方案倡导中小学每周 3 节以上体育课，高中、大学每周 2 节体育课，执行情况如何呢？根据教育部 2014 年发布的一项研究数据，水平二到水平四的年级，全国只有 29% 的学校每周上满 3 节体育课，80% 的高中体育课被占用现象严重，特别是高三基本全部停上体育课；在职体育教师的数量与学校份额相当不匹配，体育教师严重缺乏；初中生参加课外体育活动的比例为 8%，远低于日本的 65%、美国的 86%；2018 年 7 月 24 日，教育部《中国义务教育质量监测报告》显示，全国仍有 44.3% 的学校没有开齐开足体育课。②

4. 小结

综观我国体育课程，宏观层面，党和政府已高度认识它的重要性，国家曾发

---

① 品历史网.历史纪事，孔子重视六艺中的射和御的原因是什么？［EB/OL］. https://www.izhixiu.com.
② 搜狐网.我国体育课实施现状及"美、日、英、新、俄、法、韩"七国对比［EB/OL］. https://www.sohu.com/a/305922876_49867.

文指出①："到 2022 年，增强高质量体育师资，保质保量开展体育课，综合改善教学环境，完善体校机制，形成教学、训练和竞争完整体系，提高教学质量、教学效率、学生身体素质和综合素养。""鼓励基础教育阶段学校每天开设 1 节体育课，高等教育阶段学校要将体育纳入人才培养方案，学生体质健康达标、修满体育学分方可毕业。鼓励高校和科研院所将体育课程纳入研究生教育公共课程体系"。我们认为，党和国家在宏观层面已出台了保障政策，关键是宏观层面出台政策后，中观结构层面和微观实操层面如何理解并执行好国家对培养青少年儿童全面发展上的认识及理念，各省如何结合省情去贯彻这些刚性指标，各级各类学校如何去操作。②

（二）域外中小学校体育课程

1.英国体育课程设置

资料显示，在国外，学校体育在学校教育中占有重要地位。在英国的课程设置中，体育与文化课同等重要，甚至教育的理念有着"体育第一，学习第二"的观点。因而体育被认为是培养优秀人才的最佳途径。能够在体育训练中能持之以恒的孩子，才会在生活和学习中脱颖而出。③ 在英国，中小学实行 11 年义务教育制，其中小学（5~11 岁）为 6 年，中学（11~16 岁）为 5 年。当学生在 14~16 岁时，他们将获得普通中等教育证书（GCSE）阶段。此时，学生除必修的体育课外，还可以选修此阶段国家课程中的体育课程，每周五上课 1 小时，内容包括理论和实践两个方面。期末在选修体育课的评价中，理论部分占 40%，实践部分占 60%。

2.德国体育课程设置

与英国相比，德国非常重视学校体育的发展。德国中小学主要以体操、篮球、足球、游泳等奥运会项目为主要内容，并且规定每周至少上 3 次体育课。且体育课为固定课程，绝对不允许被占用，体育教师与其他学科教师地位相同。中小学经常举办"体育周"等活动，让学生参加运动，激发学生对运动的兴趣。学校把体育成绩突出的学生组织起来，参加不同级别的校际运动会。据统计，德国有 9.1 万家俱乐部，注册人数 2470 万，占德国人口的 30%。其中 0 岁和 27 岁的男孩有 950 万人。其中，小学和初中 7~14 岁的少年最多。参与人数最多的体育项目依次为足球、体操、网球、田径和手球。在学校运动队和县级业余体校训练人数，我国仅有 50 余万青少年儿童参加，与德国比较相去甚远。德国青少年体

---

① 中共中央办公厅，国务院办公厅.关于全面加强和改进新时代学校体育工作的意见［Z］.2020-10-15.

② 教育部办公厅.《〈体育与健康〉教学改革指导纲要（试行）》的通知（教体艺厅函〔2021〕28 号）［Z］.2021.

③ 搜狐网.为什么英国的学校这么重视体育教育？［EB/OL］. https://www.sohu.com/a/255791460_99925888.

育俱乐部与中小学体育密切相关。例如，汉堡 HT16 俱乐部的"狐狸计划"，每周两次派教练到中小学向学生传授体育技术、培养运动兴趣，在学校体育与专业训练之间架起一座桥梁，有利于为竞技体育提供后备人才。①

3. 美国中小学体育

体育在美国作为教育的重要部分，无论政府还是民间都非常重视。美国并没有设立专门的体育课，但规定学生必须在课后修满体育学分。下午时段让学生从事体育活动。康涅狄格州要求孩子从幼儿园到五年级，每天都必须有体育训练。据美国权威部门统计：美国中小学生参加课外体育活动的人数大约占总人数的86%。中小学生每个星期的课外活动时间一般在 12.6~13.2 小时。②

4. 日本体育课程

2014 年，日本外务省修订了《中小学健康与体育手册》，确认小学生平均每周体育课 3 小时，每年 90 小时，小学阶段至少 540 小时。初中体育课的总数超过 105 课时，中学阶段需超过 315 课时，其中，体育领域课为 267 小时，保健课为 48 小时。体育理论课各学年必须安排 3 课时以上。此外，武术和舞蹈是必修课，中学生可根据自己的意愿或自由选择。40% 的日本学生每天锻炼超过 2 小时。放学后，日本学生仍然要接受 1 小时的训练，学校为学生开设了合适的运动场地，让他们自由选择自己喜欢的运动。据统计，日本约有 40% 的学生每天学习 2 小时以上。③

5. 俄罗斯体育课程

2004 年初，俄罗斯国家课程标准在历时 3 年后通过。根据新的国家课程标准，各地出版了新教科书。ANMatbeeb 编写并得到俄罗斯教育部批准的《小学体育》《初级中学和完全中学体育》，将体育课程内容分为三大部分：体育理论知识、体育活动的方法、运动技能学习。小学 1~4 年级体育理论知识部分包括早操、分钟体育、课间操的作用和意义以及完成一套早操、分钟体育、课间操练习的规则；形成正常体态的练习规则；在体育馆和操场运动规则以及着装要求；身体练习对增强体质、促进呼吸和血液循环系统的作用；预见运动损伤的规则等。小学 1~4 年级学习运动技能包括基本技巧性体操、轻竞技运动、滑雪、活动性游戏、游泳（3~4 年级）。基本技巧性体操包括组织队列、队形（1~2 年级）、技巧性练习、实用体操练习；轻竞技运动包括跑、跳、投掷；活动性游戏包括足球、篮球、排球游戏。初中 5~9 年级体育理论知识含量明显增加，主要包括体育

①　胡安义等.德国竞技体育后备人才的培养与启示［J］.体育文化导刊，2013（9）：67-70.

②　李勇飞，袁际学，王啸.中美中小学体育的对比与简析［J］.科技世界，2015（2）：282+380.

③　鲁娜，马艳红.体教融合视域下日本学校体育政策演变对我国青少年体质健康促进的启示［J］.沈阳体育学院学报，2021（5）：40-47.

史（包括奥林匹克运动史）（5~7 年级）；体育的基本概念、现代体育和竞技运动（8~9 年级）；人类体育活动。初中 5~9 年级运动技能学习包括四个方向的内容：体育保健活动、普遍发展的竞技运动—保健活动、侧重于比赛的竞技运动—保健活动、运动美学。这些方向的内容包括基本技巧性体操、轻竞技运动、滑雪、游泳、竞技游戏。①

6. 法国体育课程

法国政府于 1887 年将体育列入学校课程，1969 年规定小学体育课在每周整个 27 课时中占 6 课时，每天下午课后锻炼 30 分钟。在小学阶段，主要以田径和游泳运动、定向、攀岩、轮滑及结合当地资源的马术、滑雪、帆船、皮划艇等运动技能为主，小学阶段的游泳课程依照课程大纲的安排，主要分为 3 个时段，总计 5 年。第 1 个时段为"准备课程"，为时 1 年；第 2 个时段为"初级课程"，为时 2 年；第 3 个时段为"中级阶段"，为时 2 年。而在中学阶段，体育与运动课程大纲的主旨为："通过学校式锻炼、思考型锻炼、适应性锻炼，体能的、竞技的、艺术的多种活动，以及传统与当代的文化形式，体育与运动将有助于每个学生的成长与完善"。②

法国教育部规定，高中生考大学，体育是其中的一门主科，必须经过考试才能升入大学。在高考的 200 分总分中，体育成绩以 20 分计入总分。而计算体育成绩的方法通常以高中最后一个学年的平时成绩加出勤率等。学校的体育考试项目分为田径、体操和游泳三大类，学生可从中任选一类。③

7. 小结

从上述几国体育课程设置来看，他们对学校体育和体育课程在健全青少年儿童人格，培养竞技体育后备人才上已有深刻的认识和清晰的理念。④ 其认识和理念可归纳为三点：一是体育课是学校教育的组成部分，是全面发展人的需要。二是体育课是培养学生优良品德、提高身体素质、增进青少年儿童身心健康的重要手段。三是体育课是培养竞技体育后备人才最基层的一环，也是关键一环。可见体育对人全面发展的重要性。

（三）传统体育项目学校的诞生与成长

资料显示，传统体育项目的产生是在 20 世纪 60 年代初期，逐渐兴起于 20

---

① 张男星. 俄罗斯国家课程标准述评［J］. 课程·教材·教法，2005（6）：90-96

② 曲宗湖，李晋裕. 有关法国学校体育教育的简况［J］. 中国学校体育，1993（3）：67-68.

③ 张文鹏. 法国学校体育的政策治理研究［C］. 2015 第十届全国体育科学大会论文摘要汇编（一），2015.

④ Guanlin Li, Chuansheng Wu. Method For Discovering Youth Sports Potential Under The Background of Big Data［J］. International Core Journal of Engineering, 2021, 12（7）：606-611.

世纪后期，21 世纪初，传统体育项目的发展渐渐进入正轨。1952 年，毛泽东发出"发展体育运动，增强人民体质"号召唤起国民参加体育锻炼；在蓬勃兴起的全民健身热潮中，上海、北京、天津等省（市）的学校根据自身学校体育教师的能力和业务水平、场地器材设施条件以及学校学生的爱好，以其中的某个项目为重点，分别建立班级形式、年级形式和学校形式的运动队，在课余时间进行有组织、有计划的锻炼。有的项目，进行训练的学校，一段时间后参加该项目比赛均取得较好成绩，技术水平相较于其他学校普遍偏高，慢慢地形成了具有本土特色，能够突出学校的体育传统项目。因此，人们把这种具有特色的学校称为传统体育项目学校并在 1983 年出台了管理办法[①]，该办法先后于 2008 年和 2013 年两次进行修订，为此，我国 8567 所学校中都已有了传统体育项目。

1. 构建秩序，迈入正轨

刘国永曾告诉记者，传统体育项目在我国学校的开展，在一定程度上对我国青少年儿童的身体素质以及对我国体育事业的发展起着重要的作用。[②]体传校盛起于 1979 年，次年国家表彰了前 100 名优秀学校，肯定了学校对学生思想品德的教育作用和增强学生体质健康的作用，有利于学生全方位的提升；在此过程中有效地实施素质教育，提高学生以及老师的健康。国家出台的体育政策[③]，不断强调健体与精神共存的重要性，为我国各行各业提供优秀的"种子"，为我国各个阶段的运动队和优秀院校提供优质的生源。

40 多年来，体育传统项目学校由当初的几所发展到现在的近万所，学生参加传统体育训练的人数呈现稳步上升趋势。传统项目布局随时代的发展也在不断优化，各级体育院校和普通大学的优质生源不断增加，已成为各个学校体育力量的重要窗口，是培养体育后备人才的重要基地[④]。

2. 注重优化，蓬勃前行

体育传统项目学校在 40 多年的建设中得到蓬勃发展，2019 年，我国共有 8567 所体育传统项目学校，江西有 394 所体育传统项目学校，其中国家级 15 所、省级 240、地市级 105 所、县级 34 所[⑤]。但体育传统项目学校在建设中仍然存在一些问题。

① 国家体委.体育传统项目学校试行办法（〔1983〕体群字 108 号）[Z].1983.

② 李晓佳.首批国家级体育传统项目学校诞生——国家级体育传统项目学校命名表彰大会在天津举行[J].中国学校体育，2004-01-25.

③ 国务院办公厅.关于进一步加强学校体育工作的若干意见（国办发〔2012〕53 号）[EB/OL].www.gov.cn/zwgk/2012-10/29/content_2252887.htm，2012-10-22.

④ 体育总局，教育部.体育传统项目学校管理办法（国办发〔2012〕53 号）[N].中国体育报（第 7 版），2013-12-02.

⑤ 江西省体育局.2021 年上报国家体育总局体育事业统计年表（DB）[Z].2021.

一是管理协调。体传校接受体育局和教育局的双向管理，存在着管理不和谐现象。李金龙等（2005）、王晓楠（2010）、孙兆忠（2012）、熊凌云（2013）等的研究中均已提到。原因：①各自制度、所承担任务的差异，导致其管理工作存在责权、归属不清和效率低下的现状。②部门之间交流不够。③宏观政策制定过程中存在着合作失度问题。

二是课余训练水平低下。徐涛本力（1990）、张彪（1995）、郭维民（2000）、李永明（2009）、李佳木（2017）等研究后指出，有些体育传统项目学校在训练中表现出指导思想不明晰、选材方法欠缺、训练不足、质量低下等问题。

三是竞赛体制问题。方吉泉（2005）、李相如（2006）、张新爱（2010）、欧阳敏（2012）等研究指出，传统校竞赛制度虽然已形成，但竞赛偏科；校际、省际竞赛少，缺乏交流；体育经费短缺；赛事不规范等影响教练员、运动员积极性训练的因素依然存在。

四是体育师资。白志红（2002）、李金龙（2005）、李相如（2006）、王丽（2010）、刘帆（2014）、黄嘉铭（2020）等研究指出，体育教师是保障体育传统项目学校能够不断发展的原动力。应加强教练员在职培训、综合素养提升、协调男女教练员比例等。

五是人才培养。李相如（2006）、李昊雨（2013）、梁懿（2015）、吴洁仪（2019）等研究指出，体育传统项目学校当前还因区域经济发展不平衡，项目分布与设置不尽如人意。加之体育经费不足、来源单一、运动员参赛机会偏少；特别是学训矛盾比较突出，家长、班主任、任课老师对课余训练支持率低，导致了运动员参与机会少。

3. 小结

体传校在发展"传统性"时，应以学校为本，突出特色；在为全民健身活动培育大量社会体育骨干时，还应为我国培育优秀的后备体育人才。不仅要抓运动能力培养，还要抓学生未来的前途发展；在向更高层次输送体育后备人才时，还能让他们考取大学接受高等教育。[①] 从最基层做起，实现体育传统项目学校的良性、可持续性地发展，在不断完善新型举国体制下，加强后备人才培养工作，[②] 为我国的体育事业添砖加瓦。

（四）师资队伍的培养与效用

当前，在高等教育系列里，为培养体育教师和教练员，先后设置了体育教育

---

① 李相如. 中国体育传统项目学校发展现状与管理机制研究［J］. 体育科学，2006（6）：16-27.

② 胡锦涛. 在北京奥运会、残奥会总结表彰人会上的讲话［EB/OL］. http://news.xinhuanet.com，2008–09–29.

专业 317 个、运动训练专业 91 个①。近几年，课题组成员先后参加浙江宁波大学
（2014 年）、江苏扬州大学（2016 年）、安徽师范大学（2017 年）、北京体育大学
（2018 年）、盐城师范学院（2019 年）、上海体育运动学校（2019 年）、山西大同
大学（2020 年）、海南师范大学（2020 年）召开的《全国高等学校体育学院院长
（主任）研讨会》、《全国高等院校体育教育专业教学工作研讨会》、《全国高等院
校运动训练专业工作研讨会》和《全国体校校长论坛》。就我国体育教育专业标
准、运动训练专业工作创新、高校体育专业发展、少体校建设与面临的困境等情
况与参会者进行了探讨及交流。研讨了新时代体育学科发展，如何以体育强国建
设目标为引领，不断优化、完善人才培养方案、专业建设方向、专业标准和课程
体系的理论与方法。

　　面对问题，我们认为要正本清源，从宏观、中观、微观三个层面进行梳理，
找出问题的根本所在，再设计解决问题的方法，从源头上把问题解决，防止头痛
医头、脚痛医脚，到头来，年年找问题，年年解决问题，年年问题依然在，依然
我行我素。要做好学校体育工作，体育课程设置与教学至关重要，而体育老师作
为学校体育工作的基础力量尤显重要。学校体育要做好，一要配齐体育老师，二
要上好体育课，三要有好制度。只有这样，才能增强学生体质，提高学生综合素
养与教育教学质量。②

　　1. 体育老师的春天

　　学校作为全民健身的主阵地，近年来，伴随社会对学生体质健康问题和青少
年儿童体育锻炼的持续关注，青少年儿童的身心健康发展走进了党和政府的视
线。随着《"健康中国 2030" 规划纲要》的颁布，全民健身的浪潮翻涌在时代的
波涛中。中小学是阳光体育活动的出发点，每天要求锻炼 1 小时是党和政府对少
年儿童的嘱托。③党的十九大报告指出，教育事业的前提条件要做好，要明确教
育的重要性，要把教和育摆在首位，④要贯彻和落实党颁布的教育方针和政策，
素质教育的开展要深入到启蒙阶段，根本任务要做好，要做到立德树人、公平公
正，为中国特色社会主义培养具有全方位发展的高素质人才，为中国梦培养更多

　　① 黄汉升，陈作松等. 我国体育学类本科专业人才培养研究——《高等学校体育学类本科专业教学质
量国家标准》研制与解读［J］. 体育科学，2016（8）：3-33.
　　② 中共中央办公厅，国务院办公厅. 关于全面加强和改进新时代学校体育工作的意见［EB/OL］. www.
gov.cn/zhengce/2020-10/15/content_5551609.htm.
　　③ 中共中央，国务院. "健康中国 2030" 规划纲要［EB/OL］. www.gov.cn/zhengce/2016-10/25/content_
5124174.htm.
　　④ 习近平. 决胜全面建成小康社会 夺取新时代中国特色社会主义伟大胜利［EB/OL］. http://cpc.people.
com.cn/n1/2017/1028/c64094-29613660.html.

优秀的社会主义建设者和接班人。① 为学校体育教育乃至国家体育事业发展的基础力量的体育老师迎来了明媚的春天。

2. 体育老师的作用

作为教书育人的灵魂工程师，从我国发展来看，教师的作用占据主导地位，以一个引路者、领导者的形式对学生思想、体质进行教育。对于学生而言，学生本身在历史中是一个主体的地位，能跟随各个阶段的教师，不断丰富自身，完成自我蜕变。体育教师的身体素质，直接关系到课业的顺利进行以及学生是否能够在练习中服从接受②。学生体能的差异，直接接关系到我国体育行业未来的健康发展。因此，提高体育教师综合素质显得尤为重要。目前，我国体育教师的能力还存在短板，现有的管理以及教育方式还不能适应体育教育的可持续发展。③

就职业而言，体育教师与其他课程的教师有共性也有其独特性，文化课程老师在室内以传授知识为主，体育老师要传授体育理论知识和学校卫生知识，要传授增强体质、增进健康的信念并不断坚持；要组织学校学生或者假期中的学生开展课外体育锻炼，指导学生进行课余训练，开展运动竞赛，为竞技体育培养后备人才。随着社会对学生体质健康状况的关注，对体育教师的专业能力以及核心素养方面的考验更加严格④。

3. 高校体育专业设置

培养体育老师，首在教师人才培养的高校体育教育专业和运动训练专业，重在国家教育部和国家体育局，布局在各教育厅和体育局。从师资培养上认清新时代体育老师肩负的重任，厘清现代学校体育的发展理念，才能有效理解党和政府提出深化教育教学改革、实施全民健身战略、体育强国战略的真谛，设计出符合现代社会所需要的人才培养方案和课程体系，有效地解决师资问题。

随着中国高等教育专业规范化的深入发展，1963 年以来，中国颁布了六次关于《普通高等学校本科专业目录》的文件；在 1963 年的专业目录中，体育学类包括田径、游泳、武术、冰上运动、体操、球类运动、运动保健（试办）八个专业；1988 年，专业调整为体育教育、运动训练、体育管理、体育生物科学、武术 5 个专业和体育新闻、体育保健康复、运动警察体育 3 个试办专业；1993

① 习近平.决胜全面建成小康社会 夺取新时代中国特色社会主义伟大胜利［EB/OL］. http://cpc.people.com.cn/n1/2017/1028/c64094-29613660.html.

② Herbison Jordan D., Sutcliffe Jordan T., Martin Luc J., McLaren Colin D., Slatcher Richard B., Benson Alex J., Boardley Ian D., Côté Jean, Bruner Mark W. Capturing Coaches' Identity Leadership Within Youth Sport［J］. Psychology of Sport and Exercise, 2022（61）：7-14.

③ 陈雪娇，高校体育师资队伍建设的困境与优化路径探析［J］.中国学校体育，2017（8）：38-42.

④ Luke A. Norris, Faye F. Didymus, Mariana Kaisele. Understanding Social Networks and Social Support Resources with Sports Coaches［J］. Psychology of Sport and Exercise, 2020（48）：665-667.

年删减了体育新闻专业；1998年，保留了体育教育和运动训练专业、体育管理，增设了社会体育和运动人体科学专业，删减了体育生物科学、体育保健康复、运动警察体育3个专业，武术改成了民族传统体育专业，共5个专业；2012年，在1998年目录上，增加了运动康复和体育休闲专业，社会体育改名为社会体育指导与管理专业，共7个专业；2020年，增加了体能训练、冰雪运动、电子竞技运动与管理、智能体育工程、体育旅游、运动能力开发6个专业，民族传统体育专业改名为武术与民族传统体育专业，共13个专业。随着时间的推移，体育专业的数量不断增加与细化，更人性化地区分了各个专业的作用与实效性。随着这些专业的实施以及推广，国家教育部体育教学指导委员会也相继发布了《高等学校体育学类本科专业教学质量国家标准》。

4.体育老师培养

从1903年清政府制定的《奏定学堂章程》明确规定设置体育类课程计划起，体育教师的身姿渐渐在中国的历史舞台上展露。培养体育教师的教育专业始于1906年。1919年，中华民国规定但凡是高等院校都要设立体育专修科和讲习会所，并有针对性地设立体育研究学科，体育教育专业的人数渐渐增加。其专业培养目标是体育教师，当体育教师学业有成后，分配到各小学成为一名小学体育教员，再由不同阶段的体育教师教授中等学校和中等以上学校，形成一个从下到上的完整的体育教学模式。在课程选择上，必修与选修并存，其内容大致包括普通基础类、教育课程类、体育专业类及其他类别的课程。

20世纪50年代后，体育教育的目的是要培养符合我国国情的各等级的体育师资力量、教练员、优秀的体育干部。1963年，教育部在《体育专业计划（草案）》中明确提出：要全面牢固掌握基础理论、知识、技能，发展实际工作能力，以满足中等学校体育教学以及进行群众活动等方面的要求。课程选择方面，主要有必修与选修两种形式，其内容有普通基础类、教育课程类、体育专业类课程，学时总要求在2659~2715小时。这种形式的课程一直到20世纪70年代。而现今的课程模式选择则越发完善，主要有必修、选修、实践为主干课程，术科课程为辅线课程的课程形式，这种形式主要突出主干教育课程领域化、必修课程学科化等特征，此类课程内容及形式的主要学时在2600~2800小时。

改革开放以来，体育专业的课程方案以及教学实施计划经历了五次的"改革"，从之前单一形式的培养"中等学校师资"转向能够教授各类体育专业领域学科的复合型体育教育人才。在压缩总课时时，表现出规范主干课程、降低必修课程比例、放宽任选课数量、增加学校教学自主权利、增加选修人数等发展趋势。在专业程度方面，"小班化""本科化"的发展呈上升趋势，并根据国家政策对于体育师资的"指引"，有效解决幼儿、小学和其他体育教师问题。随着素质教育的不断深入，明确了健康第一的指导思想，以培养具有创造性和竞争力的体育师资为目标。

5. 小结

2015 年《高等学校体育学类本科专业教学质量国家标准》（以下简称《专业标准》）的颁布，为各高校体育院系及相关专业提供了建设方向。但我们从《专业标准》公布后的正式文件中发现，当初在研制专业标准时，有些值得商榷的问题依然没有得到解决，这样易导致对体育专业认识不深、理解不透的管理者在建设专业、构建课程体系时出现偏差。

问题一，对体育的认识。要办好专业，首要对专业有清晰认识。这方面，北京体育大学和上海体育学院为我们树立了标杆。当年深化教学改革，北京体育大学校名对外是用"sports"进行冠名，还是用"physical education"进行对外冠名，进行了一场对体育认识的大讨论[①]。北京体育大学发动全校师生对此开展学术大讨论，因为 sports 代表竞技体育，physical education 代表体育教育，一年时间的全校思想大讨论，不仅让全体老师对竞技体育、群众体育、体育教育有了清晰认识，也对北京体育大学今后的办学方向和办学定位有了明确认识。同样的道理，上海体院选择了以体质监测为方向的全民健身体育的办学理念，并走在国人前面。这两所院校分别引领着我国高等体育院校竞技体育和健身体育。反观国内其他体育院校，是否也作了如此的思想大讨论呢？但课题组认为，专业办学理应进行学术思想讨论，辨清方向、厘清思想，才能避免后面办学少走弯路。

问题二，专业与学科。作为宏观政策文件，2016 年颁布的《"健康中国 2030"规划纲要》明确指出，学校卫生之职由体育老师承担[②]，但在中观结构层面上稍有差异，《卫生教育》（专业代码 040111T）在 2020 年颁布的《普通高等学校本科专业目录》中，作为高校的一个特设专业，虽然是在教育学大类，但归属在教育学门下，而不是体育学门下。

问题三，专业标准研制。国家为切实办好体育教育专业和运动训练等专业，以培养适应新时代所需要的体育老师，撰写了《高等学校体育学类本科专业教学质量国家标准》，其初稿发布后，在 2014 年扬州全国体育院系主任会议上作了解读并征询各位院长或系主任意见。新专业标准花费了众多人的心血和精力，编制人员付出了艰辛劳动，成果总体反响很好，基本得到与会者的认可，全国体育院校的院长和系主任们本着对国家、对高等教育、对专业负责的态度对专业标准进

① Li Min. Construction of Sports Training Information Management System［J］. Advanced Materials Research, 2014（318）：2508–2511.

② 中共中央，国务院. "健康中国 2030"规划纲要，［EB/OL］. www.gov.cn/zhengce/2016–10/25/content_5124174.htm.

行了认真讨论，也提出了一些中肯建议。如有的建议是对运动技能课程班级授课规模人数的商榷，认为大学体育与健康课程教学班级人数定为 30~35 人完全可靠，但专业技术教学应以 10~15 人成班为宜。理由是现行大学课程一般课时为 45 分钟，考虑到专业学习和成人习性，多数高校均安排为 2 节课连上。体育公共教学的目的是"汗"与"笑"，给学生一个健康愉快的生活环境，享受锻炼带来乐趣，并在此基础上不断地丰富各类运动活动，在运动中成长，在训练中打磨意志，在时间里畅游人生。老师在陪伴学生锻炼中，及时指点学生锻炼方法和要领，关注学生锻炼安全即可。经测算，每个教学班级 30~35 人较合适。体育教育专业的技术教学与公共体育课程的教学性质不一，其对象是未来的体育老师，因此，它必须在保证技术学习质量前提下，进行适度运动。不仅老师要对学生传授完整的技术，认真指导，学生也必须刻苦学习，反复体验，才能达到技术掌握和技能提高，为未来教学训练打下坚实基础①。在这种状态下教学，教学班级以10~15 人为宜，这也是长期专业技术教学中总结出来的教学规律。但 1 年后颁布的专业标准中，此建议并未采纳。

问题四，培养模式。据了解，在研制人才培养方案时，要提高认识，厘清思想，明晰理念，正确定位。课题组认为，此方面我们付出了昂贵的代价。以体育教育专业来说，改革开放之初的 20 世纪 80 年代初期，政府出台的人才培养方案是以体育教育为主，学校卫生为辅的主辅修制，人才培养目标既能承担学校体育工作，又能承担学校卫生工作的体育老师随着改革的深入，专业人才培养要求越来越精细，人才培养方案几经修改，变成单纯以学校体育工作为主的目标了。国家先后出台了几次人才培养指导方案。据了解，由全国专业教学指导委员会统一出台人才培养指导方案的学科，除体育学外，其他学科较少。2016 年的《"健康中国 2030"规划纲要》明确指出，体育老师除担负起学校体育教育教学任务外，还必须肩负起学校卫生之职。新颁布的 2022 年秋季实施的新体育与健康标准也明确了此任务。从新中国诞生起，学校体育与学校卫生工作分分合合，由开始的一家管理到分成两家管理，再走到一起。体育教育专业人才培养方案也几经变更，又回到当初体育为主，学校卫生为辅的道路。

问题五，课程体系。体育教育专业培养的后备体育人才，肩负着培养未来祖国青少年儿童的身心健康，还承担着新时代中国由体育大国迈向体育强国征途的重任。因此，体育教育专业和运动训练专业的人才培养应站在新时代的新高度，构建符合体育强国所需人才标准的课程结构体系，赓续"会教、勤练、常赛"理

① Root Hayley, Marshall Ashley N. Thatcher Anna, Valier Alison R Snyder, Valovich McLeod Tamara C., Bay R. Curtis. Sport Specialization and Fitness and Functional Task Performance Among Youth Competitive Gymnasts ［J］. Journal of Athletic, 2019, 10（54）: 1095-1104.

念，结合学校的办学实际情况，合理设置体育教学、训练和体育健身课程模块及课程教学，办出自己的专业特色。

二、不辱使命育英才的少儿体校

一直以来，业余体校在中国体育事业发展中发挥着重要的作用，一方面，它承担着业余体育训练的主要工作；另一方面，它是我国高水平体育运动员的培养摇篮。体育不仅标志着社会的总体发展与人类进步，还可以体现国力的强盛和社会文明水平的高低。同时，体育在提高全民的身体素质、改善生活方式、丰富群众精神文化生活、促进社会经济快速有序发展、鼓舞民族士气、弘扬追求卓越突破自我的精神方面都有着不可替代的重要作用。自 1984 年许海峰在美国洛杉矶奥运会获得了我国的奥运首金，中国的竞技体育事业开始进入了腾飞阶段，从 2008 年北京奥运会开始至 2021 年东京奥运会为止，我国的竞技体育运动水平一直位居世界前三水平，每次重大赛事，我国运动员优异表现时带给国人的震撼、激动、沸腾的场面，让人久久难忘，所催生出的爱国情结是那样的伟大、空前。

诚然，体育在发挥教育作用的同时，慢慢地融入了我们的日常生活。它不仅培养了我们的健康体魄和健全人格，还保障了人的全面发展[①]，在弘扬爱国主义精神、提升民族自信心和向心力、激励与鼓舞人的精神、激发爱国热情、建设社会主义现代化方面均发挥了重要的作用。在实现"两个一百年"奋斗目标，全面建成小康社会和实现中华民族伟大复兴、由体育大国迈向体育强国征途上，少体校不辱使命育英才，作出了巨大贡献。

（一）伴随新中国成长的少儿体校

70 多年来，少儿体校伴随着新中国的成长，跌宕起伏，为中国竞技体育的辉煌留下了厚重的墨彩。20 世纪 50 年代的祖国，百废待兴。让国人增强体质、增进健康的体育也是一穷二白。20 世纪末期，我国社会经济发展仍处于相对落后的状态。在此背景下，"举国体制"作为中国特有的竞技体育发展模式和竞技后备人才培养模式在寻求国际肯定、鼓舞民族士气、发出自己声音等方面发挥了重要的作用[②]，它为中国竞技体育快速走向世界奠定了坚实基础。

当前，业余的体育训练机构由地方政府管理的。我国业余训练的两套系统分属于体育单位和教育部门的组织系统，在培养后备竞技体育人才中发挥了重要作

① 刘鹏.深入贯彻习近平讲话 从体育大国迈进体育强国——深入学习贯彻习近平同志关于体育工作的重要论述［J］.运动，2014（4）：2-3.

② 钟秉枢.社会转型期我国竞技体育后备人才培养及其可持续发展［M］.北京：北京体育大学出版社，2003（10）：2-5.

用。二者虽在培养目标上具有一定的一致性，但在培养环境上却大为不同。

（二）少儿体校的诞生

相关资料表明，我国竞技体育在发展路径上与德国有着许多相似之处，二者都是在苏联的帮助下建立起来的竞技体育发展模式。这种方式主要是在国家计划经济体制下以地方政府的机构配置为依托，进行运动员及后备人员的培训工作和由业余竞技体制向专业竞技体制转变[①]的竞技体育工作模式。尤其是在竞技运动人员后备培养方面，两国都采用体校系统训练优秀的竞技运动及后备人员。

1. 苏、德体校缩影

苏联为建立竞技运动后备人员选拔体系，1934年建立了第一个青少年体育运动学校，并于1966年将少年运动学校改称为青少年运动学校。德国将这个训练体系进一步发展和推至极点。德国通过开展体育学校这一举动，建立起完备的运动选材方式和运动训练体系，其特点是让具备运动天赋的青少年从事不同项目的训练。1968年墨西哥城奥运会，德国仅获得25枚奖牌，而1988年汉城奥运会，德国获得了102枚奖牌，金牌数与奖牌数均位列第二位，20年间德国共获得519枚奖牌，仅次于苏联与美国，并连续三届获得夏季奥运会团体前三名。这种成绩"突飞猛进"的背后是德国特有的青少年寄宿制体育学校。

2. 少体校诞生

为选拔各项运动选手集中培养，参加赫尔辛基奥运会[②]，1951年4月，中国人民解放军体育工作大队开始组建，并相继在东北、华北、华东等地组建了各地的体育工作队。全军体工队于1952年改称为"八一"体育工作队，其主要目的是为部队培养各项目优秀运动员。1952年2月，中华体育总会组织并成立了"中央体训班"，主要是对国家竞技体育后备人才实施管理与组织训练。1953年，我国专业的体育队伍开始出现，在很短的时间内，各地都成立了自己的体训班，也就是省体工队的前身，出发点是为国家培养后备人才[③]。在这一发展形势下，我国于1955年先后在北平、天津、上海市试点成立了业余体校。1956年，原国家体委在总结三地办校经验后，制定了《青年业余体育学校章程（草案）》《少年业余体育学校章程（草案）》，并规定全国各地市、自治州、县级市的体委都要建立业余体校。同时颁布了《关于青少年业余体育学校应注意事项的通报》，通报中明确提出，为培养具备优良品质的选手，提升全国体育水平，各地都要成立业余体育学校，并明确了业余体育学校必须通过教学和训练向青少年进行爱国教育

① 钟秉枢.社会转型期我国竞技体育后备人才培养及其可持续发展［M］.北京：北京体育大学出版社，2003（10）：2-5.

② 袁伟民.中国排球运动史［M］.武汉：武汉出版社，1994.

③ 王楠.我国竞技体育后备人才培养模式的演变［J］.体育文化导报，2013（6）：60-62.

和共产主义教育，旨在提高运动技术水平。① 从此，我国展开了以国家体委系统为首的青少年业余体育锻炼的崭新里程。

3. 创建"三集中"体校

同期，全国教育系统的业余体育训练作为相对应的培训力量，也逐步发展。1959 年，第一次全运会前后，国家从财政上予以支持，从而使我国的各行政部门体训班，与各军区体育工作队以及部分竞技体育学校相互竞争，从而共同促进了国家体育技术水平的提升。1959 年，在总结普通业余体校办学经验的基础上，国家明确提出建立"三集中"（集中学习、统一练习、一起食宿）重点业余体育学校，从而产生了以重点业余体育学校与普通业余体育学校为代表的两类学校，进一步形成了各军区体育工作队、行政部门体训班、业余体育共同为我国培育竞技运动后备人才的新局面。1963 年，原国家体委在"关于运动队伍工作条例"中指出，"在挑选人员时，应当遵循优秀队员培训和青少年业余培训的两条腿走路"。条例规定，要在青少年儿童业余体育学校开展最佳选手的评选。青少年儿童业余体育学校成为竞赛体育运动后备人才培训的主要储备库。1965 年，初步形成了县（市）级业余体育学校—地市级重点业余体育学校—省级业余体育学校和专业训练队，这一普及面较大、层层相连的三级训练系统，成为竞技运动后备人才培养的坚强后盾。② 至此，竞技体育后备人才培养的系统诞生了。

（三）少儿体校的成长

1. 70 多年的少体校

随着中国的发展与壮大，我国竞技运动举国体制逐步进入快速发展道路，建立了符合中国实情的体育运动培训体系与体育竞赛制度，主要有三级训练网组成的培养方式、专业队管理模式、"三从一大"为核心内容的训练体系以及"国内练兵、统一对外"的比赛管理模式。业余体校由 1955 年开始时的 3 所，发展到了现在的 2037 所各级各类体校，在训青少年队员由原来的 550 人扩大到现在的 46 万多人。全国现有足球特色学校 20218 所，国家校园足球改革试点县（区）102 个，国家青少年篮球培训中心 43 个，青训球队 200 多支，开展青少年足球专项训练的国家高水平运动员及后备人才培养平台 103 个。在人才培养上，少儿体校的发展历经了从无到有、照搬学习苏联方式的初始发展和成长阶段，也经过了改革开放后的复苏与调整发展阶段，再到国家关注、全民关爱的茁壮成长阶段。70 多年的发展历程始终秉持着以"育人"为目的、以为国争光为重点，走出了一条符合中国国情的具有中国特色的少儿体校道路。少年儿童业余体育训练

① 郭敏等. 业余训练工作指南［M］. 北京：人民体育出版社，1996.
② 刘仁盛，庞立春. 我国竞技体育后备人才培养研究［J］. 中国体育科技，2017（7）：42–47.

也由单一的少体校发展到多种业余体育训练形式并存，涵盖各类业余体校、传统体育项目学校和体育后备人才试点学校以及试办高水平运动队的试点高校等多类型和多元形式。

2.甜蜜成长期的少体校

自 20 世纪 50 年代初起，为了改善和扩大我国的国际影响力，国家政府组建了不同项目的代表队，全国各地、市、县级以上的地方人民政府也组建了专业队、运动学校及其他多种形式的体育队伍。将参加竞技运动工作的人员列入事业单位编制，并享有我国政府工作人员的待遇，队员在退伍后由国家安置地方工作，国家承担从各类体校直至国家优秀体育队伍的所有经费。举国体育政策下，少儿体育学校的学生可谓令人羡慕，其数量可观。1972 年，我国的各级业余体校得到全面恢复并加大了建设力度。①

3."体教结合"期的少体校

随着 1978 年党的十一届三中全会的举行，中国开创了一个新纪元。1979年，我国重返世界奥林匹克大家庭，我国的体育运动主管部门制定了人才发展战略，将培育"奥运夺冠"人才列为这一时期的中心工作，"举国体制"下竞技体育后备人才培养制度获得了逐步稳固和蓬勃发展，并作为奥运战略实施的主要保障。② 这一时期，业余体校也朝着更为专业和合理的方向发展。因此，我国先后出台了《少年儿童业余体育学校章程》（1979 年）和《有关将重点少年儿童业余体育学校逐渐改办成体育中学的初步意见》（1980 年），规定少年儿童业余体校目标是为体工队输出人才，并确定了青少年儿童业余体校"半学半训"的办学形式。在办好业余体校的同时，为了培养优秀体育人才，体育系统与教育系统开始进行联合，全国都在创办体育中学与附属竞技体校，截至 1982 年，全国各地共创办 60 所体育中学。③ 在这个过程中，三级训练网格越发完备且清晰明了；竞技体育后备人才培养模式得到完善。1984 年洛杉矶奥运会上，许海峰完成了冠军"0"的突破，也为中国竞技体育发展打了一针"兴奋剂"，打开了冲出"亚洲走向世界"的大门。④ 国家充分意识到竞技体育带给国人民族振兴、爱国聚力的重要作用和世界话语权，随着《关于开展学校业余体育训练，努力提高运动技术水平的规划》（1986—2000 年）的诞生，课余体育训练步入高速发展阶段；同

---

①　孟凡花，程传银，尤传豹.新中国体育运动学校发展研究［J］.体育文化导刊，2010（11）：10–13.

②　杨桦，陈宁，刘建和.改革开放以来中国体育发展战略的演进与思考［J］.成都体育学院学报，2002（5）：1–7.

③　张玉莞尔.我国青少年业余体校的历史沿革［D］.北京体育大学硕士学位论文，2019（6）：35–42.

④　王文龙，崔佳琦，米靖，邢金明.我国竞技体育后备人才培养制度的演进逻辑与展望——基于历史制度主义分析范式［J］.体育学刊，2021，28（6）：51–58.

时，我国教委决定在 51 所高校试办水平体育队，在 279 所中学试办高水平竞技体育后备人才试点中学。

4.转型期的少体校

20 世纪 90 年代到 21 世纪初，业余体校一度出现下滑现象。据体育部门的统计数据，我国业余体校的数量下降明显，1990~2010 年，由 3687 所减少至2112 所，1996~2000 年，我国竞技体育后备人才减少了 157774 人，约占总竞技体育后备人才的 51%；根据 2000 年的《体育事业统计年刊》发布的数据，我国竞技体育人才主要集中于山东、广东、辽宁、四川等人口大省；《奥运项目竞技体育后备人才培养中长期规划（2014—2024 年）》的数据资料也证实了这种现象，显示我国后备人才培养出现分布不均且不平衡的状态，人才结构也不尽合理，后备人才呈"两头细、中间粗"的橄榄球形，配置处于失衡状态。如表 4-2所示。

表 4-2 各个竞技项目开展情况

项目	省份	业训人数	备注
冬季项目	8	4030	黑龙江、吉林、辽宁、内蒙古、新疆、上海、山东开展较好
射击	32	9941	黑龙江、苏州开展较好
赛艇	23	5009	
柔道	33	3767	贵州、宁夏无在册柔道运动员
拳击	33	3827	吉林、广西、甘肃、青海、西藏、宁夏发展较弱
田径	41	68020	31 个省、自治区、直辖市均设有田径运动队
游泳	26	约 30000	浙江、上海、辽宁、山东业余训练普及程度高，项目布局合理
体操	22	7376	
篮球	32	7400	
乒乓球	36	约 20000	西藏、宁夏无专业队
射箭	26	3428	其中 19 个省区青少年项目开展较好，蒙、沪、浙注册人员较多
自行车	23	4600	山东、上海、辽宁、黑龙江、江苏、河南、河北、吉林、安徽开展较好
击剑	19	2000	江苏、上海、广东、天津、辽宁、安徽、福建、解放军有明显优势
帆船帆板	10	640	辽宁、山东、江苏、上海、浙江、福建、广东、广西（无帆船）、海南、四川

续表

项目	省份	业训人数	备注
举重	19	1868	南方以中小级别为主，北方以中大级别为主
跳水	19	1868	广东、山东、江西、陕西、湖南、河北注册人数较多
羽毛球	17	2459	
网球	22	1124	山东、河南、北京、湖北、天津、辽宁、浙江较多
摔跤	38	3939	北京、新疆、河北、山东、湖南、甘肃四川、广西分布合理

资料来源：《奥运项目竞技体育后备人才培养中长期规划》（2014—2024 年）。

2001 年，我国成功取得了第二十九届夏季奥运会主办权，国家体育总局为此专门针对奥运的后备人才培养项目出台了《2001—2010 奥运争光计划纲要》（2002）和《国家奥林匹克体育后备人才基地认定办法》（2004）和《国家高水平体育后备人才基地认定办法》（2006）等文件，文件中注明我国将对后备人才培养项目予以布局和支持，并在全国开展人才培养基地推荐工作，有效遏制了竞技体育后备人才培养人数持续下滑现象。如表 4-3~ 表 4-5 所示。

表 4-3　部分竞技项目梯队建设情况　　　　　　　　　　单位：人

项目	一线	二线	三线	总计
射击	329	4280	4202	8811
射箭	64	1598	1747	3409
网球	314	416	367	1097
摔跤	939	2731	268	3938
柔道	964	1133	2012	4109
田径	11480	18506	31668	61654
跳水	133	855	880	1868
水球	45	166	45	256
篮球	672	1551	323	2546
跆拳道	340	310	145	795
艺术体操	204	169	337	710

资料来源：《奥运项目竞技体育后备人才培养中长期规划》（2014—2024 年）。

表4-4 我国竞技体育后备人才注册人数统计

项目名称	现有人数	注册人数（人）	教练员（人）
2013年全国比赛		4067	
短道速滑	1285	516	85
花样滑冰	364	265	71
速度滑冰		873	113
冰壶		399	8
自由式滑雪空中掠地技巧		52	11
单板滑雪U形场地技巧		82	8
越野滑雪		318	
冬季两项		119	10
单板滑雪平行大回转		59	11
自由式滑雪雪上技巧		74	6
跳台滑雪		31	6
冰球		1174	
高山滑雪		105	9
说明	2014年冬季奥运会项目设置7大项15分项98小项，我国已开展5大项11分项72小项		

资料来源：《奥运项目竞技体育后备人才培养中长期规划》（2014—2024年）。

表4-5 我国夏季项目竞技体育后备人才注册人数统计　　　　单位：人

项目	参加训练人数	注册人数	教练员	专业注册人数
射击	10688	8811	1083	6043
射箭	4100	3428	297	1953
自行车	4600	500	198	1296
击剑	2000	600	155	2111
现代五项	143	72	242	
铁人三项	104	28	180	
帆船帆板	767	640	62	420

续表

项目	参加训练人数	注册人数	教练员	专业注册人数
赛艇	5009	1871	145	5009
皮划艇静水	4183	619	150	1236
激流回旋	269	269	28	346
举重	30000	2131	110	701
摔跤	3939	1038	5171	
柔道	2803	375	3767	
拳击	3827	260	3144	
跆拳道	992	873	105	795
田径	68020	68020	5073	7460
游泳	30000	约800	1560	
跳水	1868	207	675	
水球	256	256	38	281
花样游泳	739	404	63	301
体操	7376	7376	890	485
艺术体操	1146	436	122	710
蹦床	1164	85	374	
手球	19660	706（体校）	121（估算）	377（估算）
曲棍球	3200	1675	65	80（估算）
足球	7719	11119		
篮球	35480	3515	445	1701
排球	9000	818	295	1882
沙滩排球	978	1872	42	227
乒乓球	20000	9300（估算）	620	2172
羽毛球	6589（估算）	2763	451	2459
网球	20000	6259	954	1124
橄榄球	15600（估算）	1420	77	900
高尔夫球	200	85	3530	41

资料来源：《奥运项目竞技体育后备人才培养中长期规划》（2014—2024年）。

5.体教融合的少体校

2008 年,《关于深化行政管理体制改革的意见》中明确了事业单位管理改革的基本目标,提出了实行政事分离和管办分离的事业单位分类改革原则,体育领域里的人才培养机制的改革由政府主导实施单一人才培养的机制向政府、社会、集体等多元主体参与的机制转型,并在 2010 年组建了国家体育总局青少司,专注青少年体育工作,对于竞技体育后备人才的培养起到了积极的推动作用。2016年,《竞技体育"十三五"规划》首次将有关冬季项目的后备人才培养设置为国家重点发展项目,开始为 2022 年冬奥会做积极准备。按照 2017 年出台的《关于加强竞技体育后备人才培养工作的指导意见》,国家体育总局在文件中对主体人才培养地位进行了确定,各级各类体校、学校体育分别承担着培养主体与重要力量的作用,即"体校是主体、学校是基础、社会力量很重要"。2020 年,国家体育总局和教育部联合颁布《关于深化体教融合促进青少年健康发展的意见》,"体教融合"成为党中央和国务院的重大决策部署和顶层设计,竞技体育后备人才的培养逐步向国民教育体系融入。

6.小结

通过几代人的努力,少儿体校在抗击风雨中砥砺前行,其后备人才培养体系不断完善。在项目布局上,开始向科学、合理、效益方向不断优化。在参与训练的人数上,正在多方协作,解决有关问题①;在师资培养上,越来越引起政府重视;在赛事安排与人才选拔上,受当地政策、经费、学籍管理等因素影响,体校生和中学生参加全国性赛事较少(见表4-6);进入体校或体传校受训的学生,科学选拔上来的不多,我国有超过一半的体校或体传校选拔队员仍以经验选材为主,只有 23% 的体校在选材中能做到综合评价,科学选材。因此,合理的赛事改革,综合评价人才选拔与跨项选材是我们努力的方向。总体来看,随着中国经济和社会的发展,中国竞技体育后备人才培养模式虽几经变革,但目前仍然是体校—省队—国家队的三级训练网培养的后备人才体系,是中国竞技体育后备人才培养体系中的主体,② 显然不符合新时代对竞技体育后备人才培养的要求。

① Ausra Lisinskiene, Emily May, Marc Lochbaum. he Initial Questionnaire Development in Measuring of Coach-Athlete-Parent Interpersonal Relationships: Results of Two Qualitative Investigations [J]. International Journal of Environmental Research and Public Health, 2019, 13(16): 2283-2283.

② 徐伟宏, 柯茜.构建新型"小学—中学—大学"一条龙竞技体育后备人才培养模式 [J].武汉体育学院学报, 2012, 46(11): 78-81.

表 4-6　部分竞技项目每年举办全国性比赛次数情况

冬季项目	射击	赛艇	柔道	拳击	田径	游泳	体操	篮球	乒乓球
1	2~3	2	6	3	3	2	2	6	14

资料来源：《奥运项目竞技体育后备人才培养中长期规划》（2014 年版）。

（四）基层体校教练员

少体校是我国竞技体育人才培养的主渠道，中小学校是竞技体育后备人才培养的基础。基层教练员的手艺好，就能栽好树、培好根、护好苗，这是我们的共识。由此可见，基层教练员的理论水平和业务能力是高质量培养竞技体育后备人才的重中之重。从定性方面来说，判断一个教练员业务能力，一看学历，二看科研，三看训练。

1. 基层教练员的学历结构

尽管我国改革开放 40 多年了，各方面都取得了巨大成就，基层教练员也由当初的中专毕业生（省体校）和部分退役运动员为主转变为以本、专科学历为主、中专学历为辅的变化，但国家从 2005 年设置并开始招收体育硕士研究生，让他们毕业后进入基层教练员岗位的人数寥寥无几，如表 4-7 所示[1]。按照高等教育知识传授逻辑来说，大专生了解专业知识、本科生入门专业知识、研究生掌握专业知识、博士生创造专业知识。

表 4-7　教练员学历结构人数情况　　　　　　　　单位：人

竞技项目	本科及以上	大专	中专及高中
射击	468	485	130
射箭	178	92	27
柔道	275	80	20
跆拳道	81	11	10
田径	3525	1547	—
跳水	128	74	5
水球	23	14	1
游泳	58	5	0
体操	421	384	79

资料来源：《奥运项目竞技体育后备人才培养中长期规划》（2014—2024 年）。

---

① 赵杨. 忧虑与出路——我国竞技体育后备人才培养现状及对策［D］. 首都体育学院硕士学位论文，2017.

2.基层教练员的职称结构

按照国家人事职能部门对专业技术人员职评审的条例，基层教练员职称主评审是以科研成果和竞赛成绩及人才输送率来评判的，如表4-8所示①。

表4-8　教练员职称等级人数情况　　　　　　　　　　单位：人

竞技体育项目	初级	中级	高级
射击	481	337	255
射箭	146	106	39
击剑	61	38	32
帆船帆板	61	42	38
赛艇	60	43	27
摔跤	421	367	182
柔道	110	189	56
拳击	—	200	60
跆拳道	46	42	17
田径	2258	1804	1011
跳水	69	68	53
体操	237	403	173
足球	7175	598	2915
篮球	45	85	95

资料来源：《奥运项目竞技体育后备人才培养中长期规划》（2014—2024年）。

3.运动员退役后的去向

运动员退役后的去向问题，是个十分"尴尬"的问题，我们之所以用"尴尬"一词来说，是我们认为这类事情我们本可以避免，而让它发生了。尴尬是一种心理活动，挺别扭的。比如美好的故事不小心穿帮，好心做好事却被人理解歪了，没干坏事儿却说不清楚，等等②。新中国为提升国际地位和话语权，创造了举国体制的竞技体育，让我国在经济贫乏、百废待兴的年代屹立在世人面前，为国家争得了荣誉。为此而兴办的少体校功不可没。

① 赵杨.忧虑与出路——我国竞技体育后备人才培养现状及对策［D］.首都体育学院硕士学位论文，2017.

② 童扬华.尴尬［J］.田径，2002（9）：1

在计划经济年代，对于运动员退役问题，国家出台了保底政策。即退役运动员由国家安置。运动员拼搏了一二十年，国家为了这些体育功臣，出台了安置政策[1]。随着国家发展欣欣向荣，社会生产力不断提升，政治、经济、文化等发生巨变。过去以国家为主导的独家办的竞技体育也发生了变化，允许集体和社会资本加入。鉴于运动员目前具备的文化素质，已不能适应社会发展需要，难以在其他领域安身立命，运动员退役如何安置就成为新问题。为此，国家先后从政策上、措施上为退役运动员提供了多种解决方案。如读书充电等。把退役运动员送上大学，通过高校毕业渠道再就业。

现在许多运动员悄悄然已成为大学生了，稍有名气的运动员更是注册名牌大学。大多数运动员受文化基础和训练时间的制约，上大学的确有困难，但只要努力，从十八九岁开始边训边学，用十年左右的时间，修完大学文科类四年本科的课程是完全可能的。学成后让这些优秀运动员充实到教练员岗位中。他们技术本属一流，通过文化学习，扎下理论功底后，完全能担当教练员职责。

4. 小结

从我们实地调研情况看，基层教练员的学历和科研状况，与国家收集数据基本统一，不是很乐观。加强教练员科研能力提升，是对其业务能力提升的有力促进[2]。资料分析表明，在竞技体育强国，一个体育学者，他常年不仅要与高水平运动队打交道，还应常年与书本、与实验室打交道。这样做起来的研究，其分量也重，写出来的报告有理有据，有学术价值[3]。学校体育已充分认识到体育教学和学术研究的不足，正迎头赶上。

第二节　竞技体育后备人才培养的主要问题

一、问题梳理

（一）学理层面

从学理层说，在竞技体育后备人才培养中，国家在顶层设计上，先后出台了一系列法规、政策和制度，从办学、学习、训练、竞赛与选材、就业等方面

① 童扬华.自尊自强［J］.田径，2002（9）：1.

② Hyun Min Kang, Cha Yong Kim, Young Sun Yoon, Chan Hyuk Park, Woo Jin Jung. The Application of Customers' Purchasing Information for Effective Professional Sports Team Management［J］. Journal of Sport and Leisure Studies, 1998（101）:309–317.

③ 童扬华.尴尬［J］.田径，2002（9）：1.

给以竞技体育后备人才的培养质量和数量保障，例如，《体育法》（1995）及《体育法》（2022 修订）、《学校体育工作条例》（1990）和条例（2017 修订）、《关于进一步加强学校体育工作若干意见的通知》（2012）、《青年业余体育学校章程（草案）》和《少年业余体育学校章程（草案）》（1956）、《少年儿童业余体校章程》（1979）、《关于进一步加强运动员文化教育和运动员保障工作的指导意见》（2010）、《少年儿童体育学校管理办法》（2011）、《全国青少年比赛赛前运动员文化测试工作管理办法》（2013）、《关于加强竞技体育后备人才培养工作的指导意见》（2017）、《关于全面加强和改进新时代学校体育工作的意见》（2020）、《关于深化体教融合 促进青少年健康发展的意见》（2020）、《关于进一步加强体育赛事活动安全监管服务的意见》（2021 年），等等。这些法律、法规和制度使竞技体育后备人才培养能得到有效保护。

（二）操作层面

在实践层面上，由于地区或区域经济、文化、社会发展环境不一，在各省地市级的单位机构设置改革中，有的省把少体校合并到教育系统，有的省把体校合并到文、广、电、旅系统，加之各自系统有自己的规则与要求，少体校的运行必然出现不一样的效果。一些应该得到解决的问题，仍然没有得到解决。例如，学训矛盾问题、选材问题、就业问题，等等。

二、专题访谈提纲设计

（一）访谈提纲设计依据

课题组认为，在学术探讨上，由于研究者的学识、素养、站位角度不同，出现不同观点实属正常。人文社会科学研究的目的是使研究者通过学术探讨，科学论证，求同存异，以所处社会背景为依托，依附社会发展需求，朝着共识方向前行。就当前竞技体育后备人才培养出现的问题而言，课题组成员在研读竞技体育后备人才培养相关理论，整理分析所收集的文献、资料基础上，提出假设[①]，假设 1 是认识和理念上出现偏差所致；假设 2 是实操层面失误所致。

1. 认识和理念

一是对教育的认识。教育是什么？教育的属性有哪些？如何认识和理解教育的内涵和外延？何为体育？体育与教育的关系？全民健身与竞技体育的关系？

二是对伟人、教育家的教育思想和体育观的认识与理解。如马克思关于人的全面发展学说，孔子的教育思想和他所倡导的礼、乐、射、御、书、数"六艺"教育体系，近代教育家蔡元培倡导的"健全人格，首在体育"的军国民思想，毛

---

① 李淮春.马克思主义哲学全书［M］.北京：中国人民大学出版社，1994.

泽东提倡的"身体好、学习好、工作好"教育体育思想及其领导制定的"我们的教育方针，应该使受教育者在德育、智育、体育几方面都得到发展，成为有社会主义觉悟的、有文化的劳动者"的人才培养观，习近平总书记的教育强国梦、体育强国梦和中华民族伟大复兴的中国梦是否一脉相承？

三是在人才培养上，对保障机制、动力机制、激励机制、竞赛机制、控制机制的认识与理解。五大机制是否紧密相连，相互补充，有没有先后之分？等等。

2. 实操层面

在操作层面的实际做法上，现在应如何培养竞技体育后备人才的呢？我国社会发展经历了不平凡的年代，社会经济历经了计划经济时期、改革开放时期、新时代时期。国家政治、文化、生态在不同时期均发生了较大变化，人们的思想、意识、行为随之发生改变。高度依附国家政治、经济、文化、生态环境的体育和教育必将发生质的变化。人才培养随着社会的进步将增加新的内涵。依附计划经济建立起来的后备人才培养体系，如少体校、体育传统项目学校、学校体育必将注入新时代内涵。从这个逻辑①出发，能够找出现行竞技体育后备人才培养体系出现的问题和解决的方法。由此，我们设计了访谈提纲，通过走访相关领导、专家、学者和一线教练员、管理人员，以验证我们的假设并不断修正。

（二）访谈提纲内容

依据题意，访谈提纲共设计 9 个问题。

（1）如何理解习总书记有关实现体育强国梦的讲话精神？

（2）如何理解青少年体育工作在实现体育强国梦中的地位与意义？

（3）如何认识当前我国教育和体育现状？

（4）如何理解毛泽东提出的"身体好、学习好、工作好"？如何理解德、智、体三者之间的关系？

（5）在体育人才培养过程中，对人才成长的五大机制的作用（动力机制、控制机制、激励机制、保障机制、竞赛机制）是如何认识的？

（6）如何认识和理解 2017 年 11 月国家体育总局、教育部联合下发的"关于加强竞技体育后备人才培养工作的指导意见"和 2018 年 3 月 30 日全国青少年体育工作电视电话会议精神。

（7）学校应该以何种路径实行学校体育工作目标？

（8）近五年来，本区域的青少年体育工作取得了哪些成绩？具体做法是什么？

（9）"十三五"期间，本区域青少年体育工作的规划有哪些？其特色或特点有哪些？

---

① ［美］欧文·M.柯匹，科恩.逻辑学导论［M］.张建军译.北京：人民大学出版社，2007.

三、分析与探讨

课题组针对研究目的，带着 9 个问题的访谈提纲，以江西、福建、湖南、黑龙江四省为重点，其他省市为补充，专程实地调研 64 所单位，专题采访 109 位领导、专家、教练员，行程近万里，耗时近 2 年，对竞技体育后备人才培养展开论证调研。经归纳整理，发现竞技体育后备人才培养的认识与理念、培养体制、文化学习、社会态度、竞技运动员的体质等方面有问题。

（一）认识与理念

课题组根据访谈提纲前 6 个问题的采访记录，将 109 位领导、专家、学者、教练员按 4 层级进行归类整理。第一层为省级以上体育、教育部门主管领导，采访 9 人；第二层为国家级高水平竞技体育后备人才培养基地或试点中学主管和教练员，采访 41 人；第三层为高校高水平运动队主管和教练员，采访 32 人；第四层为县级教育体育局、业余体校、体育传统项目学校的主管和教练员，采访 27 人。根据他们回答问题的理解力、逻辑思维能力、对体育政策的掌握程度，按清晰、较清晰、不清晰 3 种结果进行统计，以判断一线管理者与教练员对竞技体育后备人才培养的认识与理念。结果如表 4–9 所示。

表 4–9　专题访谈情况统计

受访人员	结果	问题 1~2	问题 3	问题 4	问题 5	问题 6
省级以上体育部门主管领导 9 人	清晰	5	5	4	2	1
	较清晰	3	3	5	5	4
	不清晰	1	1	0	2	4
国家级高水平竞技体育后备人才培养基地或试点中学主管和教练员 41 人	清晰	16	11	10	7	10
	较清晰	12	20	5	15	12
	不清晰	13	10	26	19	19
高校高水平运动队主管和教练员 32 人	清晰	17	14	15	10	5
	较清晰	15	16	11	20	18
	不清晰	0	2	6	2	9
县级教体局、业余体校、体传校的主管和教练员 27 人	清晰	8	10	5	3	3
	较清晰	8	7	15	14	10
	不清晰	11	10	7	10	14
受访时间与地点	2017 年 10 月至 2020 年 1 月；受访人办公室					

可以看出，领导层和高校层对国家政策的掌握和理解明显高于基地层和县级层，说明专业体系与基层体系的管理人员及教练员重实践、轻理论的现象依然较重，其结果必将导致对竞技体育后备人才培养的认识和理念产生偏差，对体育事业的前景感到迷茫。

（二）体制论

从价值角度审视，体制与制度是推进社会的进步、促进人的发展、彰显人的价值与意义的最佳措施[①]。在竞技体育赶超阶段，竞技体育后备人才培养是以向上级输送人才和运动成绩的好坏为标准，在竞技体育后备人才培养高质量发展阶段的今天，向上级培养单位输送优秀后备人才的前提是全面育人，这也是体教融合的精髓所在。尽管宏观层面进行了体制机制改革、制度创新，以推动竞技体育后备人才培养改革向纵深发展，但因制度传导、经费投入等原因，基层基地或体校学训矛盾仍在。

（三）文化学习论

国家从 2010 年出台政策[②]开始，2012 年、2016 年再次发文并进行督查，但体校教练员和文化老师的编制、办学经费、学生文化学习质量等问题依然还在，纠错效果不理想。在制度设计上，一线管理人员和教练员均提到 2013 年出台的学籍管理条例[③]中的"籍随人走"问题，导致基层学校或体校招生困难，文化学习和训练质量难以保证。在解决运动员文化学习方面，福建体育运动学校做得很好，据黄校长介绍说，省体校严格执行国家对运动员文化学习的要求，除设置专人专岗严抓运动员文化学习外，学校严把运动员参赛前文化测试关，参赛运动员文化测试不及格，即使能拿冠军也不能参加比赛，直到赛前文化测试过关，才让参加比赛。由于他们对运动员文化学习上的严格要求，运动员文化学习氛围逐步培养起来，学训矛盾得到有效缓解。

（四）社会论

新时代里，社会需求与资源配置由市场经济主导，后备人才培养已由单一政府主导、独家出资培养模式转型为政府主导、社会组织参与、学校或俱乐部培养的多元形式。完善后备人才培养多元化发展的制度建设，积极引入社会资本、社会组织入驻后备人才培养体系时，应科学合理地规范准入机制、运行机制和监督机制。

---

① 辛鸣.制度论 关于制度哲学的理论建构［M］.北京：人民出版社，2005.

② 国务院办公厅转发体育总局等.《关于进一步加强运动员文化教育和运动员保障工作指导意见》的通知（国办发〔2010〕23 号）［Z］.2010.

③ 教育部关于印发《中小学生学籍管理办法》的通知（教基一〔2013〕7 号）［Z］.2013.

（五）体适能

基层教练员理论水平偏低、执教能力偏差是阻碍后备人才培养高质量发展的关键因素。实地调研发现，目前，基层教练员的学历已发生很大变化，大专文凭占比达 95% 以上，本科文凭达 80% 以上，运动员出身的教练员占比达 50% 以上。在这种变化中依然出现教练员理论水平偏低、执教能力偏差现象，分析原因有二：一是教练员用于训练时间过多，导致不能及时更新理论知识；二是外出参加培训的机会少，参加学术交流少，内动力不足，导致能力偏差。同教练员是体能类教练，旧的观念与认识依然存在并用于指导训练。加大教练员培训力度、加强教练员的理论学习、用头脑风暴洗刷他们，利用媒体宣传力量，多宣传胡鹏飞、陈海平、朱建华、刘翔、苏炳添等正面形象，严格执行国家有关新规[1]，不断驱动教练员爱岗敬业、爱国奉献的内动力，提升基层教练员的理论水平和执教能力，确保后备人才培养高质量发展。

第三节 我国竞技体育后备人才培养的前瞻性思考

一、体育强国与治理体系

（一）教育的目的

教育的目的是培养各种人才，以便担当建设未来国家的重任。而要担当建设祖国的重任，除要修德储智外，还必须有强健体质和健全身心。针对青少年儿童体质状况问题，国家从 1986 年开始实施素质教育，目的是破解应试教育带来的难题。全民必须在思想上要清醒地认识到，不实施素质教育，不全面培养孩子，祖国的未来要前行困难重重。

（二）体教融合培养竞技体育后备人才是实现体育强国的有效途径

体育，本属教育范畴，是身体教育，与德育、智育一起，统属人才培养的基本范畴，是服务教育职能的一项具体内容。曾几何时，人们把体育从教育范畴中剥离出去。只有体育回归教育，竞技体育后备人才培养归纳到教育范畴，才可能切实解决我们在专访中谈到的各类问题。

思维来源于理念，理念来自对事物的认识。只有当我们从学理层上认识到问题的症结所在，厘清体育强国与内部治理体系建设关系，才能立民族于世界之林。

---

① 中共中央办公厅，国务院办公厅.关于全面加强和改进新时代学校体育工作的意见［EB/OL］. http://www.gov.cn.

二、保障机制与资源配置不足的矛盾

国家在高质量发展阶段，面对世界百年未有之大变局，必然会遇到新情况、新问题。恰逢其时的竞技体育后备人才培养同样如此。例如，学校发展与区域经济发展不平衡问题、学校发展与教育资源不配备问题、项目布局与学校资源不一致的问题等。新时代新发展阶段，我们可从以下方面探求解决办法：

（一）做好科学合理的顶层设计

国家出台的相关法律、法规和各种制度是竞技体育后备人才培养的法律保障，国家先后出台了法律1部、法规7部、规章32部、制度203份、地方性法规269份。但在运行中发现，自2013年各类学校开始施行的"籍随人走"的学籍管理未能打通，导致操作层面难以进行，学习与训练难以兼顾的矛盾仍未能解决。

（二）运用好前人研究成果，不断完善运行机制

竞技体育后备人才培养的保障机制、动力机制、激励机制、竞赛机制和控制机制对后备人才培养起到基石作用。它们在人才培养过程中相互配合、密切合作，推动后备人才培养的运行机制稳步前行。假设将五大机制比作一张路线图，那么，我们是否可把动力机制看作目标，激励机制是能源，条件机制是工具（车辆），保障机制是交警，竞赛机制是路程。我们走访的单位和个人都充分肯定地认为五大机制对后备人才培养有着重要作用，但对五大机制的机理和相互作用的关系理解的人不多，而且差异很大。这反映出一线管理人员和教练员把精力全部投入到实践中了，对于理论支撑实践的重要性认识不足，尚需加强。运用好五大机制，可为竞技体育后备人才培养的畅通运行保驾护航。

三、正视动力与信念缺失的矛盾

以新发展理念为引领，正视现实，充分发挥竞技体育其功效，在精神方面，充分培养学生爱党、爱国、爱人民的情操；在身体方面，磨炼意志、锤炼筋骨、野蛮体魄、铸其血性，是解决竞技体育后备人才培养中动力与信念缺失的有效手段。

（一）领导重视、教练员敬业是催生运动员内驱动力的提前

在专题访谈中，当前竞技体育后备人才培养和高水平运动队建设取得成绩的单位的原因：一是领导重视，二是教练员敬业、业务能力强。例如，华东交通大学、湖南师范大学、中南大学、泰和县体校、新余体校、新钢一小等。

在华东交大交流时，国家教学指导委员会委员王志斌院长跟我们说了一个故事，"让校长爱体育"。交大新来校长无体育爱好，如何让他重视体育呢？从培养

校长健身意识和兴趣入手。刚开始，他们邀请校长锻炼身体，校长总是推脱工作忙，没时间。为此，他们转变思路，从校长爱人身上作思想工作，告诉校长爱人，保护校长身体健康就是对学校的贡献，健身不仅是个人的需要，也是学校的需要。通过其爱人帮做校长思想工作，让其不仅认识到健身的好处，而且慢慢爱上健身。学校体育工作也红红火火地开展起来了，其高水平运动队在全国大学生运动会上也取得了好成绩。这个故事告诉我们，要助推学校体育有序开展，关键是抓领导，通过抓领导，让领导认识体育，重视体育，并由领导亲自去抓体育，这是保证体育工作得到有效开展，催生运动员内驱动力的法宝。

（二）加强意识形态领域的宣传教育力度，催生运动员动力与信念

要做好体育工作，不仅要有认识、有想法、有方案，还要有平台、有权力、有责任、有担当。要充分发挥校园体育文化建设的功能，加强青少年思想意识形态领域的宣传教育力度，培养运动员正确的"三观"认知。

四、竞赛与学习之间的矛盾

（一）学会反思

养成反思习惯，是推动竞技体育后备人才培养的有效法宝。作为一线管理员或教练员，在工作中学会反思，不失为一种好方法。当我们在面临竞赛与学习间的矛盾时，更要如此。

竞赛与学习都是因为其自身所具有特殊的矛盾和特殊的本质，才构成了不同的身体训练和脑力学习形式。固然，"如果不认识矛盾的普遍性，就无从发现事物运动发展的普遍的原因或普遍的根据；但是，如果不研究矛盾的特殊性，就无从确定一事物不同于他事物的特殊的本质，就无从发现事物运动发展的特殊的原因，或特殊的根据"。[1] 我们也就无法找到解决竞赛与学习之间矛盾的钥匙。养成反思习惯，也就是面对学训间发生的矛盾，冷静思考，从技术训练、文化学习各自的特殊性中找到其共性因素，从而找到破解矛盾的钥匙。福建体校抓好赛前文化学习测试关、福建晋江体校做好中小学校沟通渠道、江西新余体校进驻中学、江西景德镇体校教练员扎根中小学等做法，是冷静反思并解决学生学训矛盾，最终产生良好实效的榜样。

（二）务实面对

从我们整理的访谈记录看，基层教练员精神实在可嘉。江西新钢一小刘教练，从一名退役运动员走上教练员岗位后，吃苦、耐劳，全身心扑在培养后备人才上，创建了江西唯一——所放在学校内部的少儿体操跳水训练基地，在第十二

---

① 毛泽东.矛盾论［A］//建党以来重要文献选编（第十四册）［M］.北京：中央文献出版社，2011.

届、第十三届、第十四届江西省运动会上，学校体操、跳水、网球等项目分别摘得 21.5 块、24.5 块、23 块，共计 69 块金牌。新余一小，让我们看到了功夫扎实，素质很高，文化学习氛围很好的运动员培养基地。在交流中可知，刘教练教学训练中除吃苦耐劳外，非常善于反思。现阶段，体校出现的问题基本相似，尤其是学习与训练之间的矛盾。遇到问题，她不等、不抱怨，而是直面问题、积极开动脑筋，反思工作行为，查找工作漏洞并及时弥补。面对训练与学习问题，她潜心钻研技术与训练手段，针对学校实际情况，制定科学合理训练方案。我们在现场调研时，看到孩子们训练状态极好。在学生文化学习上，她们做到细心安排，孩子们的文化学习与体育训练一样，水平节节攀升。福建晋江体校的吴校长、江西新余体校的梅校长都是这样的人，他们在带队和治学上，有效地解决了竞赛与学习之间的矛盾，在平凡的岗位做出了不平凡的事迹。

五、物质激励与精神激励不匹配的矛盾

（一）正确处理国家、集体、个体三者利益关系

国家经济社会发展进入市场经济体制后，国家、集体、个体三者利益关系出现了变化。"民生体育""健身体育"逐渐兴起，其利益诉求也开始出现变化。计划经济时期，国家底子相对薄弱，往往以精神激励代替物质激励。随着国家的发展，与世界其他国交流日增，人们的"三观"认知也出现变化，人们除精神需求外，也开始追求物质需求。当物质激励与精神激励不匹配时，处理好国家、集体、个体三者利益关系尤其显得重要。这是竞技体育后备人才高质量发展必须直面的问题。

（二）统一思想、明确目的、正确看待名和利

通过专访，我们强烈感觉到，如何办好、办实竞技体育后备人才培养是最关键的。这一点，相比较而言，基地做的要好些。有些高校高水平运动队、高水平竞技体育后备人才试点中学及体育传统项目学校基本是花架子，学校虽有训练队，但几乎都是高考运动队，它是收费用的，后备人才训练无人愿接。

六、学校条件与项目布局匹配不符的矛盾

（一）术有专攻，归类发展，高水平竞技体育后备人才回归学校体育

党的十八大以来，各省都在响应国家号召，有序推动本省、本市的体制机构改革。这是党和政府为了建设一个更高效、更科学、更合理的体制机构，以便带领全国人民为实现第二个百年奋斗目标而作出的顶层制度设计。但省、市、县在国家号召下进行体制机构改革时，有些地方只是照搬中央政策与方案，缺乏实事

求是，精兵简政。长期以来，国家把体育后备人才培养归口在体育系统名下，随着体育单独机构的合并，有些省、市、县并没有考虑体校的真正属性问题，而是随着体育局的合并，全部合并到文、广、电、旅系统。而教育局与文、广、电、旅、体局分属两个不同系统，他们均有各自的规律和要求，这是造成体校学生读书难的问题之一。

课题组在江西、湖南、福建、黑龙江实地调查了解到，江西省市、区、县级体育局与教育局合并，成立教育体育局，高水平竞技体育后备人才培养直接落实到各级各类中、小学，拓宽了高水平竞技后备人才培养广度与厚度；湖南、福建、黑龙江等省份将市、区、县级体育局并入文广电旅局，使得基层体校举步维艰。建议国家考虑把市、区、县级体校合并到教育系统。这也是我们专访中基地、体校一线教练员、管理人员的声音。

（二）依据区域经济社会发展、学校发展、项目开展适宜度做好基地建设

少年儿童体育运动学校在一定历史时期，为我国竞技体育做出了杰出的贡献，这是任何时间、任何人都不可抹杀的历史功绩。然而新时代来临，少年儿童体育运动办学的单一性、局限性使得招生日益艰难，破解难题钥匙有二：一是遵循越来越多的民意呼声，让高水平竞技体育后备人才培养回归普通中、小学；二是面对区域经济社会发展不平衡、学校发展不平衡、项目布局不合理等问题，各校依据自己的实际情况，以发展学校优势项目、打造传统特色入手，合理选择宜开展项目进行布局，切记不可为了抢夺有限资源，为了面子而一哄而上，造成国家有限资源的浪费。

七、学校课余体育训练的体制、管理及效益问题

21 世纪的世界资源开发中心已由物力资源开发向人才资源开发转移，人才资源成为第一资源[1]。然而，人才的培养必须从小抓起、多途径发展。与国外相比，当前我国基础教育中的学校体育课在家长的意识中本来就不重视、处于可有可无的位置，体育课余训练就更遭冷淡了[2]。而学校课余体育训练是形成学校特色、培养学生终身体育意识和竞技体育后备人才的主要渠道。[3] 研判第十三届全运会成绩，福建以 14 枚金牌，33.5 枚奖牌，排名第 7；湖南以 8.5 枚金牌，21 枚奖牌，排名第 15；黑龙江以 5.5 枚金牌，14 枚奖牌，排名第 17；江西以 1.5

① 白素萍.河北省体育传统项目学校业余训练现状及对策研究［D］.河北师范大学硕士学位论文，2007.

② Jorgensen Helene, Deal Colin J., Holt Nicholas L. The Role of Parents in Facilitating Life Skills Development in Competitive Youth Spor［J］. Journal of Sport and Exercise Psychology, 2020（42）：86.

③ 王玮，张莹，杜和平，李小清.江西省重点中学课余体育训练的现状调查［J］.井冈山学院学报，2008（6）：61.

枚金牌，9枚奖牌，排名第23。从排名看，江西位于全国中下游水平，较上届全运会退后了1个名次；与福建、湖南、黑龙江相比较，有差距。结合我们在江西、湖南、福建、黑龙江四省围绕高校、重点中学、体育传统项目学校、业余体校和国家级高水平竞技体育后备人才培养基地的调研，可揭示竞技体育运动发展中的诸多问题：竞技体育人才培养体系，项目发展水平，学校体育课余训练的体制、管理均存在不足等。

（一）少体校的体制

随着我国政府机制和单位体制改革的进行，我国省级以下的市、县、区少体校基本归属两个系统，一个是教育系统，另一个是文、广、电、旅系统。其单位体制问题呈以下变化。

归属教育系统的体校体制：市级体校为市级教育体育局的直属单位，按政府行政编制为科级单位；其内部机构多半为校长领导下的校办公室、教务科、竞赛科（部分体校没设竞赛科），再往下是以年级或以项目设置进行管理，例如，田径班、乒乓球班、举重班等。县、区级体校为县、区级教育体育局下属的股级单位；体校校长享受政府行政编制里的股级行政干部待遇。

放在文、广、电、旅系统的体校，只是该系统中的一个科级或股级单位，管理上以行政属性为主进行管理，而不是以教学属性进行管理。

调研发现，机构和体制改革后，无论是在教育体育局还是在文、广、电、旅局，其管理体制仍然沿用几十年承袭下来的旧模式，没有改变，几乎是传承计划经济时期的学校管理属性。

（二）少体校的管理

在我们走访的省级体校中，有些与职业体育学院合并，但省级体校建制单独保存，在管理上，设有教学委员会或教练委员会，以商讨内部的教学或训练事宜。例如，湖南体校合并为湖南省职业体育学院下属二级单位。但多数体校仍以新中国成立初期建立起来的行政管理模式进行学校管理，即以政府独立办学，按政府行政计划指令形式进行管理的模式。在建校初期，适应了当时国内社会、政治、经济和文化建设发展需要，符合当时国内生产力发展需要，符合国家体育对外交往需要，学校办学良好，为竞技体育培养了大批优秀人才，为国争光。经过70多年的建设与发展，我国社会、政治、经济、文化等生态环境均发生了巨变。国内政治生态环境从以阶级斗争为纲转变为以经济建设为中心，社会发展以计划经济为主转变为以市场配置资源、调节资源为主。社会需求以政府指令计划为主转变为以市场需求为主。人才培养从精英应试教育培养转变为以大众为对象的全面素质教育培养，以培养德智体美劳全面发展的、有社会主义觉悟的、有文化的劳动者。面对社会的巨大变革与进步，少体校管理如仍沿袭过去的管理方式，要想发展，谈何容易。

（三）"三集中"读书与训练

现行我国仍然保留三种体校生培养形式。第一种是"三集中"模式，即吃住行都在体校；第二种是"二集中"模式，即吃住在体校，学习借读在普通中小学校；第三种是"一集中"模式，即训练在体校，学习借读在普通中小学校，住宿在家。设计这三种管理模式的目的都是为了更好地培养学生，让其早日成才。当年设计三种管理模式时，国家是独家办体校，体校一切行为均以国家计划下的指令行事，符合当时的国情，取得了不菲成绩。70 多年后的今天，国家发展日新月异，国家体制、机制改革取得长足进步。体校管理模式的内涵是否要跟上国家发展要求呢？答案是肯定的，我们认为采用"三集中"模式进行人才培养是当下一种可靠、可行的方法，它能有效解决学生的体训与读书这个目前最大的矛盾，但关键"三集中"是放在学校还是体校。放在学校，一定要提高学校领导对竞技体育后备人才培养的认识；放在体校，关键要解决好文化课程教学与文化老师编制问题[1]。否则，办学效果一如既往，难有起色。

这一点，福建体校的办学模式值得推广，他们在基地建设中评为第四名，是荣之所归。我们在国家级高水平竞技体育后备人才培养基地吉安市体校调研时，体校管理人员和教练员留下一段话："我国青少年体育的规模是世界上最大的，2015 年全国共有在校生 1.40 亿人。1979 年实施"独生子女"政策，已有 37 年，期间，我国形成了自己的独生子女青少年群体，独生子女在比较"溺爱"的家庭环境中成长起来，容易出现一些心理弱点，于是我国青少年体育承担着促进其心理健康的使命。目前全国各地各类体校共有 2037 所，其中，体育运动学校 272 所，竞技体校 139 所，少儿体校 1569 所，单项体校 10 所，体育中学 47 所。但目前我国体校层次不同，出现了生存环境问题，遇到亟待突破的发展瓶颈。其中一个较大的问题就是文化课学习质量低。为了解决这一问题，2010 年，国务院办公厅下发《关于进一步加强运动员文化教育和运动员保障工作指导意见的通知》（以下简称《指导意见》），要求地方各级政府加强公办体校建设，将其纳入当地教育发展规划；加强文化课教学质量，配齐配好文化老师。然而通知下发 2 年后，仍然存在教师资源短缺，学生学习动力缺乏，教育监管监督不足，运动员保障不平衡等问题。2012 年 7 月，国家五部委联合下发了"关于深入贯彻落实《指导意见》的通知"，但 2017 年还有 15 个省（市、区）的 56 所体校的文化教育由体育部门自办。希望体校运动员的文化教育能尽快落实。

① James McKinney, Daniel Lithwick, Barbara Morrison, Hamed Nazzari, Michael Luong, Brett Heilbron, Jack Taunton, Saul Isserow. A Novel Pre-participation Screening Questionnaire for Yong Comitial Athletics [J]. Journal of the American College of Cardiology, 2016,13（67）：895-895.

· 110 ·

（四）小结

由于各地经济发展不一，各地课余体育训练与管理模式可略有不同。在经济还不发达的省份，如江西等主要还是依靠政府财政拨款为主。在福建等沿海省份，除政府拨款外，还充分利用经济发达的优势，积极吸纳社会和集体资本，采取多种办学模式进行后备人才培养。在训练管理模式上，建议政府既要高度重视输送率，更要重视成才率，在人才市场竞争中为运动员奠定较雄厚就业资本，以消除运动员后顾之忧。以创新为灵魂，以成才效益为目标，完善训练体制。

（1）完善学校课余体育训练体系、创新管理理念、提高办学效益既是学校提高其运动技术水平，为国家、省级优秀运动队输送竞技体育后备人才，推动学校全民健身的需要，也是学校全面落实党的教育方针政策，实施素质教育的需要。①

（2）对大、中、小学校开展课余体育训练，应采取相应的效果评定手段，及时发现训练中所存在的问题并给予及时有效的纠正，是保障训练质量、提高管理效能、获得社会效益的基本条件。②

（3）针对学校课余训练体系中的动力因素、保障条件和激励机制等调查分析发现：在当前学校课余体育训练中，其财力不足，管理机构松散，评价标准不系统，人力资源供给缺乏，训练器材配置不够，激励标准偏低、激励手段单一等已成为有效开展课余训练的障碍因素。因此，必须更新人才培养观念，结合地方体育特色，走"体教融合"之路。同时，借助社会力量，加大地方政府对课余训练的专项经费投入，开展学校课余体育训练，以此提高训练与管理人员的素质，增强课余训练的保障条件，完善课余训练模式，健全科学、合理的课余训练的评价体系和激励机制，从而不断完善我国学校课余训练体系。

八、"体教融合"内涵及管理实践的反思

体教融合是真正让教育和体育两家结合，形成竞技体育人才培养全面、协调、可持续发展的"一条龙"似的竞赛体系、训练体系和学习体系，让体育回归教育③。通过调研发现，体教融合存在的问题具体表现在学籍限制交流、升学面临困难、竞赛存在壁垒等方面，这些问题已经成为限制体育后备人才选拔、制约

---

①　葛幸幸，杜和平.赣、湘两省高校体育教师现状调查研究［J］.井冈山学院学报，2008（10）：59-61.

②　葛幸幸，杜和平，张朝辉.重点中学课余训练体系存在的问题及完善对策——以湖南省重点中学为实证研究［J］.成都体育学院学报，2008（3）：87-90.

③　钟秉枢.体教融合开启学校体育工作和竞技体育后备人才培养新时代［N］.中国体育报，2020-09-24（01）.

体育运动学校发展、推助优秀人才流失的关键因素 ①。或许，这正是社会改革探索客观规律使然。在这种情况下，我国课余训练工作目标能否实现？今后课余训练该怎么走等问题，值得我们反思 ②。

（一）高校"体教融合"现状

40 多年来，高校办高水平运动队可谓一路坎坷。虽然在队伍数量建设上，已由小到大，由最初批准的 51 支高水平运动试点队发展到现在的 283 所高校，高水平运动队建设已遍布了全国 30 个省、市。但是，由于当初各高校对办队理念未厘清，对体教结合的"内涵"理解不透、加上认识上的偏差、定位之不准、指导思想之不明晰，导致各高校只管自家门前二分地，难解体育、教育改革经。这也是造成建队初期经费少、生源少、队员进校后运动成绩下降很大的主要原因。

1. 机遇与挑战

1985 年，国家试办高水平运动队。1995 年后，国家加强了管理措施 ③，加大了资金投入力度，拓宽了招生渠道，注重训练与科研，特别是与专业队联合办学，实现资源共享，提高运动竞技水平。这是高水平运动队在高校发展过程中的一个重要的里程碑 ④，是个发展的良机。令人遗憾而又不得不让人深思的是，由于政策出台及各项配套措施的滞后，我们没有很好地抓住机会，因此对高校办高水平运动队的所出现的问题如定位、训练体系、学校政策、竞赛管理体制、体教结合、外界运作、奖罚机制等都未能处理好，不少高校的高水平运动队建设都处于观望和等待，没有革新。

2. 纠偏

一是定位及出发点问题。相关资料显示，在高校办队试点上，国家体育总局想把它做成保障运动员的"退役机制"，而不影响其现有竞技体制；教育部门则希望组建高校高水平运动队，使学校体育比赛更有竞争力，提高学校的凝结力，促进校园文化生活的活跃性。⑤ 因此，各高校在建设高水平运动队的定位上，出现不一致，导致队伍水平不一。

① 蔡有志，王芳.2018 年新时代我国青少年体育工作新格局 // 中国青少年体育发展报告（2018）[M].北京：社会科学文献出版社，2020.

② Duheping Reflection on Connotation and the Management Practice of Combination of Sports and Education [J]. Proceedngs of the 21ʳᵗ Pan-Asian Congress of Sports & Physical Education, 2010, Ⅱ（1）：7-14.

③ 原国家教委.国家教委办公厅关于部分普通高等院校试办高水平运动队的通知（教学厅〔1995〕7 号）[Z].1995.

④ 教育部，国家体育总局.教育部 国家体育总局关于进一步加强普通高等学校高水平运动队建设的意见（教体艺〔2005〕3 号）[Z].2005.

⑤ 杜和平，葛幸幸，朱立新，肖刚云.江西省高校高水平运动队建设现状与对策研究摘要 [C].第二十九届全国高校田径科研论文报告会论文专辑，2019（8）：380-383.

二是培养目标问题。课题组对 21 所高校高水平运动队的培养目标调查分析，6 所高校提出的办队目标是"省内领先，国内一流、国际知名。"其他高校均是"省内一流、国内知名。"这必然带来制度设计的不同，导致对体教结合的规律、适应学校化的竞赛体制、选拔输送人才的机制、保障体制未能周密考虑。

三是运行机制问题。21 所高水平运动队建设的调研资料显示，其体制各有不同。有的队与体协管辖的俱乐部队联手，有的队与省职业队合作，有的队是以青少年二级运动员学生为主，因此，这些不同类型的运动队在其体制管理上也是不同的。社会扶持的力度也不一样，无疑水平是有差异的①。

（二）对高校"体教融合"内涵的认识理解之差异

1. 何为"体教融合"？其"体教融合"之内涵是什么

首先，从管理角度来分析，"体教融合"是不同资源的有效整合。整合，即英文 Integration，可译作整体、结合、整合和聚合等。融合指由系统完整性及系统核心的统领和汇聚作用而产生的使若干个相关部分或因素整合成一个新的整体的建构"序化过程"②。资源融合是资源建设的重要内容，其内涵是优化与重组现有资源。总体来说，想要资源得以利用和发挥效益，就要融合，否则就有浪费之弊。

其次，从组织行为角度分析，整合是一个组织内不同部门间用来协调其活动所采取的行为和所使用的结构。

2. 为什么要"体教整合"

学校是一个资源丰富又相对密集的领域，在现代背景下追求科学发展观的指导，只有不断融合资源，不断创新，才能将我国教育实现由外向内的发展道路的转变。③研究发现：由于各学校在建队之初未能高度重视，导致理解不一，有的学校把体教结合理解为解决运动员的就业问题，有的学校把运动员为学校争光作为体教结合的目的，创学校品牌，等等。由于这些狭隘的认识，导致学校教育资源整合问题丛生，收效甚微，甚至出现偏差。

3. 小结

为国家培养高素质体育人才是高校的重要任务，高水平运动队的建设是高等教育不可缺少的部分。高校"体教融合"是把文化教育和学校体育、业余训练结合起来，构建起以学校为主，以学校综合资源优势为依托，以体育特长生为基础，以增强青少年体质、为国家培养优秀竞技体育人才和社会体育工作者为

①③ 杜和平，葛幸幸，朱立新，肖刚云.江西省高校高水平运动队建设现状与对策研究摘要［C］.第二十九届全国高校田径科研论文报告会论文专辑，2019（8）：380-383.

② ［英］赫伯特．斯宾赛（Herbert Spencer），第一原理［M］.易立梅译.北京：外语教学与研究出版社，2015.

目标，使学校教育和学校体育相结合的一种机制。① 其内涵是在积极整合社会资源，对其优化与重组的基础上，充分发挥学校教育资源优势，为促进国家全民体育运动计划和奥运会争光计划的实施打下坚实基础。它可以提升高校的办学水平，丰富高校的校园生活，使得学生更有活力，也可以提高高校高水平运动队的竞技水平，在国际赛场上为国争光，为竞技体育培养后备人才。②

（三）高校"体教融合"办队的定位与指导思想之差异

回顾 40 多年高校办队历程，可以发现高水平运动队建设的定位是在不断调整之中。

1. 国家层面

可将高水平运动队建设的定位划分为三个阶段。第一阶段是 1986~1990 年，其定位是：增强中小学体育传统项目学校和试点学校的建设，促进高校高水平运动员德、智、体、美、劳全面发展，提高普通高等学校竞技运动技术水平。目标是发展竞技体校，坚持"亦读亦训"的方针，建立健全从竞技体育到运动系的训练体制；加强优秀运动队的文化教育。第二阶段是 1991~1995 年，建队目标定位是：通过进一步贯彻、落实《关于开展课余体育训练，提高学校体育运动技术水平的规划》和《学校体育工作条例》，目的是提高我国高校大学生的竞技水平，培养体育人才，提升国家体育事业，以实现参加世界大学生运动会夺得优异成绩的目标。第三阶段是从备战北京奥运开始，时间是 1996 年至今，其目标是重大体育竞赛取得优异成绩，为国家体育事业发展做贡献。

2. 各高校办队层面

课题组对 21 所高水平运动队学校进行的调查资料显示，各高校办队的思想定位集中在两个层面。一是通过科学管理，提高高校高水平运动队员的竞技水平，在省内达到较高的领先水平，目标是在国际和国内获得名誉，让高校高水平的理论知识和专业素养得到进一步提高，增强运动员综合素养，培养符合新时代专业的运动人才，为国家的体育事业撰写新的篇章。占调查学校总数的 25%。二是通过科学管理，提高学校教育水平，鼓励高水平运动员学习专业知识，实现体教结合并完成学校交给的各项训练和比赛任务，为学校争取优异成绩。它占调查学校总数的 75%。

3. 小结

从上述不同时期的定位中分析可知，从国家利益方面，国家对高校办队的期望只是为了改善运动员的综合素质结构，而代表国家、代表民族去奥运会和世锦赛上争金夺银仍然是各省市或国家队的职业运动员 ③。如此，也就不难分析出各高校

①③ 杜和平，葛幸幸，朱立新，肖刚云.江西省高校高水平运动队建设现状与对策研究摘要［C］.第二十九届全国高校田径科研论文报告会论文专辑，2019（8）：380-383.

② 教育部，国家体育总局.教育部 国家体育总局关于进一步加强普通高等学校高水平运动队建设的意见（教体艺〔2005〕3 号）［Z］.2005.

在办队定位上为什么会出现层次不一、定位不高，办队指导思想不一致、侧重点不同的原因。"体教融合"[①]是世界体育发展的趋势，在后奥运时代，其指导思想是以习近平新时代中国特色社会主义理论为指导、以国家需求为向导、以学校特色为亮点、以高水平竞技体育人才培养为目标、以高等教育教学规律为依据，创建高校高水平运动队。它是高校办高水平运动队的起点，也是高校办高水平运动队的归宿。

（四）高校"体教融合"运行与管理机制之差异

1.利益平衡

事实证明，在高校办高水平运动队，是由个体（高校）、集体（教育部、体育总局）、国家三大主体共同管理，但由于社会分工、社会地位的不同会产生不同层次的特殊利益[②]。高校可以借助高水平运动队的建设提高学校知名度；高水平运动队的建设可以帮助教育部门降低成本，减少资源利用率，并参与国际交流[③]；国家体育总局可借助高校办高水平运动队，解除优秀运动员退役安置工作难的难题。调查结果表明，高校办高水平运动队如不能科学合理地协调各方利益需求，必然会妨碍"体教融合"和"教体融合"的高效运转，导致运行与管理机制出现差异，使我国由体育大国向体育强国迈进的目标落空。

2.协调运行与管理

如何协调各方利益，构建科学、合理的"体教融合"运行与管理机制，使之为中国竞技体育水平不断提高而共同努力，是后奥运时代必须思考的命题，也是我们对高校40多年来走"体教融合"之路办高水平运动队进行总结的问题所在。

3.小结

首先，从理论上必须明确竞技体育人才的培养利益关系应该是由根本利益一致决定的利益协调关系。利益协调不是要将根本利益的一致性取消，也不可能将非根本利益的非一致性取消，而是要进行整理、调节各培养主体利益的不一致性，使根本利益的一致性得到增强，有利于发挥各培养主体的自主性、创造性和能动性，促进培养健康有序的竞技体育人才[④]。

其次，国家必须在宏观层面采取自上而下政策保障，以国家意志确立高起点的高校办队的科学定位、指导思想。

① 教育部，国家体育总局.关于进一步加强普通高等学校高水平运动队建设的意见（教体艺〔2005〕3号）[EB/OL].https://www.sport.gov.cn/n315/n331/n403/n1956/c573956/.

② 杜和平，葛幸幸，朱立新，肖刚云.江西省高校高水平运动队建设现状与对策研究摘要[J].第二十九届全国高校田径科研论文报告会论文专辑，2019（8）：380–383.

③ 刘通，张晓林等."体教融合"政策省级行政执行的扩散机制及深化策略研究[J].广州体育学院学报，2022（12）：9.

④ 葛幸幸，唐建倦.竞技体育后备人才培养中不同层次利益整合的机制[J].体育学刊，2009（8）：24–27.

最后，各高校根据学校自身特点，采用自下而上的运行机制进行微观整合及横向利益整合，以达到各级培养主体认同国家需要，确保"体教融合"运行与管理机制的可行性及可操作性，实现"体教融合"运行与管理机制的高效运转。

九、影响学校体育工作开展与客观评价的因素

（一）学校体育工作的主要任务

新时代背景下学校体育工作的基本任务是什么？[1] 一是为学生增进健康服务，二是培养学生科学的锻炼方法和习惯，三是为国家高水平竞技体育输送人才，四是以体育课堂为阵地，锤炼学生意志品德和思想情操。对照过去的学校体育工作基本任务，其中第三大任务首次纳入到学校体育工作基本任务行列当中。

围绕着四大基本工作任务，各级各类学校体育教师开展了卓有成效的工作。在教学方面，遵守规章制度，努力完成国家或学校教学大纲规定的各项教学任务；努力制定各项课外活动锻炼办法与可行性监控措施，养成学生的锻炼习惯，为学生健康保驾护航；为国争光的运动员中，有越来越多的学生运动员；老师积极开展各种教研活动，推进体育课课堂思政工作。

（二）影响学校体育工作开展与评价的主要因素

1. 家庭环境对学校体育工作的影响

针对学生体育锻炼问题，在一次重点高中家长会上，课题组作了个现场调查，（见表4-10）。调查显示，高达79%的家长不赞成高三年级的孩子参加体育锻炼，原因是体育作为一门副科，对孩子高考没有一点意义，为了提高文化学习成绩，把孩子体育锻炼搁置在一边；14%的家长认为孩子想锻炼的时候可以去锻炼，但要求时间不能过长，更不能影响学习成绩，否则终止孩子体育锻炼；7%的家长支持锻炼，但对这一群体进行深入调研时发现，21个孩子中，有16个孩子是准备参加当年体育专业高考，实际上只有5个家庭支持孩子坚持体育锻炼，几乎可以忽略不计。[2]

表4-10　某重点中学高三学生体育锻炼调查（N=300户）

家庭态度	不支持	中立	支持
家庭数（个）	237	42	21
百分比（%）	79.0	14.0	7.0

---

① 刘海元，展恩燕.对贯彻落实《关于深化体教融合促进青少年健康发展的意见》的思考［J］.体育学刊，2020（11）：1-11.

② 慈鑫.家长担心学校体育成为新的学业负担［J］.云南教育（视界时政版），2020（11）：21-22.

众所周知，体育教学精髓在于运动体验，如果孩子不动，体育教师拥有再多的讲解能力也无济于事，而学生在关键时期放弃体育锻炼，对未来的身体素质发展影响巨大。高考是一个非常时期，孩子听家长的还是听老师的，虽然存在争议，有待于考究。但听家长的、主科老师的还是听体育老师的，显然没有异议。

2. 各级各类学校主管体育工作副校长的办学观与体育观

一个单位的走向与兴衰，无疑是掌舵人的教育思想最为重要的体现。学校能否正确执行党的教育方针，一定和管理层有关。学校体育工作的好坏，无疑和校长或主管体育工作的副校长有关。本书利用田园调查法和非严肃性访谈法，对21所大、中、小学（其中小学9所、中学8所、大学4所）主管体育工作的副校长进行调查，如表4-11、表4-12所示。

表4-11　校长了解教育方针与学校体育四大工作职能程度统计（N=21所）

内容	教育方针	完全了解	了解部分	完全不了解
人数（人）	21	3	18	0
百分比（%）	100	14.3	85.7	0

管理层可以准确复述国家教育方针，各级各类学校的体育负责人有正确的科学教育观和大局观，在教育理念方面能高度与党、政府保持一致。

表4-12　主管体育工作领导对学校体育工作四大工作职能的了解情况（N=21人）

内容	增进群众健康	体育教学	后备人才培养	品德教育
人数（人）	21	21	7	9
百分比（%）	100	100	33.3	42.9

但对于学校体育的四大任务，除2名小学、1名中学主管体育工作的副校长能全面掌握与贯彻外，其他则为部分了解。主管学校体育工作的副校长（其中1所小学的副校长为体育教育专业毕业）知道，学校体育工作主要以上好体育课与增进学生健康为主，但对于竞技体育后备人才培养问题，除与体校对接的中心城区中小学以外，乡村中小学与大学领导均不清楚。令人震惊的是，参与访谈的几所大学主管体育工作的副校长，没有一位具备竞技体育后备人才培养观。而令人欣慰的是，4所高校领导都明确指出，体育要承担培养学生品德的任务。在后备人才培养方面，城乡中小学管理者存在显著差异。

为了找出原因，我们走访了几所大、中、小学，与体育老师进行过深度交流，得到的归因是，主管体育工作的副校长基本不会就学校体育工作的整体内容深入基层进行调研，没有和体育老师进行过沟通是主因，学校主管领导对学校体育工作管理方式是粗线条管理，尤其是乡村中小学体育管理。

调查还显示，城区管理者认为小学低年级学生（1~4年级）可以参与各种各样的兴趣班，全面发展学生各项素质，包括参与体育锻炼兴趣班提升身体素质，小学高年级学生（5~6年级），有目的参与兴趣班，多余时间培养孩子文化兴趣，为进入初中打下坚实的基础。进入初中后，课业加重，因体育加试计入中考成绩，要求学生针对性参加体育锻炼，但更多时间应放在文化学习上。高中后，尤其重点高中的学生，应以身体需要进行体育锻炼，特别是进入高中后期，学生的重心任务就是全心全意学习。乡村中小学管理者无此思考。原因是学校的办学水平，无论是政府，还是民间，是以多少学生考取了重点高中，或者多少人考取了"985""211""双一流"大学为导向进行评价，体育在评价里面所起的作用可以忽略不计，所以学校管理者着眼点没有放在体育工作上。

据调查可知，有一所重点中学，由于该年高考成绩优异（获得全省第三名，全市第一名），市政府奖励了该校全体教师。而我们从来没有听说过某中学获得全省中学生运动会第一名，乃至全国中学生第一名，当地政府会奖励全体教师。

3.各级各类学校班主任的教学观与体育观

学校任何工作，具体落实关键一环在于班主任（辅导员），他们的态度决定班级开展体育活动的成效。我们随机在上述学校进行了匿名问卷调查，如表4-13所示。

表4-13　班主任对体育活动支持度（N=84人）

单位	小学	中学	大学
支持	11	7	2
无所谓	12	9	11
不支持	13	16	3

小学班主任在支持、无所谓与不支持方面，人数趋于平均，但支持一般处在低年级班主任群体，而不支持群体大部分集中在高年级群体，无所谓群体比较集中在乡村小学；中学班主任群体不支持态度占大多数，尤其初中高年级和高中高年级班主任持坚决反对态度，而支持、无所谓群体集中在普通高中或者体育特色学校，初中班主任赞成学生参与和中考有关的体育项目强化训练；大学班主任群体一般不干涉学生课外活动安排，所以无所谓占大多数。

我们走访过一些学校，咨询过学生，中小学生里"三好学生"的评比办法，孩子们回答都是谁的学习成绩好，谁就是三好学生，其实这样的评价方式我们并不陌生，因为我们自己在中小学学习的时候，其评价体系就是如此。国家三令五申地强调德、智、体、美、劳全面发展的方针，落实到基层，套用几十年的三好学生评比规则就是改变不了，尤其班主任的思想关就过不去。笔者专门和一些中、小学班主任交谈过，为什么不重视督促孩子参加体育锻炼，他们告诉笔者说，学校教学月有月考，学期、学年末有大考，高中毕业要高考，月考、大考、高考后学校排名、全区排名、全市排名、全省排名，这些成绩和班主任与任课教师的职称评定、绩效直接挂钩，与学校的知名度也直接相关。因此，应试教育不加以改变，中小学体育工作能行之有效，所谓的素质教育只是"一纸空文"。

4.少体校与学校体育

少体校是竞技体育后备人才培养的主体，学校是竞技体育后备人才培养的基础。① 我国取得竞技体育优异成绩，"举国体制"保障下的三级训练体制功不可没。②

1992年以后，国家取消大学、中专统招统分政策，加上体校办学方向观念固化，且教学训练的单一性，学生毕业进入社会后很难生存，少体校开始慢慢进入严冬时期。

2017~2018年，我们走遍了江西所有的市级体校，访问了30多所县级体校。与教练员、运动员和家长进行过深度访谈。教练员对自己身份问题，态度明确，愿意在现有体制下工作。原因是进入中小学工作，学校重视体育工作程度不够，加上教练员本身学历等因素，他们更乐意在现在的环境下工作。多数运动员的态度是，现有训练、学习环境下不会因为文化成绩不好受到任课老师和同学的歧视，体校学习模式符合自己个人成长情感的需要。家长态度坚决，送孩子去体校训练是因为学习成绩差，去了体校后能寻求拥有更好的教学资源的学校学习，提高文化素养。因此，三者看上去是配合有序，实质离心离德，形成了教练员要训练成绩（轻文化学习、重训练成绩）、运动员要宽松环境（自由发展）、家长要更好的学校资源（提高文化修养）的"三足鼎立"之势，但三者对现代人发展都具有重要作用，缺一不可。

学生由于"学训矛盾突出"导致"文化教育缺失"，进而导致学生"进入社会适应能力差"，所以体校今天招生举步维艰的局面，就不难理解了。"学训矛盾突出"其实是体育运动学校人才培养过程中缺乏现代教育理念管理而造成的结果，"文化教育缺失"则是体校评价特色造成的。③

5.小结

学校体育是学校教育的一个重要组成部分，始终贯穿于学校教育的过程中。

① 国家体育总局，教育部.关于加强竞技体育后备人才培养工作的指导意见［N］.中国体育报，2017-12-06（01）.

② 曾立火，余建通，朱柱忠.我国学校体育与竞技体育关系研究［J］.体育科学研究，2021（1）：33-37.

③ 杨国庆.中国体教融合推进的现实困境与应对策略［J］.成都体育学院学报，2021（1）：1-6.

学校体育在任何时期的培养人才过程中，从来没有缺位过。由于政府实际执行过程中政策导向、学校领导决策的教育重点方向、社会舆论的压力和家长对孩子培养的期望，导致学校体育工作弱化，进一步使得学生体质健康水平出现问题，体育老师不可能有权力、有能力解决这些问题。

学校未重视高水平竞技体育后备人才培养是我国竞技体育发展形成的历史问题。体校的特殊性使得它有别于其他学校教育模式，这使得少年儿童体育运动学校与普通中、小学都不能很好开展高水平竞技体育后备人才培养工作。

学校体育是学校教育的一个方面，但被当作一门课程。政府教育管理部门、社会和家长在评价一所学校优劣的时候，以升学率作为唯一的评判标准。初中升高中，在总分中，体育占比由过去的10%而逐步提高，实际影响因素有限；高考中，体育成绩不计入总分。因此，学校管理层对学校体育关注偏弱甚至忽略。

十、高校体育教育专业培养人才的思考

（一）体育教育专业人才培养改革

人才培养的质量和效果是检验一切工作的根本标准。面对中小学校体育老师和教练员所出现的问题，高师院校应该以什么样的体育认知、体育理念、体育指导思想培养未来体育教师，让每位学生成为具备独立思考能力、创新创业能力、协作精神和社会担当能力，适应社会需求和时代发展要求，能完全胜任后备人才培养，成为深受中小学校和少体校欢迎并能带领青少年儿童勇攀竞技体育高峰的体育老师或教练员，以实现体育强国和健康中国目标下的高校体育教育专业高质量发展，是新时代新阶段以新发展理念为指引下教师培养摇篮应当思考的时代命题，也是从实操源头纠偏竞技体育后备人才培养的师资困境的重要举措。

为此，课题组利用所属大学体育教育专业开展了多年体育教师转型培养改革实验。实验以"合作教育"人才培养为模式，实施"教书育人、课程体系、教学方式、学业评价"全要素改革；以合心、合意、合行，教学相长为要求，实施"课前、课中、课后的师生合作，生生合作"的全过程合作形式，全方位推进个性化培养，提高学生适应社会需求的能力，为铸就竞技体育后备人才培养之师打牢基础。

（二）改革实验解决的问题

（1）人才培养路径单一，个性化培养不够，忽视学生能力培养，不能满足社会的多样化需求。

（2）课程体系与区域社会需求脱节，课程学习缺乏特色，同质化现象明显。

（3）人才培养的实践教学不足，学生执教、执训能力弱化；人才培养与社会需求脱节。

（三）解决问题的方法

（1）确立理念、明确目标，促进体育教育专业的内涵发展。通过思想大讨论，确立"师范性、应用性、协同性、区域性"的培养理念，明确"面向区域社会和经济发展需求，培养体育实践能力强的高素质应用型人才"的培养目标，达成了"坚守立德树人根本，实施'健康第一为指导、合作教育为模式、专业教育与个性化培养融通'"的教育共识，有效推进了"体育强国"目标的落实，如图4-1所示。

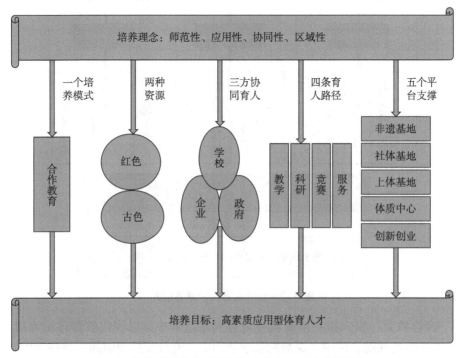

图4-1 体育教育专业"12345合作教育"人才培养体系

（2）创建体育教育专业"合作教育"人才培养模式，实施品德教育、知识传授、素质能力培养的全要素合作教育教学。如图4-2所示，合作教学是目前世界上许多国家普遍采用的一种创新的教学理论与策略。[1] 我们在学习借鉴前人先进经验的基础上[2]，创设了体育教育专业"合作教育"才培养模式[3]。即根据现代教学论，教学是由教师、学生、教材、教学法四大要素构成。

[1] 曲新艺.体育院系速滑实践课引入合作教学模式的理论与实践研究［D].东北师范大学硕士学位论文，2003.

[2] 李京诚.合作学习理论与体育合作学习实践［J].首都体育学院学报，2001（11）：2.

[3] 王玮，张莹.运动训练专业田径专项运用"合作教学"人才培养模式的实践研究［J].运动，2015（6）：35-36+73.

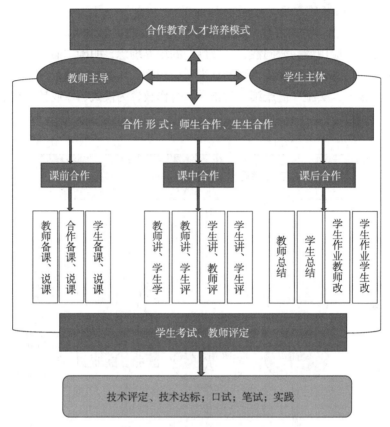

图 4-2　合作教育人才培养模式

　　"合作教育"模式指在体育教育专业人才培养中，以现代教育理论为指导，在培养学生的课前、课中、课后的教学活动中，充分发挥教师的主导和学生的主体作用，通过教学全过程的师生密切合作，建构具有创造性、实践性的学生主体活动为主要形式，以激励学生主动参与、主动思考、主动创造为基本特征，促进学生整体素质全面提高为目的的一种新型的教学模式。

　　针对"知识＋能力＋创新精神"培养要素，以项目为抓手，构建"课程群＋网络课程＋精品课程"的专业课程体系，创建理论＋技术＋能力"三维学知结构"，能力培养由 0 学时增加到总学时的 30%，课程内容比例由 2∶8∶0 改为 2∶5∶3。以主干课程《田径》为例，编著《田径运动专项理论与实践》等微课教材。普修阶段，旨在培养新生提出问题、独立思考和合作交流的能力，完成适应性转换和学术性转换；选修前阶段，旨在帮助学生进入学术前沿，自主发现问题、分析问题和解决问题；选修后阶段，旨在开阔学生学术视野，培养文化素养和科学精神。践行"专业教育与个性化培养融通"理念，将单一终端评价改为初始诊断（10%）、过程学习（40%）和终端评价有机结合（50%）。

针对"会说、会做、会教、会练"要求，增加6学分实践教学，加大课内实践平台、课外实践平台和校外教育实习、实训基地的比重。先后与省外及省体育局、省文化旅游厅、姚基金和市县教育体育局签订联合育人平台10多个。

（3）构建"教学、竞赛、科研、社会服务"四位一体的育人平台，以合心、合意、合行，教学相长为要求，实施"课前、课中、课后的师生合作，生生合作"的全过程合作形式，加强学生个性化培养，满足社会的多样化需求。针对新型育人平台，先后建立了教学运行保障机制、联合培养本科生机制、《江西省社会体育指导员培训基地》和《江西省非物质文化遗产研究基地》，深化校校、校府合作，贯通知识、能力与素质培养。

（4）通过体育竞赛、社团活动、校府合作、实习、实训等多种举措，全方位推进个性化培养，锤炼学生适应社会需求的能力取得实效。针对传统教学思维与教学模式的不足建立教师与学生合作互动的教学方式，促进教学从知识传授向能力培养转变，如图4-3所示。

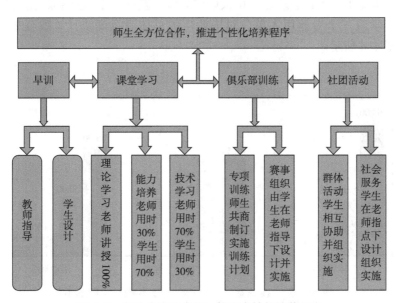

图4-3 师生全方位合作，推进个性化培养程序

（四）人才培养改革的效果

真抓实干下的体育教育教学实现了六个转变：人才培养模式转变，由单一路径培养转变为多元化"合作教育"培养，展现人才培养的区域特色；教学目标转

变，由竞技教学为主转变为健康第一教学，强化能力培养；课程学习转变，由技术和理论的"二元结构"转变为技术、理论、能力"三维学知结构"；教学思维与方法转变，由教师为主的单向教学思维变为以教师与学生合作教育教学的双向思维，变知识传授由教师单向灌输给学生的"牵牛式"教，学为师生在教学过程中的"合作教育"模式；①教学理念转变，要求教师不断提高自己的创新意识和创造能力，接纳具有创造性的学生，积极探索有利于培养学生创新精神和实践能力的教学手段及方法；夯实实践教学，把课堂学习和课外学习有效结合起来，达成"课外合作学习是课堂的延伸而非课堂补充"的实践教学观。

（1）学生的创新实践能力获得提升。学生在参加省级以上各种体育比赛中获得金牌数达 100 多枚，田径、网球、武术常年雄居省大运会榜首；2017 年参加教育部举办的全国高校体育教育专业基本功大赛，获得团体二等奖。

（2）社会反响良好。2019 年，体育教育专业被教育部批准为省级一流本科专业建设点。同年 1 月 18 日 ×× 都市报刊登了《× 大学子在偏远山区的支教故事》，学校荣获"姚基金 2019 年度优秀合作高校"称号。2020 年 5 月 21 日，市级党报《×××报》对体育教育人才培养改革进行了专门报道。

（3）毕业生受到社会欢迎。用人单位对体育教育专业毕业生满意度达 96%。

体育学院三个专业用人单位对毕业生的总体满意度统计（截至 2017 年 10 月）如图 4-4 所示。

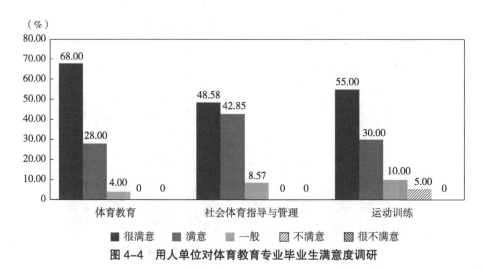

图 4-4 用人单位对体育教育专业毕业生满意度调研

---

① 杜和平，肖刚云，史桂忠等.以"合作教育"模式为抓手，创新田径课程教学与实践研究 [J].南昌航空航天大学学报（社会科学版），2018，20（3）：105-112.

教学改革，从单纯的教学至教育教学，从师范专业至非师范专业，研究的时间、空间、层次、内涵逐步拓展，与时俱进。探索出了一条创新专业知识、实践能力、人文素养相融合的人才培养路径，为新时代培养竞技体育后备人才培养之师、学校体育所需老师提供有益借鉴。"改革实验2020"获学校教学成果一等奖。

第五章　竞技体育后备人才培养与管理效能灰色关联度的实证分析

第一节　竞技体育后备人才培养运行机制探析

一、竞技体育后备人才培养运行机制分析

竞技体育后备人才的培养是竞技体育运动的基石，国家政治、经济、文化、教育的稳定、繁荣、进步是促进竞技体育水平不断提高的原动力。随着"中国特色社会主义进入新时代"，[①]我国的国民经济、政治、社会、文化、教育、科技实现了高质量发展，体育作为推动社会经济全面、协调、可持续发展的重要动力之一，在内涵上承载着展示我国人民群众精神面貌和文化软实力的作用，2022年北京冬季奥运会和北京冬季残奥会的成功举办，让世人看到了新时代中国人民的新风貌。"要加快体育强国的建设"，[②]习近平总书记为新时代新阶段高质量发展竞技体育后备人才培养体制和机制的改革指明了方向。

（一）机制

"机制"是器官内部及器官之间为了执行特定的生理功能而发生的物理或化学过程，以及这些过程中功能单元之间的关系。"机制"的概念为大众所熟悉，得益于对社会系统制度功能进行分析的结构功能主义研究人员的贡献，将其引申为"一个社会中群体和组织之间的合作、竞争和冲突的关系，以及社会因素在社会科学中的作用，实现某些社会功能。"[③]

---

① 习近平.决胜全面建成小康社会　夺取新时代中国特色社会主义伟大胜利——在中国共产党第十九次全国代表大会上的报告［R］.2017-10-18.

② 习近平.在"教育、文化、卫生、体育领域专家代表座谈会"上的讲话［R］.2020-09-22.

③ 百度百科.机制［EB/OL］.http://www.baidu.com.

对"机制"的概念进行解析，最重要、最关键的方法要把握两个方面：首先，要确认、承认事物内部的各部分是客观存在的，机制的存在依赖内部各事物的存在和组合，才足以存在"协调各部分之间关系"的这个课题。其次，要利用特定的运作方式来妥善协调机制事物各部分之间的关系，使它们发挥作用，有序工作。

（二）运行机制的特质

建立相应的"机制"[①]从宏观角度来说，一是依靠体制，二是依靠制度。此处的"机制"主要指在既定规范和运行程式中合理调整和配置各组织单位职能间的岗位职责；广义上的"制度"，已然包括国家地方的各种法律、法规，各级规章制度，也即通过建立相应的体制和制度，在各种实践中使机制得到运用，显示出其价值和作用。但是，要实现机制合理运行的最终目标，根本还是需要符合时宜的、合理、科学的制度改革。也就是说，通过建立合理的制度，促成建立合理的机制，两者相辅相成，相互关联，相互成就。

从微观结构看，根据国家改革要求，青少年课余训练的多元化，必将改革单一体制，以确立一种新的所有制体制，形成一种新的高层组织结构——由地方政府、学校、社会和教练员构成的多元组织体制。这种适应新形势要求的组织结构，在人才培养运行机制的转换与完善方面，符合当下社会发展要求，其所发挥的作用应是显而易见的。

为了形成机制，系统的功能将变得更加直观，例如，建立良性的内部竞争机制，政策与物力支撑的保障机制，协调的动力机制，建设性的竞争机制，刺激内驱动力的激励机制以及监督、审计制度下建立的监督控制机制等。

构建良性机制的过程可以说是一个复杂的系统工程[②]，因为各个系统和机构之间的关系是复杂多变的，体制和制度的改革与完善不能简单地看待和解决，只有经多方整合、相互呼应、注重理论与实践间的辩证关系，最终才能发挥一定的作用。此外，作为良性机制的缔造者、执行者和适配者，人为因素尤其值得关注。实际上，体制和制度两者并不能完全分开，而是以相互融合的方式适应现实、作用现实。制度可以对体制的运行起到规范的作用，而相应的体制在合理的情况下能够保障制度的执行。

在后备人才培养的过程中，我们常把保障机制、激励机制、动力机制、竞赛机制、控制机制等相提并论；这些机制之间确实存在着密切的关系，是相互补

① 邓丽.多法域交会下的国家监护：法律特质与运行机制［J］.中华女子学院学报，2018（8）：16-23.

② 卞良.中国研究型大学二级学院内部治理及其影响因素研究［D］.华中科技大学硕士学位论文，2017.

充，互为保障的关系，但却分属于不同的层次；假设将五大机制比作一张路线图，那么，我们可把动力机制看作目标，激励机制是能源，控制机制是工具（车辆），保障机制是交警，竞赛机制是路程。在社会不断变革发展过程中，我们认为交警很重要，它使我们在复杂、多变的社会变革中，可采用高效、便捷、安全的方式到达目的地。本书试图以此为逻辑基点，尝试对"竞技体育后备人才培养运行机制"进行解读和建立研究的理论和实践开拓，如图 5-1 所示。具体来说，保持适度、合理、可兼容的动机是维持动力机制体系运行的主要功能，也是保障制度得以运行的核心支持力量[①]。在系统运行过程中需要相应的激励机制来约束、引导、激励组织中成员的相关行为方式和主流价值观念，使其与系统倡导的、需要的趋于一致，激发人员活力[②]；控制机制起到维护必要的良好运行秩序的作用，合理控制系统运行的有效方向和适当的速度；[③] 保障机制为系统运行提供人力、财力、物力、信息资源等保障条件，保障系统安全运行[④]；竞赛机制主要是通过公平、公开的竞争保护各方利益。[⑤] 五者之间的关系是：控制与动力（可以包容）是事物发展内在的物质与精神基础；保障与激励（可以包容）是事物发展外部的保障体系；控制与保障（可以包含）在一定的情况下，密不可分；竞赛是事物生存、发展与创新的重要形式。在本书的探讨过程进行中，我们重点对机制的种类划分进行解释。机制一般情况下以三种形式表现运行状态：第一种形式是"行政—计划"运行机制，即主要通过中央、政府机构或其他领导者以计划和行政手段将机制内部的各个部分联合起来，以进行组合和运作；第二种形式是"指导—服务"机制，即主要通过领导者（组织、单位）以"指导"和"服务"的方式协调机制内部各部分之间复杂关系的机制，以间接影响的方式呈现，以参与者的角色参与机制；第三种形式是"监督—服务"运行机制，即机制中的主体以"监督、服务"方式，以第三方的形式协调机制内部各部分关系的形式，机制中的管理主体退出干扰机制，从旁监督、辅助机制内部各部分运作。机制的主要脉络是构建机制的框架和标靶，能够有效增强机制的成效。

　① 李莉．我国农村产业融合的动力机制与收入效应研究［D］．山西财经大学硕士学位论文，2022．

　② 张峰硕．激励机制在高校人力资源管理中的运用研究［J］．中国管理信息化，2022（10）：167–169．

　③ 李影．高校内部控制机制弱化成因及对策研究——基于内部控制建设标准分析［J］．大众标准化，2021（10）：121–123．

　④ 许嘉恒，胡燕华．中国体育代表团备战2024巴黎奥运会保障机制探究［C］．2022年全国运动训练学术研讨会摘要集（二），2022．

　⑤ 刘庆广，孙麒麟．我国大学生体育竞赛机制的公平性研究［J］．北京体育大学学报，2013（5）：107–111．

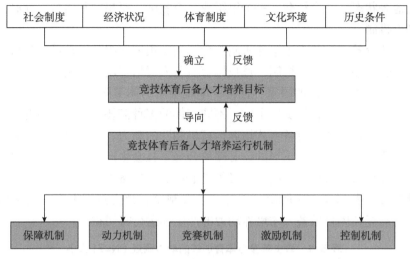

图 5-1 竞技体育后备人才培养运行机制的逻辑线路

据此，从机制运行立体结构所处的层次类型来说，可将"竞技体育后备人才培养运行机制"划分为"一级运行机制""二级运行机制""三级运行机制"等①。在这样的划分下，竞技体育的"后备人才运行机制"将成为一个由许多具体的、可量化的、不同层次的运行机制组成的有机体系，以摆脱相对抽象、虚无的消极概念。同时，这里需要说明的是："竞技体育后备人才培养运行机制"是一个有机、交互联系的系统整体，可将其划分为"动力""竞赛""激励""保障""控制"五个类别的二级运行机制，这种划分源于探索竞技体育后备人才培养运行机制的需要，而不是人为地、机械地分开对待。另外，围绕运行目标、坚持在一定目标的导向作用下建立所有的运行机制，维护其发挥作用，将是一种常态化要求。

二、竞技体育后备人才培养的动力机制

动力机制指事物内部诸要素指向目标的力量之和。动力即一切力量的来源，原指在机械类领域的水力、风力等做功。运用到社会管理领域中，指促进工作、事业等前进和发展的各种力量。例如，人民是创造世界历史的动力②。

（一）动力机制释义

动力机制，在一定情况下，能够激活社会、组织或系统运行，防止和调整停

---

① 唐建倬等.中国竞技体育后备人才培养运行机制创新研究［C］.2013年全国竞技体育科学论文报告会论文摘要集，2013（10）：720-721.

② 周孟璞.马克思主义哲学全书［M］.北京：中国人民大学出版社，1996.

滞、倒退等状态。一个社会、一个组织或一个制度，要想顺利运行，就必须有合适的动力机制。

竞技体育的"后备人才培养机制"为了激发集体组织及运动员的积极性和良好发展，也有相应的动力机制，竞技体育后备人才培养动力机制的主体按需要可分三个层面：宏观层面的国家、社会；中观层面的体工队、体校、学校等群体；微观层面的运动员、教练员等个体。不同主体的多种需要，在适宜情况下，都可以成为推动"竞技体育后备人才培养运行机制"的动力。但前提是，不同角色的主体的需要必须是合理而正当的，必须符合当下社会生产力发展水平，必须使个人需要与社会需要有机统一起来，必须是通过总体后备人才培养活动的过程来满足个体需要。[①] 如表 5-1 所示。因此，社会制度、社会意识形态作为大背景存在，必将与竞技体育后备人才培养动力的产生和运行密切相关。

表 5-1　青少年参与体育训练的动力调查（N=71 人）

选项	频数	占比（%）
个人发展需要	15	21.13
集体需要	9	12.68
国家与社会需要	8	11.27
个人、集体与国家需要集合	39	54.93

（二）动力机制的运行

在社会发展的长河中，动力机制契合着国家社会的发展，不断修正、不断适应，是运动员和后备人才成长的基石。从主体和客体相互关系及权利转换上看，国家、集体（团体、组织）和个人既是动力发生的主体，又是关系中权力产生和利用的客体[②]。

在共和国成长期，由于当时社会的特有属性和国家需求，我们亟须凝聚人心、振奋精神。当时，大政方针等事项在国家计划的指令下有序、有效地运行，国家从大局上控制着各级各类后备人才培养的人力资源、物力资源、政策权利等，个体与集体的总体需要被内化、统一到国家总体需要之中，国家依靠统一的价值引导、精神激励表彰和相应的政治热情来调动集体和个体的主体积极性，使集体和个人保持与国家总的动力方向同步。在这段特殊历史时期，为获得世界话

① A Bayesian Analysis of the Motivation, Motivational Climate and Anxiety in Young Competitive Team Players [J]. Annals of Psychology, 2015, 31（1）: 7-14.

② 葛幸幸，刘慧.在线健康社区用户潜水向分享行为转变的动机机理分析 [J].信息与管理研究，2021（10）: 60-68.

语权，我国体育发展之路选择了集全国之力，以"举国体制"形式，优先发展竞技体育。

在"国家""集体""个体"三个主体面前，国家利益有时甚至出现难以顾及集体和个体利益的内部冲突情况。作为子类别的竞技体育后备人才培养更是如此，甚至偶有以较被动的状态去履行相应的指令性命令或计划职责；国家、集体和个体立场不同，长期宏观目标和短期实际效益的差异及决策者和执行者身份差异，是现实中的必然情况。在国家层面，竞技体育后备人才培养以国家政治命令执行。而集体和个人层面，由于倡导集体需求和个人需求必须要无条件地服从国家需要。实践证明，在生产力水平较低、社会物资匮乏的计划经济时期，此动力机制为当时我国竞技体育后备人才培养提供了强大、高效的运行动力，使竞技体育的水平在短期内得到了快速、高效的提高，使体育运动得到了较广泛的普及。

诚然，由于计划带来的唯一性，当竞技体育和后备人才培养得到快速发展时，随着时间的推移和社会环境的复杂化，竞技体育后备人才培养的动力机制及其运行逐渐偏离"需要"的基本行为规律，导致一些负面影响产生：一是片面重视竞技水平，忽视甚至压抑人才个人全面发展的真实需要，（主动或被动地）牺牲了文化学习，牺牲了人才综合素质的提高；二是人为地把物质方面的需要与精神层面的需要简单地割裂开，过于强调（"干涉"）精神层面的主观需要、精神激励，忽视了物质方面的需要和生活必需的物质激励；三是运动员具有利用合理方式需要满足个人恰当需要的权力，但在某些情况下可能会与"为国增光，回馈社会"的义务产生一定的对立，在服从大环境的压力下，被迫以义务代替个人权利。

在社会发展变革空前巨大并以市场需求为导向的当下，这种以精神表彰为主的动力机制及其效果可以想象。首先，国家不再是唯一的、单一的权力主体和权力使用主体。竞技体育的政治主导控制倾向逐渐出现弱化态势，主要是在国家宏观调控政策下，利用市场在资源配置上的优势，协同推进、发挥各自的作用来进行人才培养，竞技体育后备人才培养呈现多元化趋势。其次，随着改革开放大背景下的"人权、行政权、物权"的逐步放权、下移，社会事业中的竞技体育后备人才培养集体和个人的各种合理需求逐渐浮出水面，更加合理、明晰。再次，现实中，俱乐部、单项运动协会、各级各类大学和体育学校、中学等不同性质、不同类型的后备人才培养主体蓬勃发展，他们不仅是人才培养动力的主体单位，而且在相对宽松的环境下，很大程度上充分发挥了自身的带动、普及推广作用。物质利益的分配和扩展逐渐普遍，个体利益的增长，使得整体利益扩大化，部分发展促进了整体的发展。这种转变，在宏观层面上，国家不再只是片面地强调政治需求压倒其他需求的"优势需求",教育功能、发展功能和文化功能的需要在培养中生存并得到妥善发展。从中观层面的角度审视,培养形式多样化,允许需要多样性、人性化和层次性的实际情况出现。例如,部分省市运动队在培养后备人才时,除追求社会效益外,还要适度追求物质和经济效益、地方近期和长远可持续发展利益、产业行业全景利益的相容性;在培养竞技体育后备人才的过程中,俱乐部与单项运动协会实现的发展目标包括经济效益、联赛发展、单位成就等合理需求。不仅要"提高体育水平,输送优秀人才,拓宽后备人才培养渠道",还要让校园文化多元建设、体育项目的大众普及、体育经验的积累、高校区域意识的提升成为有力的推动力量,着力推进高校队伍建设。在微观层面,个体和集体的生存和安全需求得到满足后,"精神需求""归属与交流需求""尊重与自我发展需求"等合理需求得到尊重并发展起来,成为他们积极参与训练和比赛的动力源泉。

面对社会高质量发展带来的新思考,新时代竞技体育后备人才培养动力需求及其动力机制的评价指标将以现实需要与满足为导向,发生改变①。运动员文化学习和训练的矛盾关系突出率、教练员业务水平的优秀率、队员遵守校纪校规率、学习率、学校学制符合高水平运动员成才规律要求率、对高水平运动队动力机制的认同率、对单位工作待遇的满意度、运动员的毕业就业率等观测指标构成了当下动力机制的评标指标,也是课题组运用灰色理论开展进一步研究的指标值。

三、竞技体育后备人才培养的竞赛机制

竞赛是内部机构的管理方式,它内生一种比较、较量的激励机制,成为有效的管理杠杆,也是展示竞技体育后备人才培养潜质的有效管理杠杆。②

有两种概念极易混淆,就是竞赛与竞争。竞赛≠竞争,两种机制迥然不同。竞赛在组织内部,自定规则,裁判是领导;竞争在外部,规则出自监管,裁判是市场,因而竞赛至多是竞争在内部的表现形式。如何相辅相成?应将市场指标有机地落到竞赛指标中,使之成为驱动竞争力的手段。③

（一）竞赛机制释义

从逻辑层面说,竞赛是通过业务技能分出等级,引导分配。竞赛通过划定范围、制定办法、调配资源、下达指标、计划管理、利益分配,由一种内部管理机

① 满江虹.竞技体育可持续发展评价指标体系研究的评述与重构［J］.吉林体育学院学报,2015,31（2）：11-15.

② 汉典·竞赛［EB/OL］.http://www.zdic.net.

③ 张衢.竞争与竞赛不一样［EB/OL］.https://xueqiu.com/3244566251/174687056.

制在操控，不是市场方式与机能。它有以下特征：一是指标带着经营愿望与意图，由领导层确定，受到多种关系的影响。二是指标从计划要求、基数引出制定，不是很公平合理。三是重点围绕着增量和部分产品，着眼点在于完成当年任务，指标不包括全部的经营活动。四是指标繁多，满分难，派生一种以指标考核为中心的利益机制。五是竞赛方式下争先恐后，在几十项指标中谁都有机会在某项指标中领先胜出，形成有效的激励机制。

（二）竞赛机制的运行

为保障竞技体育后备人才培养的数量与质量，国家体育总局和教育部每年都要开展众多青少年体育竞赛，通过赛事选拔、推荐优秀青少年运动员和具有专项潜质的运动员进入专业队继续深造，以代表省市、国家参加竞技比赛。与此相配套，根据当时社会政治、经济、文化发展需要建立了为此服务的竞赛体系和有关制度，以保障竞技体育后备人才培养可持续发展。竞赛，作为竞技体育后备人才培养的一种有效管理杠杆，它具有以下不可替代的作用：一是青少年体育竞赛契合国家竞技体育发展需要，已成为推动竞技体育科学发展的重要制度设计；二是竞赛是挖掘具有潜质的竞技体育优秀人才的必要手段，是培养高水平竞技体育人才的重要抓手；三是通过青少年体育竞赛成绩的反馈，有效促进人才培养、专业建设与教学改革。

截至目前，我国的青少年体育赛事系统仍由体育总局和教育部两个独立的系统负责。例如，江西每年举办全省性青少年比赛70多项次[1]。体育系统举行的赛事有省运动会、青少年体校运动会、百县运动会、冠军赛；教育系统的有中学生运动会、体育传统项目学校运动会、大学生运动会等。双轨制比赛存在的利弊问题已引起了许多学者和体育工作者的关注[2][3] 研究发现：宏观层面，全国大中小学校体育竞赛缺乏统一的政策指导。表现在国内群众体育赛事仍停留在地方组织层面和广泛参与层面，高校高水平运动队建设整体发展不够，没有纲领性文件和项目可推进。微观层面，一是竞赛组织生成一个系统，两个管理主体（体育总局、教育部），形成"条条、块块"分裂式的管理。两部门各自为政实行"分类比赛，分级管理"，政策的制定互相独立，相互冲突，造成参赛资格不互通等壁垒。二是大中小学校体育竞赛衔接不畅；竞争保障有待完善，硬件设施有待提高。三是培养目标指向不相兼容。体育总局针对体校训练的高水平青少年运动员，以培养国家竞技后备人才为目的；教育部针对学校的青少年学生，以促进青少年的健康发展为培养目标。四是竞赛政策制定严重缺位，如竞赛奖励评估机制

① 江西："百县"比赛"一县一品"做好县级青少年体育工作［N］.中国体育报，2020-05-19（01）.

② 柳鸣毅.我国青少年体育赛事体系研究［D］.北京体育大学硕士学位论文，2013.

③ 尤佳.体教融合背景下我国青少年足球竞赛治理研究［D］.天津体育学院硕士学位论文，2022.

如何评价运动员的成绩，如何评价教师、教练的业绩等。五是俱乐部"进学校"政策缺位，缺乏学校创建青少年体育俱乐部的政策支撑，使竞赛激励壁垒高筑。如何在不断完善新型"举国体制"下的竞赛体制，顺应体育强国建设要求，适应新时代健康中国发展环境下，破解这些难题呢？课题组认为：发挥政府主体作用，推动普及与提高相结合，逐渐形成"政府主导、多方参与"的体育竞赛体制格局，提高青少年参与体育竞赛的积极性，推广体育竞赛的普及性，不断提升青少年后备人才培养质量及数量，为高水平运动队的建设打下坚实的基础。[1] 随着2020年《关于全面加强和改进新时期学校体育工作的意见》的出台，改革运动员注册制度；衔接好大中小学体育竞赛制度，完善国家竞技体育后备人才培养体系是新时代体育竞赛改革的新命题。以"对目前高水平运动队竞赛机制认同度，对高水平运动队体制是否符合培养高水平世界冠军需要认同度，对高水平田径运动队体制是否符合培养全国冠军需要的认同度，对目前训练时间安排满意度，现行学校或体校竞赛制度的合理性"等观测指标来评定分析竞赛机制灰色关联度也就有依可循了。

四、竞技体育后备人才培养的激励机制

激励机制指通过特定的制度、措施、方法、管理手段等，促使事物朝预定方向健康发展，是充分调动和管理活动主体积极性的一种机制。显而易见，激励机制可通过一定的适应方法与管理体系，实现员工对组织及其工作所作的承诺最大化的过程。"激励机制"是由激励主体系统地运用各种激励手段，使保证激励主客体及各种手段在运行过程中逐渐呈现规范化和相对固定的形式，并与激励对象客体在活动互动、结构组织、运作方式上的相互制约，归纳起来就是激励手段、相互关系和运作演化规律的总和。激励机制是连接了机制内部的组织单位，保证理想的实现，其包括薪酬激励、工作激励、荣誉激励、精神激励。如马斯洛的需要层次理论[2]注重对多层次需求的满足；赫茨伯格的双因素理论[3]同等重视保健因素和激励因素；公平理论强调在激励过程中的报酬公平性原则；期望理论强调人的期望和期望概率对激励效果的影响。[4]

（一）激励机制释义

组织系统内部激励机制一经形成，就会使组织的各项功能保持在积极向上、

① 马俊帆，张大超.我国高校高水平运动队建设与中小学体育竞赛衔接机制研究［A］.第十二届全国体育科学大会，2022.

② 戴维·霍瑟萨尔.心理学史（第4版）［M］.郭本禹等译，北京：人民邮电出版社，2011.

③ 赫茨伯格.赫茨伯格的双因素理论［M］.张湛译，北京：中国人民大学出版社，2009.

④ 席恒.公与私：公共事业管理运行机制研究［M］.北京：商务印书馆，2003.

不断进取的良好状态，并将持续影响和伴随组织的整个生存及发展历程。激励机制在组织中具有助强和弱消两种相反性质的作用，即激励机制可以起到强化组织的作用，也可能起到弱化组织的作用。①

激励鼓励强化。激励机制的作用之一是反复不断地强化主体的预期行为。"良好的激励机制"是使组织得以发展壮大的机制。在良好的激励机制管理下，也可能对成员采用负强化、惩罚等措施来约束其不符合组织期望的行为。对管理者最有利的启示是：管理者需要发掘成员的真实、合理需求，并在机制中使成员的真实、合理需求与组织目标的实现相吻合。

激励机制削弱了回归效应。激励机制的弱化和减弱效应表明激励机制中存在非激励因素，即成员没有表现出组织预期的行为。无论激励机制的初衷多么"完美"、合理，现实情况是，在实施过程中，都可能会削弱甚至抑制部分成员的积极性，都可能存在激励机制附带的弱化效应。在一个组织中，当削弱成员积极性的因素长期占主导地位时，就会制约组织的发展，甚至产生衰退。因此，有必要识别和根除激励机制中削弱回归效应的非激励因素，多多利用有效的激励因素。

激励机制中主体和客体的互动方式主要通过一系列合理化的制度体现。根据激励本身的定义，激励机制将包括以下主要内容：个体主动性调动的相应奖励资源诱因体系；以行为为导向的全局、长期体系；控制成员行为（强度）的制度体系；规定行为的时空制度；对成员进行组织同化或抑制分化的规范制度。这五个方面的制度可以看作激励机制的要素，也可以说，五要素的总和既是激励机制，其中，诱因体系起启动作用，后四个体系起牵引、调节和约束行为的作用。制度又兼具两种性质，促进了机制的良性运行。

在竞技体育后备人才培养机制中，由于长期计划性和公益普及性等特点，需要激发集体和个人积极性、创造潜力。有效且运行良好的激励机制能够增强集体、个人为国家和社会服务的强烈使命感及责任感。

（二）激励机制的运行

计划经济时期的竞技体育后备人才培养活动，是以国家利益高于集体利益、集体利益高于个体利益为激励标准；集体和个体运动员都围绕着"提高竞技体育水平，培养和输送优秀的后备人才"总目标，以向上一级训练组织输送人才的数量多少和赛事成绩为全部追求，并以此作为激励的主要标准；以"为集体、为国家争荣誉、为国家争光"作为激励质量的主要规定，即激励的主导方向。培养的人才数量决定了激励的强度，培养的人才水平决定了表彰的等级水平级别，青少

---

① 百度百科.激励机制［EB/OL］. http://baike.baidu.com.

年竞赛成绩决定了相关社会资源分配量，以此作为激励总量。

计划经济时期激励的特点：一是大力倡导艰苦奋斗、无私奉献；在公共事业领域，强调营造"公益"的文化氛围，强化人的使命感和责任感。二是避免谈论物质动机。从激励过程的角度看，国家通过社会政治舆论、系列具体规定，使激励价值标准层层递进，并最终内化为培养主体的行为标准。社会资源的分配主要根据集体训练效果和运动员个人成绩来定性、定量，如"优秀单位""优秀教练员""优秀运动员"的荣誉评价、运动等级等，财政支持会向成绩特别突出的集体和个人倾斜等，但物质奖励的力度相对较小。该激励机制符合当时计划经济社会发展的实际，高效激发了后备人才培养的各主体之间的积极性，如把竞技体育完整的后备人才三级训练体系视为典范。由于培养目标、激励标准的维度较单一，评价标准有所偏颇，而运动员个性发展、文化获得等需求被普遍忽视，此为当时激励机制的客观不足。

当社会发展进入以市场调节为主，市场根据需要给予取舍后，竞技体育后备人才培养由单一主体结构变为多元化主体结构，以精神为主的激励机制显得十分苍白无力。在我国，虽然竞技体育后备人才培养的体制和总体目标仍然是向上级单位输送优秀的后备人才，但培育集体所有制的性质发生了变化，培育集体经营的目标也相应发生了变化，集体与个体的行为方式和价值观念也发生了变化，除了国家利益外，集体利益和个体利益诉求均得到考虑。动机的方向由注重精神动机转向物质动机。例如，1979年，国务院批准通过了运动员体育津贴制和教练员的技术补贴制，随后颁布执行的《优秀运动员奖励试行办法实施细则》和《专职教练员奖励办法实施细则》都印证体现了这一转变。另外，人才培养主体由政府主导的单一主体状态向社会化多元培养活动转变，过去培养绩效的制度化检测和定级定性评判方式逐渐减弱，转而发挥市场选择和舆论检测的积极作用。这一高质量发展的历史时期，激励机制的主要特点：一是实际中更加注重后备人才的综合素质培养与提高；二是更加关注培养主体的个人需要，激励手段丰富，激励标准的实际维度较前期计划经济时期要更加地灵活、宽泛；三是由注重精神激励为主向兼顾物质激励转变，如不定额奖金、价值实物、升学协议、签约为职业运动员等；四是激励机制从原来的国家主体逐步分化，从而使国家主体既是激励主体，又是执行主体。根据上述特征，我们根据课题研究实际情况选用了"对运动队最新信息和动态关注程度、每年每名高水平运动员年平均经费、运动员保险完善率、心理调控完善率、家长对训练的支持率、对目前高水平运动队中激励机制的认同度、对高水平运动队发展的重视程度"等观测项，运用灰色理论，进行激励机制与观测标准之间灰色关联度分析。

五、竞技体育后备人才培养的控制机制

控制机制是一种保证管理活动有序化、规范化的机制。

控制，指依据给定的条件和目标，控制主体依据期望对控制对象的行为施加影响，来达到期望目标的过程。[①]"控制"，最早运用于技术工程领域。自 1948 年诺伯特·维纳的控制论发表以来，"控制"已经广泛运用于社会管理治理领域之中。从某种意义上说，管理的过程和控制的过程有着异曲同工之处：控制既可以是管理中的重要职能，但在整个管理过程中又必然离不开控制。

对管理中的"控制功能"进行定义：管理主体为了对管理对象实现有效影响，通过一定的控制手段和控制机制实现组织目标。在管理中构成控制活动必须有三个条件：一是要有明确的目的或目标，没有目的或目标就无所谓控制；二是受控客体必须具有多种发展可能性，如果事物发展的未来方向和结果是唯一的、确定的，就谈不上控制；三是选择控制主体，并控制其发展可能性，通过一系列手段实现控制效果。[②]

（一）控制机制释义

按照不同的标志特征，在实际的管理过程中，可以把控制分成多种类型。例如，依据业务范围分可把控制分为"资金控制""质量控制""成本控制""生产控制"等；依据覆盖范围可划分为"局部控制""总体全面控制"；依据过程环节可以将控制划分为"现场控制""反馈控制""前馈控制"等。

将"控制"运用在职场中，要特别注意如何处理好与其他管理职能之间的关系[③]：一是"控制"与"计划"的相互关系。"计划"和"控制"可以看作同一个问题的两个关联方面。"计划"可以看作事物的基础，它是评定标准、理想状况下，计划的"明确、科学合理、全面和完整"，与计划的控制效果成正比。控制贯穿整个管理工作，使之形成一个类似闭路的工作系统。在很多情况下，管控工作既可以是最终评价，也可以是一个新起点。管控匹配计划的执行结果与原目标存在差异，并为新计划的提出给出参考信息和支持。二是控制与组织的关系。组织为成员提供默契配合的工作环境，为组织计划的贯彻执行提供结构框架，为组织的控制提供信息系统。如果发现目标的偏差产生于组织，则控制的措施是调整组织结构，重新确定权责关系和工作关系等。三是控制与领导的关系。领导通过影响力引导组织成员为实现组织目标而积极努力，领导职能对组织建立控制系统和控制工作的质量存在影响；反之，控制职能对领导工作改进、效率提高有影响。

①③　熊勇清. 管理学［M］. 长沙：湖南人民出版社，2010.

②　MBA 智库百科控制［EB/OL］. http://wiki.mbalib.com.

总言之，控制工作中的纠偏措施可能涉及管理的整个过程。

竞技体育后备人才培养体系的持续协调、高效运行，需要对培养集体（单位）和个体的行为进行管控。一定的范围内使它指向一个特定的目标。相应的控制机制是将主体的行为控制在给定的目标要求范围内，从而形成一个相对固定的行动原则和过程。从微观层面看，控制机制的主要功能是为培养集体（单位）和运动员个体提供符合既定培养目标的价值观和行为模式约束；从中观层面看，控制机制拥有的主要功能是规定各级培养集体的责权、利益，并对利益范围和竞争强度进行控制，协调各级培养集体之间的相互关系；从宏观层面看，其控制机制的主要功能是协调控制主体、客体培养体系与其他直接或间接关联社会系统之间的关系，达到相互融合促进、协调发展的目标。竞技体育后备人才培养机制的结构包括控制的手段、对象和过程三个主要部分。

（二）控制机制的运用

计划经济时期，控制主要依靠制度，而根据有关法律法规，以及各级主体制定的系列规章制度约束体育工作。如《运动队伍工作条例》（1961），综合控制培养个体，主要采取制度化的、组织化的和文化性的手段进行；各类培养单位自行负责管理运动员的学习、生活、思想教育、训练、竞赛等，这些培养单位既延伸了国家行政组织，又严格控制了组织内各个成员的行为。此外，为了使个体价值目标与国家、集体保持一致，倡导爱国主义精神、国家利益优先思想文化教育，督促运动员和教练员体验到国家的荣誉，从而更加积极、主动地参与训练和比赛。改革开放以来，国家的法治建设、依法行政显著增强，出台了竞技体育后备人才培养的法规政策，例如，《体育运动学校办校暂行规定》和《体育运动学校学生学籍管理办法》（1991）、《中华人民共和国体育法》（1995）、《关于加快体育俱乐部发展和加强体育俱乐部管理的意见》（1999）等，各培养集体根据国家的有关法规制度不断完善规章制度的建设，实现对组织自身和组织内成员的高效控制管理。

从控制对象的角度看，在我国计划经济时期，微观层面上控制运动员的价值观和表现行为，运动员思想和行为受到束缚。中观层面上控制各级各类培养单位之间的复杂利益关系，主要表现在控制省市专业体校及业余体校、行业或部队的青少年队伍。宏观上主要是控制关系——竞技体育后备人才培养系统与其他关联社会系统之间的关系。具体体现在：根据国家既定计划安排某些发展项目，抑制某些发展项目，系统的各个层级没有过多不必要的交织，独立运行，各种集体在培养后备人才方面的利益关系没有直接的严重冲突。新时代，人才培养体系呈现出个体利益需求日趋多样化，个体的行为方式和价值观念更为复杂。培养集体越多元化，各种复杂利益的冲突越明显；培养体系与社会其他系统的关系相互制约、融合、协调是保证其和谐、可持续发展的必然要求。控制机制的新起点，将以协调利益关系、规范行为作边界作为新目标。

从控制过程的角度看，在计划经济时期，国家通过宏观调控实施控制，规定控制的方向和力度，以行政手段监督训练集体和运动员的行为，并根据反馈信息及时调整。新时代，国家仍然是宏观决策者和控制者，但由于培养集体的多元化发展趋势，市场机制已开始发挥重要作用。

总体而言，改革开放前，在我国的竞技体育后备人才培养中，国家对培养集体与个体的实施的是超强控制。改革开放后，随着政策法规和标准规范逐步健全，控制手段渐趋丰富和具体。鉴于此，我们对运动队实施管理时，在众多的观测中选择了"兼任工作对目前管理工作的影响程度、所开设运动项目的训练率、每次训练时间、每周训练天数、做运动员的时间、每年招收高水平运动员的规模、对目前高水平运动队控制机制的认同度、对营养品补充的重视程度"等观测值，运用灰色理论对控制机制与观测值之间的关联度进行评价研究。

六、竞技体育后备人才培养的保障机制

广义上看保障机制，指为了保证事物依据预定方向健康发展，为管理活动和行为提供所有物质与精神保障的总和。

"保障"，指保护人的生命、财产和权利等不被侵犯，保护事物周全。而竞技体育后备人才培养的保障与"社会保障"是有区别的。此处指为保证该体系的良性运行、协调高效发展而提供相应的保护，预防遏制其恶性运行、异化。

（一）保障机制释义

竞技体育后备人才培养的保障机制主要包括保障对象（客体）、保障手段及保障过程三个部分。保障对象（客体）包括培养主体国家、集体、个体和培养制度，保障对象是相互依赖、相辅相成的关系。培养主体不仅是主要保障对象，还需要保障相关培训制度，为培养主体提供保障，最大限度地满足培养主体所倡导的各种合理化需求。国家主要通过经济或物质手段提供各种保障，同时，保证制度的连续性、稳定性和有效性及全面实施。在社会资源紧缺的计划经济时期，具体的制度安排和经济资源的有计划布局，既实现了培养体系的强势建立、逐步完善和有序运行，也保证了运动员个体的学习生活、训练比赛和就业等实际需求的满足。就竞技体育后备人才培养保障机制运用而言，它一般由制度保障、组织保障、经费保障、师资保障、场地设施保障等构成。

一是制度保障。按照"顶层设计，科学规划，开放共享，规范管理"原则优

化竞技体育后备人才培养管理体制,实现人才培养归口管理,教学训练等资源集成整合。适应国家竞技体育后备人才培养整体目标,加强统一领导,进一步建立和完善各种规章制度。例如,强化和规范岗位责任制,业绩考核制度,教学训练安全管理制度,人才培养质量控制体系,人才培养管理制度,教学、训练、文化学习、竞赛等运行经费管理制度,场地设备管理制度等。

二是组织保障。建立"统一领导、分工协作、快速响应、高效流畅"的组织体系,为竞技体育后备人才培养提供组织保障。学校领导、职能部门、运动队对运动员高度重视,精心组织培养。成立以政府主管部门负责人、分管校领导和竞赛处负责人、资深教练员组成的人才培养领导小组,加强地方、学校、社会的协作领导,保证人才培养工作的有序推进。

三是经费保障。通过"财政支持、单位配套、社会协作、承担项目"多渠道筹措综合训练资金。在论证和调研基础上,按照建设规划和培养方案,合理配置资源,争取资金效用最大化。

四是师资保障。形成"专兼结合、包容并蓄、协同创新、开放合作"的高水平教学训练师资队伍,为竞技体育后备人才提供人力资源及智力保障。竞技体育后备人才培养关系到人格健全培养、文化学习、生活习性养成、身体机能和素质培养、运动技能和专项运动训练;等等,均需要一支理论基础扎实、实践经历丰富、专业视野宽广、创新意识强烈的师资队伍,才能有效地适应社会经济发展对竞技体育后备人才培养的需求,培养出强劲竞争力的合格人才。

五是场地设施保障。建设"规范高效、便捷实用、开放共享、与时俱进"的竞技体育后备人才培养教学训练场地设施平台;适应经济社会发展变化,鼓励和支持自主开发教学训练场地设施;加强规范化的设施维护,为竞技体育后备人才的培养提供场地和设施保障。

(二)保障机制的运用

从保障对象看,计划经济时期,国家包办的体育事业不仅负责所有的经费和基础设施建设任务,还负责提供法规制度。在社会资源匮乏的大环境下,这些措施既保障了人才培养体系的建立、完善和有序运行,也有效地满足了运动员的学习、生活、训练、竞赛与就业等需求。新时代,培养集体的所有制性质,随体系变化由多种形式组成,由此带来集体及其成员的产权不再是国家单一所有。另外,由于培养形式和主体的多样性变化,控制对象和各种利益关系日趋复杂,国家提出更加细致、科学、具体的制度设计保证人才培养体系的良性运行。如《全国体育高水平后备力量专项经费管理办法》(1999)、《体育彩票公益金管理暂行办法》(1998)等法规相继出台。在关于同意修改《优秀运动员伤残互助保险暂行办法》(2003)部分条款的批复中,扩大了国家、省、市高水平运动队后备力量的培养对象的范围，把参加过重要项目的学生列入地市两级优秀运动队，省级体育院校附属体校和体育院校附属体校都包含进来。

从保障手段看，在计划经济时期，国家为保障竞技体育后备人才培养，做了大量卓有成效的工作。具体表现为：一是制度系统供给合理，具有连续性、稳定性和高效率。政府在《关于改善各级学校学生健康状况的决定》（1951）中明确指出：改进学校卫生工作，改善学生伙食管理办法，注意体育、娱乐活动，并要求学校经费的支配应适当地照顾保健工作的需要。此后相继推出了"运动员等级制度""运动竞赛制度"等相关制度，保障、推动了竞技体育运动的普及与提高。二是组织机构健全，并拥有相应的行政职权。1956年10月，我国各体育协会正式成立，先后在主要行政区或省市组建高水平职业队，制定和完善体育人才培养，普及和提高体育水平的各项规划、规章和制度。竞技体育各级组织机构完善的培养集体具有一定的行政职能。三是在必要资源有限的背景下，满足系统运行所需的经济资源和物质资源。国家拨款建立体育院校、职业体校、重点体校、业余体校，组建多层次运动队，投资建设体育设施，为运动员提供衣食住行和公共医疗关心支持保障。从经济和物质两方面，为训练集体的正常运转和运动员个人的生活、学习、训练、比赛等基本权利提供保障。比如20世纪70年代初，业余体校选拔的学生，每月有6元的补助，在当时的社会条件下，这是一个很好的条件。①

新时代新征程背景下，高质量发展竞技体育后备人才培养的保障方式发生了变化：首先，制度供给方式由政府独家垄断供给，逐渐转变为政府、市场"双轨制"，市场也成为人才培养活动的新（系统）供应商。例如，省市体校仍然由国家供给，而职业俱乐部和社会办的各类青少年俱乐部、体校主要按照市场机制运作。其次，经济和物质保障手段呈逐年增加趋势。由表5-2可以看出体育事业经费投资增长迅速②。再次，人才培养过程中信息服务的重要性日渐凸显。在经济全球化和体育文化国际化大趋势下，要保障人才培养与时俱进、颇具竞争力，就必须为人才提供必要的、广泛多样的信息，包括含金量高的培训信息、权威可信的比赛信息、双向多方互动的人才交流机会、突破性的进修机会和各类就业信息等。信息服务是保障人才培养体系有序运行的必不可少的途径，是人才培养的有效手段。国家体育总局青少司几年前就已经开始筹建网上后备人才库，并不断完善。

① 徐跃杰.篮球经纬［M］.北京：中国地质大学出版社，2004.
② 张丽，张林.体育事业公共财政支出研究［J］.体育科学，2010（12）：22–28.

表 5-2　2002~2007 年我国体育事业费支出科目

年份	体育竞赛费		优秀运动队经费		业余训练费		体育场（馆）补助费		其他事业费	
	总额（万元）	比重（%）	总额（万元）	比重（%）	总额（万元）	比重（%）	总额（万元）	比重（%）	总额（万元）	比重（%）
2002	101 594.9	10.88	233 617.0	25.02	79 685.4	8.53	129399.1	13.86	389455.0	41.1
2003	69 717.7	7.29	241 478.5	25.25	83 0 85.6	8.69	136 476.0	14.27	425 522.5	44.50
2004	77349.0	7.22	271 389.0	25.33	91 797.0	8.57	156 823.0	14.64	474 119.0	44.25
2005	82105.0	7.3	312115.0	27.75	100312.0	8.92	15207 5.0	13.52	478 061.0	42.51
2006	134667.0	9.93	370200.0	27.29	106436.0	7.84	182308.0	13.44	563166.0	41.51
2007	200476.0	12.4	372057.0	23.00	14563.0	9.03	293675.0	18.16	605146.0	37.42

注：比重是指体育事业费各支出科目与体育事业费支出的比例，是根据体育事业统计年鉴中当年相关数据计算所得。

从保障过程看，国家根据人才培养需要制定一系列有关训练与竞赛的规章、制度，依靠各种指示自上而下进行贯彻、执行，然后通过各级体育行政部门的定期检查，监测执行效果，并根据执行效果进行相应调整，保证了后备人才培养保障政策的有效实施。根据既订计划，在物资有限的情况下为各级单位、集体提供所必要的物质保障。新时代，经济水平和生产力水平大幅提高，但总体上，国家仍然担负着保障机制的主要责任。例如，负责投资基础设施建设、制定和完善相应的体育竞赛制度等。国家同时也是保障机制的主要实施主体，依据一系列保障政策对客体进行监督；在具体运营层面，部分训练科目仍按既订计划保障，如政府财政负责专业体校和重点体校等训练机构的经费；其他培养主体主要依靠市场运作，由市场提供必要保障，如职业俱乐部、社会办的青少年体育俱乐部及体育学校等。

总而言之，在以前的计划经济体制下，体育属于政府的事业单位，在一定程度上可以看作政府在体育事业的衍生，竞技体育后备人才培养单位也因其生存资金来源于各级政府财政的拨款具有非常明显的政府管控特征。如表 5-3 所示，培训活动基本上都依照上级组织的行政及计划安排，呈现出高度封闭、自给自足的形式。同时，在国家计划经济历史时期，竞技体育后备人才培养保障机制主要有以下特征：①国家是实施主体。体育主管部门依靠相关政策进行资源的分配，统一管理人才培养体系。②法规和制度是保障机制实施的方式，国家依靠法规、制度强制保证保障政策的有效施行。③从实施手段上看，一是全国高度统一、强制性的制度安排；二是建立健全组织架构；三是国家采取各种经济和物质手段，为培养体系、集体和成员的基本权利提供保障。

表 5-3 1980 年以前我国体育事业经费情况   单位：万元

单位	"一五"时期	"二五"时期	三年调整期	"三五"时期	"四五"时期	"五五"时期	合计
中央	3164	13365	4898	3838	5558	13562	44385
地方	6434	3186	18166	20061	58975	107067	213889
社会	0	0	0	0	0	0	0

资料来源：国家体委计划财务司.体育事业统计年鉴［R］.1994.

进入新时代、新阶段，竞技体育后备人才培养的保障机制表现出如下特点：保障制度及其供给方式增多，社会资源进入保障系统，信息服务成为新的保障手段等，如表 5-4 所示。但是，此保障机制仍有五个方面的问题亟须解决：一是保障制度呈现灵活不足、固化有余态势，多层实施欠缺、多渠道监管不力；二是物质保障差异过大，分配不均；三是有待与社会保障机制接轨、相互补充；四是竞赛体制不够健全、不够协调；五是"人本原则"不够全面，资源分配偏重于竞技能力和优异成绩。面对这些，课题组在众多保障机制运行观测值中选择了[1]"每月的工资收入、运动员用于与训练有关的人月均经费开支、伙食完善率、科研力量完善率、营养保健完善率、学校对训练的支持率、社会的重视度"等观测值，运用灰色理论对现行保障机制展开评价研究。

表 5-4 1981~1996 年我国体育事业经费情况   单位：万元

年份	国家财政			社会投资		
	中央	地方	合计	社会赞助	经营收入	合计
1981~1985	30532	226112	256644	0	0	0
1986~1990	56625	543166	599791	0	0	0
1991	13184	153392	166576	0	0	0
1992	14100	172400	186500	0	0	0
1993	18600	190800	209400	2192.5	76260.5	78452.7
1994	15309	187045.6	202354.6	4185.5	67394.6	71580.1

---

[1] 王亚飞.竞技体育转型视域下天津市三大球项目后备人才培养指标体系构建研究［D］.天津体育学院硕士学位论文，2016.

续表

年份	国家财政			社会投资		
	中央	地方	合计	社会赞助	经营收入	合计
1995	22567.6	216235.5	2388032.4	3664.9	77820.5	81485.4
1996	20945	263229.2	284174	4737.3	99789.3	104526.6

资料来源：依国家体委计划财务司．体育事业统计年鉴［R］.1994.

第二节　灰色系统理论基础及运用

一、灰色系统理论概述

灰色预测法是一种对含有不确定因素的系统进行预测的方法。[①] 灰色系统是介于白色系统和黑色系统之间的一种系统。黑色系统指一个系统的内部信息对外界来说是一无所知的，只能通过它同外界的联系加以观测研究。灰色系统内的一部分信息是已知的，另一部分信息是未知的，系统内各因素间具有不确定的关系。例如，我国经济体制由计划经济体制向市场经济体制转轨过程中，整个宏观系统就是一个灰色系统，宏观经济的发展既受到国家宏观政策等确定性因素的影响，又受到市场经济中一些不确定性因素的影响，并且现实经济中很多宏观经济变量的增长隐含一定的指数变化趋势，因此，可以利用灰色预测模型对宏观经济进行预测。

灰色预测是对既含有已知信息又含有不确定性信息的系统进行预测，是对在一定范围内变化的、与时间有关的灰色过程进行预测。尽管灰色过程中所显示的现象是随机的，但毕竟是有序的，因此，这一数据集合具备潜在的规律。灰色预测通过鉴别系统因素间发展趋势的相异程度，即进行关联分析，并对原始数据进行生成处理以寻找系统变动的规律，生成有较强规律性的数据序列，然后建立相应的微分方程模型，从而预测事物未来的发展趋势。灰色预测用等时距观测到的、反映观测对象特征的一系列数量值构造灰色预测模型，预测未来某一时刻的特征量，或达到某一特征量的时间 [②]。

[①] 樊孝凯，曹勇.基于灰色理论的高技能人才需求预测及对策分析——以中山市健康科技产业集群为例［J］.企业改革与管理，2016（11）：37–38+98.

[②] 徐国祥.统计预测和决策［M］.上海：上海财经大学出版社，2016

二、灰色理论在体育科研中的运用

因为人才培养是一个系统工程，在控制论中，人们常用颜色的深浅形容信息的明确程度，信息完全明确的系统称为白色系统，信息未知的系统称为黑色系统，部分信息明确、部分信息不明确的系统称为灰色系统。[①] 也就是说，灰色系统理论是一种以"部分信息已知，部分信息未知"的不确定性系统为研究对象，主要通过对"部分"已知信息的生成、开发，提取有价值的信息，实现对系统运行行为、演化规律的正确描述和有效监控。

灰色系统理论的关联度分析与数理统计学的回归分析是不同的。第一，它们的理论基础不同，关联分析基于灰色系统理论的灰色过程，而回归分析基于概率论的随机过程；第二，分析方法不同，关联分析是进行因素间时间序列相对变化的计算和比较，而回归分析基于因素间各对数组值之间的计算；第三，数据量要求不同，关联分析不要求太多数据，而回归分析必须有足够多的数据；第四，关联度分析主要研究系统的动态过程，而回归分析以静态研究为主。

灰色理论在经济、农业等学科应用研究十分成熟，20 世纪 80 年代未被引用到体育科研中，当前主要集中在运动训练方面，占体育类总数的 68.52%，其次是体质与达标方面的研究，占 10%，对人才培养、运动队管理的应用研究凤毛麟角，其有良好的发展空间。[②]

三、竞技体育灰色预测方法

本书拟采用灰色关联分析方法对竞技体育后备人才培养与管理效能进行定性描述和定量论证。该方法基于点关联度测度相似性的灰色关联分析模型，用灰色关联度顺序描述因素间关系的强弱、大小、次序，探究竞技体育后备人才培养与控制、保障、动力、激励、竞赛等因子的关联程度，[③] 并借用自然科学领域的灰色预测模型进行定量分析，探求新时代体育强国背景下的竞技体育后备人才培养路径，不仅有利于定量化我国竞技体育后备人才培养管理效能，而且弥补了现有研究的空白。

① 赵鲁南，赵曼.竞技体育国际竞争力评价指标体系构建研究 [J].北京体育大学学报，2018（1）：102–108.

② 邓万金，张雪芹.我国竞技田径核心竞争力指标体系构建研究 [J].成都体育学院学报，2011（2）：31–35.

③ 张峰硕.激励机制在高校人力资源管理中的运用研究 [J].中国管理信息化，2022（20）：167–169.

第三节　数据来源与研究方法介绍

一、数据来源

（一）研究对象

鉴于灰色关联分析法相对于数理统计分析法在数据处理上的优势和数据的可得性，本书以所调研运动队 2015~2017 年全国比赛平均获奖人数和在校期间成绩为基期，通过问卷调查或访谈，征求专家、学者及教练员的意见，选取并确定大家公认的、有代表性的、能反映竞技体育后备人才培养状况的保障机制、动力机制、激励机制、竞赛机制、控制机制五大机制为一级指标和 35 项二级指标为比较序列，[①] 具体步骤如下：第一步，针对管理层、教练员层和运动员分别发放问卷 100 份、200 份、200 份，分别回收有效问卷 75 份、175 份和 187 份。为便于研究分析，对问卷统一量纲，归纳整理一级指标 5 个，二级指标 35 个。第二步，经初值化，得到相关指标的全部数据。第三步，分别计算 5 个一级指标与二级指标的关联度。

（二）问卷评价方式

问卷采用命名量表，评判标准采用李克特（Likert）六级量表为主，根据被调查者对问题的认可程度，由高到低，100% 表示程度最高，80% 表示程度较高，60% 表示程度一般，40% 表示程度不太高，20% 表示程度较低，0 表示程度为零。

（三）信度检验

采用 Cronbach's α 系数估算问卷的一致性信度系数，结果发现各分量表的 α 系数基本在 0.8 以上，表明问卷内部一致性良好。

（四）问卷整理

我们采用了网上问卷调查等 4 种形式。由于网络问卷和邮寄问卷的局限性，部分问卷为无效问卷，因此我们对问卷进行整理与录入。

1.废卷筛选

第一类：被调查者所填信息完整无误，视作有效问卷。

第二类：问卷漏答数过多，视作无效废卷。

第三类：极少数信息漏答，视作可补救废卷。

---

① 刘嘉津，孙桂云，戴美仙.灰色系统理论与方法在体育科研中的应用状况研究［J］.中国体育科技，2005（3）：137–140.

2. 可补救问卷处理

在问卷调查的过程中，总会收到一些空白或者未填写完整的问卷。对于空白的问卷，可以直接剔除，并不会影响最终的结果。对于非完整的问卷，我们将忽略掉某个隐含变量。因此，需要通过插值手段模拟出空白的数据，但如果空值过多，数据将不再具有真实性，继续进行插值的话会产生其他负面效果，甚至比忽略掉某个隐含变量的影响还要大，这种情况可以当成空白问卷直接剔除。心理学研究方法将这个阈值设置成了30%。常见的插值方法有均值插值、回归插值、EM插值、多重插值。[①] 因为我们的残缺问卷属于完全随机缺失（MCAR），因此使用均值进行插值。

由于样本的量纲不完全相同，为统一量纲，便于做后面的关联度分析，本书筛选出样本数为管理员层29个，教练员层86个，运动员层187个，变量皆为35个，并将变量设为5个一级指标，35个二级指标。

二、研究方法

（一）灰色关联分析法介绍

灰色关联分析法主要使用基于点关联度测度相似性的灰色关联分析模型。与经典统计学多因素分析方法相比，灰色关联分析方法具有如下优势：初值化能将杂乱无章的数据转化为有一定分布规律的数据；可用于多个因变量与多个自变量之间的统计分析；不论样本多少，是否符合典型分布，灰色关联分析法都能得出有意义的结论；用关联度描述因素间关系的相对主次顺序，比用具体白化值表示更为合理。

（二）灰色关联分析法步骤

设系统参考序列为：

$$X_0 = \left\{ x_0(1), x_0(2), \cdots, x_0(n) \right\} \tag{5-1}$$

比较序列为：

$$X_1 = \left\{ x_1(1), x_1(2), \cdots, x_1(n) \right\} \tag{5-2}$$

$$X_i = \left\{ x_i(1), x_i(2), \cdots, x_i(n) \right\} \tag{5-3}$$

$$X_m = \left\{ x_m(1), x_m(2), \cdots, x_m(n) \right\} \tag{5-4}$$

令 $\xi \in (0,1)$ 为分辨系数，一般取 0.5，有

---

① 范岩，马立平．基于灰色系统理论的高校教学质量评价模型研究［J］．大学教育，2019（2）：185-188.

$$\gamma\left(x_0(k), x_i(k)\right) = \frac{\min\limits_{i}\min\limits_{k}\left|x_0(k) - x_i(k)\right| + \xi\max\limits_{i}\max\limits_{k}\left|x_0(k) - x_i(k)\right|}{\left|x_0(k) - x_i(k)\right| + \xi\max\limits_{i}\max\limits_{k}\left|x_0(k) - x_i(k)\right|} \qquad (5-5)$$

$$\gamma\left(X_0, X_i\right) = \frac{1}{n}\sum_{k=1}^{n}\gamma\left(X_0(k), X_i(k)\right) \qquad (5-6)$$

则 $\gamma\left(X_0, X_i\right)$ 适合灰色关联四公理的条件，称为 X_0 与 X_i 的灰色关联度；$\gamma\left(x_0(k), x_i(k)\right)$ 称为 $x_0(k)$ 与 $x_i(k)$ 的灰色关联系数。

1. 将各序列值初值化（均值化）

$$X_0' = \frac{X_0}{x_0(1)} = \left(x_0'(1), x_0'(2), \cdots, x_0'(n)\right) \qquad (5-7)$$

$$X_1' = \frac{X_0}{x_1(1)} = \left(x_1'(1), x_1'(2), \cdots, x_1'(n)\right) \qquad (5-8)$$

...

$$X_i' = \frac{X_0}{x_i(1)} = \left(x_i'(1), x_i'(2), \cdots, x_i'(n)\right) \qquad (5-9)$$

...

$$X_m' = \frac{X_0}{x_m(1)} = \left(x_m'(1), x_m'(2), \cdots, x_m'(n)\right) \qquad (5-10)$$

2. 计算差序列

$$\Delta_i(k) = \left|x_0'(k) - x_i'(k)\right| \qquad (5-11)$$

$$\Delta_i = \left(\Delta_i(1), \Delta_i(2), \cdots, \Delta_i(n)\right), i = 1, 2, \cdots, m \qquad (5-12)$$

3. 计算极差

$$M = \max\limits_{i}\max\limits_{k}\Delta_i(k), m = \min\limits_{i}\min\limits_{k}\Delta_i(k) \qquad (5-13)$$

4. 求关联系数

$$\gamma_{0i}(k) = \frac{m + \xi M}{\Delta_i(k) + \xi M}, \xi \in (0,1), k = 1, 2, \cdots, n, i = 1, 2, \cdots, m \qquad (5-14)$$

5. 得到关联度

$$\gamma_{0i} = \frac{1}{n}\sum_{k=1}^{n}\gamma_{0i}(k), i = 1, 2, \cdots, m \qquad (5-15)$$

第四节　"竞技体育后备人才培养"指标体系构建

一、指标体系的构建原则

（一）科学性和实用性

竞技体育后备人才培养状况的指标体系构成十分复杂，在构建过程中必须坚持科学性和实用性的基本原则。[①] 科学性是理论知识用于指导生产实践的重要基础前提，同时是指标体系得以应用并达到其效用的必备原则。指标体系构建的科学性，首先，要求设计依据要合理；其次，要求来源要全面且可靠；最后，要求方法要科学。实用性是指标体系构建的根本目的，只有能够指导实践的理论才有意义和研究价值。

总体而言，科学性和实用性要求指标体系必须先考虑研究目的的实现，然后考虑研究对象的属性和特质。与此同时，还必须符合体育理论的逻辑，并满足统计学分析的要求。

（二）全面性和独立性

反映竞技体育后备人才培养状况的指标体系涉及众多因素，在构建过程中必须坚持全面性和独立性的原则。由于体育参与的门槛较低，导致其逐渐发展成一项全民参与的项目。全面性要求所构建的指标体系要尽可能多地覆盖到体育需求的各个方面，从而能够综合反映竞技体育后备人才培养状况的本质属性及其目标内涵；指标体系构建的独立性要求在满足全面性的同时，注重各个影响因素间的相互独立性，确保所选取出的评估指标之间具有区分度，尽可能避免出现多对一或者一对多问题。

（三）系统性

系统性原则通常指反映竞技体育后备人才培养状况的指标体系应具有整体性、联系性和层次性。整体性指在反映竞技体育后备人才培养状况的过程中要全面考核。联系性指当竞技体育后备人才培养状况的反映指标处于一个系统时，要强调指标间纵向与横向的联系。层次性指对不同的被反映对象制定不同的指标体系。

（四）可接受性

可接受性原则指在构建反映竞技体育后备人才培养状况的指标体系过程中要依据客观实际，而不应该依据主观想法，每项指标的设计都应有依据。具体而

---

① 李莉. 我国农村产业融合的动力机制与收入效应研究［D］. 山西财经大学硕士学位论文，2022.

言包括五个方面：①必须有可靠的信息和资料来源。②必须从实际出发。③应该具体问题具体分析。④指标体系的设置必须有鉴别力，即设置的指标要能够反映竞技体育后备人才培养状况的好坏。⑤指标体系构建必须追求"精"，追求"简"。①

二、指标体系的构建方法和步骤

（一）指标初选

通过对影响因素指标体系构建的基本原则和一般方法的深入学习，确定了本研究中竞技体育后备人才培养状况影响因素的一级指标、二级指标，包括保障机制、动力机制、激励机制、竞赛机制、控制机制5个一级指标因子，35个二级指标因子，其中所涉及的二级指标因子的选取参考于调查问卷中所调查到的信息。由于调查问卷面向三类人群，人群属性不同，因此二级指标也有区别。

（二）五大机制定义

因为我国竞技体育系统是一个复杂的巨大系统，不仅影响要素众多，而且层次关系复杂，这些相互之间的关联关系不以人的意志为转移的真实存在，要想真正建立起竞技体育的指标体系，就不得不考虑到这些相互之间的关联关系。根据五大运行机制的定义，可将与五大运行机制隶属于同一定义的指标因子归为同一类，对五大运行机制定义如下：

保障机制，指为了保证事物依据预定方向健康发展，为管理活动和行为提供的所有物质与精神保障的总和。

动力机制，指事物内部诸要素指向目标的力量之和，动力即一切力量的来源。

激励机制，指通过特定的制度、措施、方法、管理手段等，促使事物朝预定方向健康发展，是充分调动和管理活动主体的积极性的一种机制。

竞赛机制，指对内部机构的管理方式，它内生一种比较、较量的激励机制，成为有效的管理杠杆，也是展示竞技体育后备人才培养潜质的有效管理杠杆。

控制机制，指依据给定的条件和目标，控制主体依据期望对控制对象的行为施加影响，来达到期望目标的过程。

（三）二级指标要素

据此，管理员层保障机制有：每月的工资收入、运动员用于与训练有关的人

---

① 张志伟.基于灰色理论的中国出境旅游需求影响因素分析及趋势预测［D］.重庆工商大学硕士学位论文，2021.

月均经费开支、伙食完善率、科研力量完善率、营养保健完善率、学校对训练的支持率、社会的重视度。

动力机制有：运动员文化学习和训练的矛盾关系突出率、高水平运动队教练员的业务水平优秀率、队员遵守校纪校规率、队员学习率、学校学制符合高水平运动员成才规律要求率、对高水平运动队动力机制的认同率、对单位工作待遇的满意度、高水平运动员的毕业就业率。

激励机制有：对运动队最新信息和动态关注程度、每年每名高水平运动员年平均经费、运动员保险完善率、心理调控完善率、家长对训练的支持率、对目前高水平运动队中激励机制的认同度、对高水平运动队发展的重视程度。

竞赛机制有：对目前高水平运动队竞赛机制认同度、对高水平运动队体制是否符合培养高水平世界冠军需要认同度、对高水平田径运动队体制是否符合培养全国冠军需要的认同度、对目前训练时间安排满意度、现行高校竞赛制度的合理性。

控制机制有：兼任工作对目前管理工作的影响程度、所开设运动项目的训练率、每次训练时间、每周训练天数、做运动员的时间、每年招收高水平运动员的规模、对目前高水平运动队控制机制的认同度、对营养品补充的重视程度。如表5-5所示。

表5-5　管理员层保障、动力、激励、竞赛、控制等机制指标建构体系

一级指标	二级指标
保障机制	每月的工资收入
	运动员用于与训练有关的人月均经费开支
	伙食完善率
	科研力量完善率
	营养保健完善率
	学校对训练的支持率
	社会的重视度
动力机制	运动员文化学习和训练的矛盾关系突出率
	高水平运动队教练员的业务水平优秀率
	队员遵守校纪校规率
	队员学习率

一级指标	二级指标
动力机制	学校学制符合高水平运动员成才规律要求率
	对高水平运动队动力机制的认同率
	对单位工作待遇的满意度
	高水平运动员的毕业就业率
激励机制	对运动队最新信息和动态关注程度
	每年每名高水平运动员年平均经费
	运动员保险完善率
	心理调控完善率
	家长对训练的支持率
	对目前高水平运动队中激励机制的认同度
	对高水平运动队发展的重视程度
竞赛机制	对目前高水平运动队竞赛机制认同度
	对高水平运动队体制是否符合培养高水平世界冠军需要认同度
	对高水平田径运动队体制是否符合培养全国冠军需要的认同度
	对目前训练时间安排满意度
	现行高校竞赛制度的合理性
控制机制	兼任工作对目前管理工作的影响程度
	所开设运动项目的训练率
	每次训练时间
	每周训练天数
	做运动员的时间
	每年招收高水平运动员的规模
	对目前高水平运动队控制机制的认同度
	对营养品补充的重视程度

教练员层保障机制有：每月的工资收入、运动员用于与训练有关的人月均经费开支、伙食影响程度、科研力量完善率、营养和恢复影响程度、学校的支持程

度、社会的重视度。

动力机制有：运动员文化学习和训练的矛盾关系突出率、高水平运动队教练员的业务水平优秀率、队员遵守校纪校规率、队员学习率、学校学制符合高水平运动员成才规律要求率、对高水平运动队动力机制的认同率、对单位工作待遇的满意度、高水平运动员的毕业就业率。

激励机制有：对运动队最新信息和动态关注程度、每年每名高水平运动员年平均经费、心理调控影响程度、家长的支持程度、对目前高水平运动队中激励机制的认同度、高水平运动队组织机构的合理性、高水平运动队组织机构人员之间的合作关系。

竞赛机制有：对目前高水平运动队竞赛机制认同度、对高水平运动队体制是否符合培养高水平世界冠军需要认同度、对高水平田径运动队体制是否符合培养全国冠军需要的认同度、对目前训练时间安排满意度、现行高校竞赛制度的合理性。

控制机制有：所开设运动项目的训练率、每次训练时间、每月训练天数、做运动员的时间、每年招收高水平运动员的规模、对目前高水平运动队控制机制的认同度、对营养补充的重视程度、运动队成立年限。如表 5-6 所示。

表 5-6　教练员层保障、动力、激励、竞赛、控制等机制指标建构体系

一级指标	二级指标
保障机制	每月的工资收入
	运动员用于与训练有关的人月均经费开支
	伙食影响程度
	科研力量完善率
	营养和恢复影响程度
	学校的支持程度
	社会的重视度
动力机制	运动员文化学习和训练的矛盾关系突出率
	高水平运动队教练员的业务水平优秀率
	队员遵守校纪校规率
	队员学习率
	学校学制符合高水平运动员成才规律要求率

续表

一级指标	二级指标
动力机制	对高水平运动队动力机制的认同率
	对单位工作待遇的满意度
	高水平运动员的毕业就业率
激励机制	对运动队最新信息和动态关注程度
	每年每名高水平运动员年平均经费
	心理调控影响程度
	家长的支持程度
	对目前高水平运动队中激励机制的认同度
	高水平运动队组织机构的合理性
	高水平运动队组织机构人员之间的合作关系
竞赛机制	对目前高水平运动队竞赛机制认同度
	对高水平运动队体制是否符合培养高水平世界冠军需要认同度
	对高水平田径运动队体制是否符合培养全国冠军需要的认同度
	对目前训练时间安排满意度
	现行高校竞赛制度的合理性
控制机制	所开设运动项目的训练率
	每次训练时间
	每月训练天数
	做运动员的时间
	每年招收高水平运动员的规模
	对目前高水平运动队控制机制的认同度
	对营养补充的重视程度
	运动队成立年限

运动员层保障机制有：营养保健完善率、科研力量完善率、伙食完善率、与教练员之间的矛盾对训练的影响程度、目前的训练成绩在运动队中的优秀程度、对自己训练情况的满意度、学校对训练的重视程度。

动力机制有：认为目前文化学习的重要程度、对自己学习的满意度、在文化学习中的压力程度、在训练中的压力程度、技术水平对训练效果的影响程度、场地对训练效果的影响程度、教练员水平对训练效果的影响程度、个人训练态度对训练效果的影响程度。

激励机制有：经费保障完善率、对学校运动队激励机制的认同度、家长对训练的支持率、教练的训练态度认真程度、运动员保险完善率、心理调控完善率、器械完善率。

竞赛机制有：对目前训练时间安排满意度、现行竞赛制度对运动员发展需要的满足度、现行竞赛制度的合理性、对高水平运动队体制是否符合培养高水平世界冠军需要认同度、对高水平田径运动队体制是否符合培养全国冠军需要的认同度。

控制机制有：每天训练的次数、每次训练课的时间、就读学校的训练条件良好程度、教练的训练方法合适度、所在运动队队员的管理制度完善率、接受训练的科学性和系统性强度、在接受下一次训练时体能恢复情况、对营养补充的重视程度。如表5-7所示。

表5-7　运动员层保障、动力、激励、竞赛、控制等机制指标建构体系

一级指标	二级指标
保障机制	营养保健完善率
	科研力量完善率
	伙食完善率
	与教练员之间的矛盾对训练的影响程度
	目前的训练成绩在运动队中的优秀程度
	对自己训练情况的满意度
	学校对训练的重视程度
动力机制	认为目前文化学习的重要程度
	对自己学习的满意度
	在文化学习中的压力程度
	在训练中的压力程度
	技术水平对训练效果的影响程度
	场地对训练效果的影响程度

续表

一级指标	二级指标
动力机制	教练员水平对训练效果的影响程度
	个人训练态度对训练效果的影响程度
激励机制	经费保障完善率
	对学校运动队激励机制的认同度
	家长对训练的支持率
	教练的训练态度认真程度
	运动员保险完善率
	心理调控完善率
	器械完善率
竞赛机制	对目前训练时间安排满意度
	现行竞赛制度对运动员发展需要的满足度
	现行竞赛制度的合理性
	对高水平运动队体制是否符合培养高水平世界冠军需要认同度
	对高水平田径运动队体制是否符合培养全国冠军需要的认同度
控制机制	每天训练的次数
	每次训练课的时间
	就读学校的训练条件良好程度
	教练的训练方法合适度
	所在运动队队员的管理制度完善率
	接受训练的科学性和系统性强度
	在接受下一次训练时体能恢复情况
	对营养补充的重视程度

第五节　灰色系统下"竞技体育后备人才培养" 实证分析

我们运用"灰色建模软件（第七版）"，对所收集的指标进行关联性分析。借助该软件，我们能够完成对原始数据无量纲化、求绝对差序列、求关联系数、求关联度等一系列分析工作。

一、构建"竞技体育后备人才培养"模式指标间关联性分析（矩阵）

（一）管理员层的指标关联性分析

针对管理员层的指标关联性分析，如表 5-8 所示。

表 5-8　管理员层保障、动力、激励、竞赛、控制等机制指标建构体系

一级指标	二级指标
保障机制	每月的工资收入
	运动员用于与训练有关的人月均经费开支
	伙食完善率
	科研力量完善率
	营养保健完善率
	学校对训练的支持率
	社会的重视度
动力机制	运动员文化学习和训练的矛盾关系突出率
	高水平运动队教练员的业务水平优秀率
	队员遵守校纪校规率
	队员学习率
	学校学制符合高水平运动员成才规律要求率
	对高水平运动队动力机制的认同率
	对单位工作待遇的满意度
	高水平运动员的毕业就业率

一级指标	二级指标
激励机制	对运动队最新信息和动态关注程度
	每年每名高水平运动员年平均经费
	运动员保险完善率
	心理调控完善率
	家长对训练的支持率
	对目前高水平运动队中激励机制的认同度
	对高水平运动队发展的重视程度
竞赛机制	对目前高水平运动队竞赛机制认同度
	对高水平运动队体制是否符合培养高水平世界冠军需要认同度
	对高水平田径运动队体制是否符合培养全国冠军需要的认同度
	对目前训练时间安排满意度
	现行高校竞赛制度的合理性
控制机制	兼任工作对目前管理工作的影响程度
	所开设运动项目的训练率
	每次训练时间
	每周训练天数
	做运动员的时间
	每年招收高水平运动员的规模
	对目前高水平运动队控制机制的认同度
	对营养品补充的重视程度

1.保障机制与影响因素的灰关联分析

参考序列为运动队近三年平均获奖人数，比较序列共有7个项目，分别为每月的工资收入、运动员用于与训练有关的人月均经费开支、伙食完善率、科研力量完善率、营养保健完善率、学校对训练的支持率、社会的重视度，样本数为29个。其具体数值如表5-9所示。

表5-9　运动队近三年平均获奖人数与保障机制

运动队近三年平均获奖人数（人）	每月的工资收入（元）	运动员用于与训练有关的人月均经费开支（元）	伙食完善率（%）	科研力量完善率（%）	营养保健完善率（%）	学校对训练的支持率（%）	社会的重视度
170	7500	200	60	0	60	100	75
39	7500	30	60	80	60	75	75
49	7500	150	20	20	20	50	25
239	4500	200	100	40	80	100	75
43	7500	200	80	40	60	75	75
239	7500	200	80	60	80	100	75
56	7500	200	60	60	40	25	50
203	7500	200	100	0	60	50	50
23	7500	200	0	20	0	100	50
74	5500	200	0	0	0	0	0
25	5500	200	0	0	0	0	0
60	5500	200	0	0	0	0	0
5	4500	80	40	0	40	75	50
4	4500	80	0	0	0	0	0
50	4500	150	40	40	40	50	25
24	4500	150	0	0	0	0	0
51	4500	150	0	0	0	0	0
78	5500	150	100	0	60	75	0
26	4500	45	80	60	100	75	100
6	4500	45	80	60	80	50	50
17	4500	45	80	60	60	75	50
17	4500	45	80	60	60	50	75
147	4500	150	0	0	0	0	0
149	4500	150	0	0	0	0	0
29	4500	150	0	0	0	0	0

续表

运动队近三年平均获奖人数（人）	每月的工资收入（元）	运动员用于与训练有关的人月均经费开支（元）	伙食完善率（%）	科研力量完善率（%）	营养保健完善率（%）	学校对训练的支持率（%）	社会的重视度
38	4500	80	20	40	20	50	50
36	2500	30	100	80	80	100	75
32	2500	30	100	80	80	100	75
32	2500	30	100	80	80	100	75

步骤一：采用初值化对原始数据进行无量纲化。

步骤二：计算差序列。

根据结果，分别计算：

极差最大值：79.8118；

极差最小值：0.0000。

步骤三：计算关联系数。

步骤四：计算参考序列与各指标之间的灰色关联度，如表5-10所示。

表5-10　运动队近三年平均获奖人数与保障机制灰色关联度

项目	r1	r2	r3	r4	r5	r6	r7
关联度大小	0.9892	0.9914	0.9844	0.6884	0.9870	0.9889	0.9878

结果显示，每月的工资收入的灰色关联度为0.9892、运动员用于与训练有关的人月均经费开支的灰色关联度为0.9914、伙食完善率的灰色关联度为0.9844、科研力量完善率的灰色关联度为0.6884、营养保健完善率的灰色关联度为0.9870、学校对训练的支持率的灰色关联度为0.9889、社会的重视度的灰色关联度为0.9878。

2.动力机制与影响因素的灰色关联分析

参考序列为运动队近三年平均获奖人数，比较序列一共有8个项目，分别为运动员文化学习和训练的矛盾关系突出率、高水平运动队教练员的业务水平优秀率、队员遵守校纪校规率、队员学习率、学校学制符合高水平运动员成才规律要求率、对高水平运动队动力机制的认同率、对单位工作待遇的满意度、高水平运动员的毕业就业率，样本数为29个，其具体数值如表5-11所示。

表5-11　运动队近三年平均获奖人数与动力机制

运动队近三年平均获奖人数（人）	运动员文化学习和训练的矛盾关系突出率（%）	高水平运动队教练员的业务水平优秀率（%）	队员遵守校纪校规率（%）	队员学习率（%）	学校学制符合高水平运动员成才规律要求率（%）	对高水平运动队动力机制的认同率（%）	对单位工作待遇的满意度（%）	高水平运动员的毕业就业率（%）
170	75	75	75	0	75	33	66	75
39	25	75	100	100	75	66	66	100
49	75	75	100	100	50	66	33	75
239	50	75	75	100	75	66	66	50
43	50	75	75	100	75	100	66	50
239	50	75	75	100	75	100	66	50
56	50	75	75	50	75	66	66	50
203	50	75	75	50	75	66	66	50
23	50	75	75	50	50	66	66	50
74	0	50	50	0	25	0	0	50
25	0	50	50	0	25	0	0	50
60	0	50	50	0	25	0	0	50
5	75	75	75	100	75	66	33	75
4	75	75	75	100	75	66	33	75
50	50	75	75	100	75	66	33	50
24	50	75	75	100	75	66	33	50
51	50	75	75	100	75	66	33	50
78	50	75	75	100	75	66	33	50
26	100	100	100	100	100	66	66	75
6	100	100	100	100	100	66	66	75
17	75	100	100	100	100	33	66	75
17	75	100	100	100	100	33	66	75
147	75	100	100	50	100	33	66	75

运动队近三年平均获奖人数（人）	运动员文化学习和训练的矛盾关系突出率（%）	高水平运动队教练员的业务水平优秀率（%）	队员遵守校纪校规率（%）	队员学习率（%）	学校学制符合高水平运动员成才规律要求率（%）	对高水平运动队动力机制的认同率（%）	对单位工作待遇的满意度（%）	高水平运动员的毕业就业率（%）
149	75	100	100	50	100	33	66	75
29	75	75	100	50	100	66	33	75
38	75	75	100	50	100	66	66	75
36	25	50	75	50	50	33	66	75
32	25	50	75	50	50	33	66	75
32	25	50	75	50	50	33	66	75

步骤一：采用初值化对原始数据进行无量纲化。

步骤二：计算差序列。

根据结果，可分别计算：

极差最大值：99.9765；

极差最小值：0.0000。

步骤三：计算关联系数。

步骤四：计算参考序列与各指标之间的灰色关联度，如表5-12所示。

表5-12　运动队近三年平均获奖人数与动力机制灰色关联度

项目	r1	r2	r3	r4	r5	r6	r7	r8
关联度大小	0.9898	0.9868	0.9852	0.4832	0.9873	0.9757	0.9902	0.9881

结果显示：运动员文化学习和训练的矛盾关系突出率的灰色关联度为0.9898、高水平运动队教练员的业务水平优秀率的灰色关联度为0.9868、队员遵守校纪校规率的灰色关联度为0.9852、队员学习率的灰色关联度为0.4832、学校学制符合高水平运动员成才规律要求率的灰色关联度为0.9873、对高水平运动队动力机制的认同率的灰色关联度为0.9757、对单位工作待遇的满意度的灰色关联度为0.9902、高水平运动员的毕业就业率的灰色关联度为0.9881。

3.激励机制与影响因素的灰色关联分析

参考序列为运动队近三年平均获奖人数，比较序列一共有7个项目，分别为对运动队最新信息和动态关注程度、每年每名高水平运动员年平均经费、运动员保险完善率、心理调控完善率、家长对训练的支持率、对目前高水平运动队中激励机制的认同度、对高水平运动队发展的重视程度，样本数为 29 个，其具体数值如表 5-13 所示。

表 5-13　运动队近三年平均获奖人数与激励机制

运动队近三年平均获奖人数（人）	对运动队最新信息和动态关注程度（%）	每年每名高水平运动员年平均经费（元）	运动员保险完善率（%）	心理调控完善率（%）	家长对训练的支持率（%）	对目前高水平运动队中激励机制的认同度（%）	对高水平运动队发展的重视程度（%）
170	75	4500	100	60	100	33	50
39	100	1500	80	60	75	66	100
49	75	1500	100	40	50	33	75
239	75	5500	80	40	75	66	75
43	75	4500	100	40	75	100	75
239	75	4500	100	80	75	100	75
56	75	4500	60	60	25	66	75
203	75	5500	100	60	50	66	75
23	75	5500	100	60	100	66	75
74	50	5500	0	0	0	0	25
25	50	5500	0	0	0	0	25
60	50	5500	0	0	0	0	25
5	100	1500	40	40	75	66	100
4	100	1500	0	0	0	66	75
50	75	1500	60	80	50	66	75
24	75	1500	0	0	0	66	75
51	75	1500	0	0	0	66	75
78	75	2500	0	0	75	66	75
26	100	750	80	80	75	33	100
6	100	750	40	80	75	33	100
17	100	750	80	80	50	33	100

续表

运动队近三年平均获奖人数（人）	对运动队最新信息和动态关注程度（%）	每年每名高水平运动员年平均经费（元）	运动员保险完善率（%）	心理调控完善率（%）	家长对训练的支持率（%）	对目前高水平运动队中激励机制的认同度（%）	对高水平运动队发展的重视程度（%）
17	100	1500	80	80	25	33	100
147	100	1500	0	0	0	33	100
149	100	1500	0	0	0	33	100
29	100	1500	0	0	0	100	100
38	100	1500	80	40	50	66	100
36	75	2500	100	80	100	33	75
32	75	2500	100	80	100	33	75
32	75	2500	100	80	100	33	75

步骤一：采用初值化对原始数据进行无量纲化。

步骤二：计算差序列。

根据结果，可分别计算：

极差最大值：2.8597；

极差最小值：0.0000。

步骤三：计算关联系数。

步骤四：计算参考序列与各指标之间的灰色关联度，如表5-14所示。

表5-14 运动队近三年平均获奖人数与激励机制灰色关联度

项目	r1	r2	r3	r4	r5	r6	r7
关联度大小	0.6715	0.8312	0.7598	0.7225	0.7752	0.5964	0.5975

结果显示：对运动队最新信息和动态关注程度的灰色关联度为0.6715、每年每名高水平运动员年平均经费的灰色关联度为0.8312、运动员保险完善率的灰色关联度为0.7598、心理调控完善率的灰色关联度为0.7225、家长对训练的支持率的灰色关联度为0.7752、对目前高水平运动队中激励机制的认同度的灰色关联度为0.5964、对高水平运动队发展的重视程度的灰色关联度为0.5975。

4.竞赛机制与影响因素的灰色关联分析

参考序列为运动队近三年平均获奖人数，比较序列一共有5个项目，分别为对目前高水平运动队竞赛机制认同度、对高水平运动队体制是否符合培养高水平世界冠军需要认同度、对高水平田径运动队体制是否符合培养全国冠军需要的认同度、对目前训练时间安排满意度、现行高校竞赛制度的合理性，样本数为 29 个，其具体数值如表 5-15 所示。

表 5-15　运动队近三年平均获奖人数与竞赛机制

运动队近三年平均获奖人数（人）	对目前高水平运动队竞赛机制认同度（%）	对高水平运动队体制是否符合培养高水平世界冠军需要认同度（%）	对高水平田径运动队体制是否符合培养全国冠军需要的认同度（%）	对目前训练时间安排满意度（%）	现行高校竞赛制度的合理性（%）
170	66	25	75	100	100
39	66	25	25	75	75
49	66	50	25	25	75
239	66	75	75	75	50
43	66	50	50	75	50
239	66	50	50	50	50
56	66	50	50	50	50
203	66	50	50	75	50
23	66	50	50	100	50
74	0	25	25	0	50
25	0	25	25	0	50
60	0	25	25	0	50
5	66	50	75	50	75
4	66	50	75	0	75
50	33	50	0	75	75
24	33	25	0	0	75
51	33	25	0	0	75
78	33	0	0	75	75
26	66	75	75	100	75
6	66	75	75	75	75

运动队近三年平均获奖人数（人）	对目前高水平运动队竞赛机制认同度（%）	对高水平运动队体制是否符合培养高水平世界冠军需要认同度（%）	对高水平田径运动队体制是否符合培养全国冠军需要的认同度（%）	对目前训练时间安排满意度（%）	现行高校竞赛制度的合理性（%）
17	66	75	75	75	75
17	66	75	75	50	75
147	66	75	75	0	75
149	66	75	75	0	75
29	66	75	75	0	50
38	66	75	75	50	75
36	33	75	50	75	50
32	33	50	50	75	50
32	33	75	50	75	50

步骤一：采用初值化对原始数据进行无量纲化。

步骤二：计算差序列。

根据结果，可分别计算：

极差最大值：2.9647；

极差最小值：0.0000。

步骤三：计算关联系数。

步骤四：计算参考序列与各指标之间的灰色关联度，如表 5-16 所示。

表 5-16　运动队近三年平均获奖人数与竞赛机制灰色关联度

项目	r1	r2	r3	r4	r5
关联度大小	0.7628	0.5103	0.7824	0.7804	0.7845

结果显示：对目前高水平运动队竞赛机制认同度的灰色关联度为 0.7628、对高水平运动队体制是否符合培养高水平世界冠军需要认同度的灰色关联度为 0.5103、对高水平田径运动队体制是否符合培养全国冠军需要的认同度的灰色关联度为 0.7824、对目前训练时间安排满意度的灰色关联度为 0.7804、现行高校竞赛制度的合理性的灰色关联度为 0.7845。

5. 控制机制与影响因素的灰色关联分析

参考序列为运动队近三年平均获奖人数，比较序列一共有 8 个项目，分别为兼任工作对目前管理工作的影响程度、所开设运动项目的训练率、每次训练时间、每周训练天数、做运动员的时间、每年招收高水平运动员的规模、对目前高水平运动队控制机制的认同度、对营养品补充的重视程度，样本数为 29 个，其具体数值如表 5-17 所示。

表 5-17　运动队近三年平均获奖人数与控制机制

运动队近三年平均获奖人数（人）	兼任工作对目前管理工作的影响程度（%）	所开设运动项目的训练率（%）	每次训练时间（min）	每周训练天数（天）	做运动员的时间（年）	每年招收高水平运动员的规模（人）	对目前高水平运动队控制机制的认同度（%）	对营养品补充的重视程度（%）
170	50	100	90	7	8	35	50	100
39	25	100	90	4	4	8	75	75
49	25	100	90	4	4	3	75	50
239	75	100	90	7	1.5	35	50	75
43	50	100	90	7	8	25	75	50
239	50	100	90	7	8	25	75	75
56	50	100	90	7	8	25	75	25
203	50	100	90	7	12	25	75	75
23	50	100	90	7	12	25	75	0
74	25	50	90	7	12	35	75	0
25	25	50	90	7	12	35	75	0
60	25	50	90	7	12	35	75	0
5	75	100	90	4	4	13	75	50
4	75	100	90	4	8	13	75	0
50	75	100	90	7	8	13	50	50
24	75	100	90	7	8	18	50	0
51	75	100	90	7	8	18	50	0
78	75	100	90	7	8	18	50	25

续表

运动队近三年平均获奖人数（人）	兼任工作对目前管理工作的影响程度（%）	所开设运动项目的训练率（%）	每次训练时间（min）	每周训练天数（天）	做运动员的时间（年）	每年招收高水平运动员的规模（人）	对目前高水平运动队控制机制的认同度（%）	对营养品补充的重视程度（%）
26	75	100	60	2	4	8	50	75
6	75	100	60	2	4	8	50	75
17	75	100	60	2	4	8	50	75
17	100	100	90	2	4	8	50	75
147	75	100	90	4	4	8	50	0
149	75	100	90	4	4	8	50	0
29	75	100	90	4	4	8	50	0
38	75	100	90	4	4	8	50	25
36	50	100	90	7	8	35	100	75
32	50	100	90	7	8	35	100	75
32	50	100	90	7	8	35	100	75

步骤一：采用初值化对原始数据进行无量纲化。

步骤二：计算差序列。

根据结果，可分别计算：

极差最大值：1.9000；

极差最小值：0.0000。

步骤三：计算关联系数。

步骤四：计算参考序列与各指标之间的灰色关联度，如表5-18所示。

表5-18 运动队近三年平均获奖人数与控制机制灰色关联度

项目	r1	r2	r3	r4	r5	r6	r7	r8
关联度大小	0.5865	0.6337	0.6184	0.6780	0.6293	0.7472	0.5479	0.7327

结果显示：兼任工作对目前管理工作的影响程度的灰色关联度为 0.5865、所开设运动项目的训练率的灰色关联度为 0.6337、每次训练时间的灰色关联度为 0.6184、每周训练天数的灰色关联度为 0.6780、做运动员的时间的灰色关联度为

0.6293、每年招收高水平运动员的规模的灰色关联度为 0.7472、对目前高水平运动队控制机制的认同度的灰色关联度为 0.5479、对营养品补充的重视程度的灰色关联度为 0.7327。

（二）教练员层的指标关联分析

针对教练员层的指标关联性分析，如表 5-19 所示。

表 5-19　教练员层保障、动力、激励、竞赛、控制等机制指标建构体系

一级指标	二级指标
保障机制	每月的工资收入
	运动员用于与训练有关的人月均经费开支
	伙食影响程度
	科研力量完善率
	营养和恢复影响程度
	学校的支持程度
	社会的重视度
动力机制	运动员文化学习和训练的矛盾关系突出率
	高水平运动队教练员的业务水平优秀率
	队员遵守校纪校规率
	队员学习率
	学校学制符合高水平运动员成才规律要求率
	对高水平运动队动力机制的认同率
	对单位工作待遇的满意度
	高水平运动员的毕业就业率
激励机制	对运动队最新信息和动态关注程度
	每年每名高水平运动员年平均经费
	心理调控影响程度
	家长的支持程度
	对目前高水平运动队中激励机制的认同度
	高水平运动队组织机构的合理性
	高水平运动队组织机构人员之间的合作关系

一级指标	二级指标
竞赛机制	对目前高水平运动队竞赛机制认同度
	对高水平运动队体制是否符合培养高水平世界冠军需要认同度
	对高水平田径运动队体制是否符合培养全国冠军需要的认同度
	对目前训练时间安排满意度
	现行高校竞赛制度的合理性
控制机制	所开设运动项目的训练率
	每次训练时间
	每月训练天数
	做运动员的时间
	每年招收高水平运动员的规模
	对目前高水平运动队控制机制的认同度
	对营养补充的重视程度
	运动队成立年限

1.保障机制与影响因素的灰色关联分析

参考序列为运动队近三年平均获奖人数，比较序列共有7个项目，分别为每月的工资收入、运动员用于与训练有关的人月均经费开支、伙食影响程度、科研力量完善率、营养和恢复影响程度、学校的支持程度、社会的重视度，样本数为86个。其具体数值如表5-20所示。

表5-20 运动队近三年平均获奖人数与保障机制

运动队近三年平均获奖人数（人）	每月的工资收入（元）	运动员用于与训练有关的人月均经费开支（元）	伙食影响程度（%）	科研力量完善率（%）	营养和恢复影响程度（%）	学校的支持程度（%）	社会的重视度（%）
3	5500	0	75	80	75	100	75
44	5500	0	50	60	50	50	50
53	7500	30	50	60	50	100	50
15	5500	150	100	100	100	50	50
12	7500	30	75	60	75	75	75

续表

运动队近三年平均获奖人数（人）	每月的工资收入（元）	运动员用于与训练有关的人月均经费开支（元）	伙食影响程度（%）	科研力量完善率（%）	营养和恢复影响程度（%）	学校的支持程度（%）	社会的重视度（%）
15	7500	45	50	60	75	75	75
61	7500	150	75	100	75	75	50
17	7500	150	75	80	75	75	75
24	4500	150	75	60	100	75	75
93	4500	80	50	100	25	100	25
47	2500	150	100	100	100	100	100
52	4500	0	75	80	75	75	75
23	2500	45	50	60	50	50	50
9	4500	0	100	100	100	100	100
30	4500	0	50	80	75	50	75
35	4500	0	75	80	75	50	50
6	4500	0	100	100	25	50	75
70	5500	80	100	60	100	100	75
11	2500	30	100	80	100	100	100
49	4500	45	50	80	75	100	50
178	4500	200	50	60	50	50	50
59	2500	30	100	80	100	100	100
16	4500	30	75	60	75	100	75
41	7500	30	75	80	100	100	50
33	4500	150	75	20	100	100	100
51	7500	0	25	80	50	75	50
128	5500	200	100	100	100	100	100
47	5500	30	75	100	100	100	50
67	2500	150	100	80	75	75	100
20	4500	0	50	60	75	100	50

续表

运动队近三年平均获奖人数（人）	每月的工资收入（元）	运动员用于与训练有关的人月均经费开支（元）	伙食影响程度（%）	科研力量完善率（%）	营养和恢复影响程度（%）	学校的支持程度（%）	社会的重视度（%）
57	2500	80	100	60	100	75	75
8	5500	0	100	100	100	100	100
120	4500	45	100	80	100	50	100
52	4500	0	75	80	75	75	75
19	2500	45	75	80	75	75	75
21	4500	0	50	100	75	75	75
20	4500	80	50	80	50	50	50
22	7500	0	100	100	100	75	75
12	4500	45	100	80	100	100	100
21	4500	150	75	100	100	100	25
26	2500	45	50	60	50	75	75
56	2500	150	100	100	100	100	100
4	4500	0	100	100	100	75	75
16	7500	30	50	40	50	75	50
16	4500	30	75	80	75	100	75
24	2500	45	50	60	50	50	50
19	2500	45	50	60	100	100	100
37	5500	80	50	80	100	75	50
12	4500	80	100	80	100	100	75
6	5500	200	50	60	0	50	50
55	5500	200	25	80	75	75	25
53	4500	0	50	60	50	50	50
56	2500	80	100	100	75	100	100
167	4500	45	75	60	75	75	50
269	5500	0	75	80	50	75	75

续表

运动队近三年平均获奖人数（人）	每月的工资收入（元）	运动员用于与训练有关的人月均经费开支（元）	伙食影响程度（%）	科研力量完善率（%）	营养和恢复影响程度（%）	学校的支持程度（%）	社会的重视度（%）
4	4500	200	75	80	100	100	75
12	2500	45	50	80	100	100	75
5	4500	0	100	100	25	100	100
2	4500	0	50	60	50	50	50
16	2500	80	50	60	50	50	50
36	4500	45	75	80	75	75	25
48	7500	30	100	80	75	25	50
10	4500	0	75	80	75	75	75
6	5500	45	75	100	75	100	100
43	7500	0	75	80	100	100	100
21	4500	80	50	80	50	75	50
73	4500	200	75	80	75	75	50
65	4500	45	100	40	100	100	100
56	2500	150	75	80	75	100	75
10	5500	30	75	80	50	75	50
61	5500	80	50	100	75	50	100
4	4500	30	50	60	25	100	100
4	5500	0	100	80	75	100	100
87	2500	200	0	20	0	100	75
8	4500	200	75	60	75	50	50
15	7500	30	100	20	50	75	25
13	5500	150	50	60	75	75	50
15	4500	150	100	100	75	100	75
77	4500	80	50	40	50	50	25
11	2500	30	75	100	75	75	75

续表

运动队近三年平均获奖人数（人）	每月的工资收入（元）	运动员用于与训练有关的人月均经费开支（元）	伙食影响程度（%）	科研力量完善率（%）	营养和恢复影响程度（%）	学校的支持程度（%）	社会的重视度（%）
28	4500	150	50	60	75	50	50
61	4500	80	100	100	100	100	100
3	7500	0	75	60	100	75	75
18	5500	80	75	100	100	75	75
19	5500	0	75	80	100	100	75
13	1000	0	0	100	75	100	75

步骤一：采用初值化对原始数据进行无量纲化。

步骤二：计算差序列。

计算极差：

极差最大值：198.6667；

极差最小值：0.0000。

步骤三：计算关联系数。

步骤四：计算参考序列与各指标之间的灰色关联度，如表 5-21 所示。

表 5-21　运动队近三年平均获奖人数与保障机制灰色关联度

项目	r1	r2	r3	r4	r5	r6	r7
关联度大小	0.9030	0.7026	0.9039	0.9039	0.9041	0.9026	0.9037

结果显示，每月的工资收入的灰色关联度为 0.9030、运动员用于与训练有关的人月均经费开支的灰色关联度为 0.7026、伙食影响程度的灰色关联度为 0.9039、科研力量完善率的灰色关联度为 0.9039、营养和恢复影响程度的灰色关联度为 0.9041、学校的支持程度的灰色关联度为 0.9026、社会的重视度的灰色关联度为 0.9037。

2. 动力机制与影响因素的灰色关联分析

参考序列为运动队近三年平均获奖人数，比较序列一共有 8 个项目，分别为运动员文化学习和训练的矛盾关系突出率、高水平运动队教练员的业务水平优秀率、队员遵守校纪校规率、队员学习率、学校学制符合高水平运动员成才规律要求率、对高水平运动队动力机制的认同率、对单位工作待遇的满意度、高水平运动员的毕业就业率。样本数为 86 个。其具体数值如表 5-22 所示。

表 5-22 运动队近三年平均获奖人数与动力机制原始表

运动队近三年平均获奖人数（人）	运动员文化学习和训练的矛盾关系突出率（%）	高水平运动队教练员的业务水平优秀率（%）	队员遵守校纪校规率（%）	队员学习率（%）	学校学制符合高水平运动员成才规律要求率（%）	对高水平运动队动力机制的认同率（%）	对单位工作待遇的满意度（%）	高水平运动员的毕业就业率（%）
3	75	75	75	100	25	25	25	50
44	75	75	50	100	50	50	25	25
53	100	75	100	50	75	50	75	100
15	0	100	75	100	75	100	100	50
12	25	50	75	50	75	25	25	75
15	50	50	75	50	25	0	25	75
61	0	0	100	100	25	0	25	75
17	25	75	75	100	50	50	50	75
24	75	100	75	0	50	50	50	50
93	100	50	50	50	50	50	50	50
47	75	100	100	0	100	100	50	75
52	75	75	75	100	75	50	50	75
23	50	75	75	100	75	75	50	50
9	25	75	100	100	100	75	75	75
30	0	50	50	50	50	50	50	50
35	0	75	50	50	50	50	50	50
6	75	75	75	50	25	50	25	50
70	25	75	75	100	75	75	75	75
11	75	50	75	50	50	50	25	25
49	75	75	100	100	25	50	50	50
178	100	75	100	50	75	75	75	75
59	75	100	50	50	50	75	75	75

续表

运动队近三年平均获奖人数（人）	运动员文化学习和训练的矛盾关系突出率（%）	高水平运动队教练员的业务水平优秀率（%）	队员遵守校纪校规率（%）	队员学习率（%）	学校学制符合高水平运动员成才规律要求率（%）	对高水平运动队动力机制的认同率（%）	对单位工作待遇的满意度（%）	高水平运动员的毕业就业率（%）
16	0	100	75	50	50	75	75	100
41	100	75	75	50	25	50	50	75
33	50	100	75	100	75	50	100	50
51	25	75	75	100	75	75	75	75
128	0	100	100	100	75	100	50	100
47	100	75	25	50	50	25	50	75
67	75	75	100	50	75	75	75	100
20	25	75	100	100	50	100	25	75
57	50	75	75	50	50	50	75	75
8	75	75	75	50	50	75	75	25
120	50	75	50	0	50	75	75	75
52	75	75	75	100	75	50	50	75
19	100	75	75	100	50	75	75	75
21	75	75	25	0	25	25	25	25
20	50	50	75	50	50	50	50	50
22	0	75	75	100	75	75	50	50
12	50	100	100	100	100	100	100	100
21	75	100	50	100	50	100	75	75
26	50	75	75	50	50	75	50	75
56	25	75	75	100	75	75	50	75
4	50	100	50	100	75	100	75	100
16	0	100	100	50	50	50	100	100
16	50	75	75	50	100	50	25	50

续表

运动队近三年平均获奖人数（人）	运动员文化学习和训练的矛盾关系突出率（%）	高水平运动队教练员的业务水平优秀率（%）	队员遵守校纪校规率（%）	队员学习率（%）	学校学制符合高水平运动员成才规律要求率（%）	对高水平运动队动力机制的认同率（%）	对单位工作待遇的满意度（%）	高水平运动员的毕业就业率（%）
24	50	75	75	100	75	75	50	50
19	100	75	75	100	50	75	75	75
37	75	100	50	100	50	50	75	50
12	50	50	75	50	75	75	75	50
6	75	50	50	0	50	75	50	100
55	25	75	75	50	75	75	75	100
53	75	75	75	100	75	50	50	75
56	50	50	50	50	50	50	75	50
167	100	75	75	0	100	50	50	50
269	25	50	75	100	50	50	25	75
4	25	75	100	100	100	100	100	75
12	25	50	100	0	0	0	50	0
5	0	75	75	100	75	50	25	50
2	0	75	25	50	100	50	25	50
16	50	50	75	50	50	50	50	50
36	50	75	50	50	50	50	75	25
48	50	100	100	100	50	50	100	75
10	100	50	75	100	25	25	25	75
6	0	50	75	100	50	75	50	100
43	25	75	75	50	75	75	75	75
21	50	75	75	100	75	75	100	75
73	100	50	50	0	0	25	25	50
65	75	50	50	100	50	50	50	75

运动队近三年平均获奖人数（人）	运动员文化学习和训练的矛盾关系突出率（%）	高水平运动队教练员的业务水平优秀率（%）	队员遵守校纪校规率（%）	队员学习率（%）	学校学制符合高水平运动员成才规律要求率（%）	对高水平运动队动力机制的认同率（%）	对单位工作待遇的满意度（%）	高水平运动员的毕业就业率（%）
56	75	50	50	50	50	50	75	75
10	25	75	75	100	75	50	75	75
61	100	75	100	100	100	100	100	100
4	25	50	75	50	75	50	50	75
4	100	50	75	100	100	25	100	50
87	75	75	75	100	75	75	75	75
8	25	50	50	100	50	75	50	75
15	75	75	75	0	50	75	100	50
13	50	75	75	50	75	75	50	50
15	50	50	75	50	50	50	50	0
77	25	50	50	0	50	50	50	50
11	50	75	100	100	50	50	25	50
28	50	50	50	50	50	50	50	50
61	50	75	50	100	50	25	75	75
3	25	50	50	50	50	50	75	50
18	0	100	75	100	75	75	50	75
19	75	75	75	50	75	75	75	50
13	75	50	25	0	50	50	100	0

步骤一：采用初值化对原始数据进行无量纲化。

步骤二：计算差序列。

计算极差：

极差最大值：89.3333；

极差最小值：0.0000。

步骤三：计算关联系数。

步骤四：计算参考序列与各指标之间的灰色关联度，如表 5-23 所示。

表 5-23　运动队近三年平均获奖人数与动力机制灰色关联度

项目	r1	r2	r3	r4	r5	r6	r7	r8
关联度大小	0.8180	0.8221	0.8224	0.8183	0.8378	0.8394	0.8401	0.8265

由结果可知：运动员文化学习和训练的矛盾关系突出率的灰色关联度为 0.8180、高水平运动队教练员的业务水平优秀率的灰色关联度为 0.8221、队员遵守校纪校规率的灰色关联度为 0.8224、队员学习率的灰色关联度为 0.8183、学校学制符合高水平运动员成才规律要求率的灰色关联度为 0.8378、对高水平运动队动力机制的认同率的灰色关联度为 0.8394、对单位工作待遇的满意度的灰色关联度为 0.8401、高水平运动员的毕业就业率的灰色关联度为 0.8265。

3.激励机制与影响因素的灰色关联分析

参考序列为运动队近三年平均获奖人数，比较序列一共有 7 个项目，分别为对运动队最新信息和动态关注程度、每年每名高水平运动员年平均经费、心理调控影响程度、家长的支持程度、对目前高水平运动队中激励机制的认同度、高水平运动队组织机构的合理性、高水平运动队组织机构人员之间的合作关系，样本数为 86 个。其具体数值如表 5-24 所示。

表 5-24　运动队近三年平均获奖人数与激励机制

运动队近三年平均获奖人数（人）	对运动队最新信息和动态关注程度（％）	每年每名高水平运动员年平均经费（元）	心理调控影响程度（％）	家长的支持程度（％）	对目前高水平运动队中激励机制的认同度（％）	高水平运动队组织机构的合理性（％）	高水平运动队组织机构人员之间的合作关系（％）
3	50	500	50	75	25	50	75
44	50	500	50	50	50	50	50
53	75	500	50	75	50	75	50
15	100	5500	100	100	75	100	100
12	100	1500	75	75	75	50	100
15	100	500	75	50	0	25	25
61	75	500	75	50	0	75	75
17	100	500	75	50	50	50	75

续表

运动队近三年平均获奖人数（人）	对运动队最新信息和动态关注程度（%）	每年每名高水平运动员年平均经费（元）	心理调控影响程度（%）	家长的支持程度（%）	对目前高水平运动队中激励机制的认同度（%）	高水平运动队组织机构的合理性（%）	高水平运动队组织机构人员之间的合作关系（%）
24	100	2500	100	75	25	75	100
93	75	2500	100	100	50	100	75
47	100	5500	100	100	50	100	100
52	100	3500	75	75	50	50	50
23	75	1500	50	50	75	100	100
9	75	5500	100	100	75	75	75
30	75	500	75	50	50	50	50
35	75	500	50	50	50	50	50
6	75	5500	75	50	50	75	75
70	100	3500	100	100	75	100	100
11	100	500	50	75	50	25	50
49	100	1500	75	75	25	25	100
178	75	3500	100	50	75	75	75
59	50	2500	100	100	50	50	50
16	100	3500	75	100	75	100	100
41	100	5500	75	50	50	25	100
33	100	500	50	100	50	50	100
51	100	2500	75	75	75	100	100
128	100	1500	100	100	100	100	100
47	75	500	75	100	0	75	75
67	100	5500	75	100	75	100	75
20	100	1500	75	50	100	0	50
57	75	2500	100	100	25	75	75

续表

运动队近三年平均获奖人数（人）	对运动队最新信息和动态关注程度（％）	每年每名高水平运动员年平均经费（元）	心理调控影响程度（％）	家长的支持程度（％）	对目前高水平运动队中激励机制的认同度（％）	高水平运动队组织机构的合理性（％）	高水平运动队组织机构人员之间的合作关系（％）
8	50	500	100	100	25	50	75
120	75	4500	50	75	100	75	50
52	100	3500	75	75	50	50	50
19	100	1500	75	75	75	75	75
21	50	500	75	100	25	25	25
20	75	500	50	50	50	50	75
22	50	5500	100	100	75	100	50
12	75	2500	100	100	100	100	100
21	100	500	100	100	50	25	100
26	75	2500	50	75	50	75	75
56	100	2500	100	100	100	75	75
4	100	500	100	100	100	100	100
16	100	3500	25	75	75	100	100
16	75	1500	50	100	25	50	50
24	75	1500	50	50	75	100	100
19	75	1500	100	100	75	75	75
37	100	500	75	100	50	50	100
12	100	1500	75	100	75	75	50
6	75	4500	100	75	75	25	0
55	75	2500	75	50	100	75	75
53	100	3500	50	50	50	50	50
56	50	3500	75	75	50	50	50
167	100	500	50	75	25	50	100

运动队近三年平均获奖人数（人）	对运动队最新信息和动态关注程度（%）	每年每名高水平运动员年平均经费（元）	心理调控影响程度（%）	家长的支持程度（%）	对目前高水平运动队中激励机制的认同度（%）	高水平运动队组织机构的合理性（%）	高水平运动队组织机构人员之间的合作关系（%）
269	75	5500	50	75	50	75	75
4	75	500	100	100	100	75	75
12	100	500	100	75	0	25	50
5	75	500	25	50	50	25	50
2	75	500	50	50	50	25	50
16	75	500	50	50	50	50	75
36	75	1500	75	75	75	75	75
48	75	1500	25	100	25	50	75
10	25	500	75	75	50	0	50
6	100	4500	100	75	50	75	75
43	75	500	75	100	0	50	75
21	75	1500	75	50	100	75	75
73	75	500	50	50	25	100	100
65	50	2500	100	100	50	50	75
56	75	2500	75	75	75	50	50
10	75	1500	75	50	50	75	75
61	100	4500	75	50	100	75	50
4	75	2500	25	75	25	25	50
4	50	4500	75	25	25	50	100
87	100	1500	0	50	75	75	75
8	50	1500	75	75	50	50	50
15	100	4500	25	50	75	75	75
13	100	3500	75	50	50	75	100

续表

运动队近三年平均获奖人数（人）	对运动队最新信息和动态关注程度（%）	每年每名高水平运动员年平均经费（元）	心理调控影响程度（%）	家长的支持程度（%）	对目前高水平运动队中激励机制的认同度（%）	高水平运动队组织机构的合理性（%）	高水平运动队组织机构人员之间的合作关系（%）
15	0	500	75	100	75	75	75
77	75	2500	50	50	50	50	50
11	75	500	75	100	50	75	75
28	50	2500	75	75	50	50	50
61	75	2500	100	100	50	75	75
3	50	500	100	100	50	75	75
18	100	2500	75	75	75	75	75
19	75	5500	75	100	50	100	75
13	50	500	75	100	50	50	50

步骤一：采用初值化对原始数据进行无量纲化。

步骤二：计算差序列。

计算极差：

极差最大值：88.6667；

极差最小值：0.0000。

步骤三：计算关联系数。

步骤四：计算参考序列与各指标之间的灰色关联度，如表 5-25 所示。

表 5-25 运动队近三年平均获奖人数与激励机制关联度

项目	r1	r2	r3	r4	r5	r6	r7
关联度大小	0.8304	0.8430	0.8282	0.8224	0.8368	0.8254	0.8215

由表 5-25 结果可知：对运动队最新信息和动态关注程度的灰色关联度为 0.8304、每年每名高水平运动员年平均经费的灰色关联度为 0.8430、心理调控影响程度的灰色关联度为 0.8282、家长的支持程度的灰色关联度为 0.8224、对目前高水平运动队中激励机制的认同度的灰色关联度为 0.8368、高水平运动队组织机构的合理性的灰色关联度为 0.8254、高水平运动队组织机构人员之间的合作关系

的灰色关联度为 0.8215。

4.竞赛机制与影响因素的灰色关联分析

参考序列为运动队近三年平均获奖人数，比较序列一共有 5 个项目，分别为对目前高水平运动队竞赛机制认同度、对高水平运动队体制是否符合培养高水平世界冠军需要认同度、对高水平田径运动队体制是否符合培养全国冠军需要的认同度、对目前训练时间安排满意度、现行高校竞赛制度的合理性，样本数为 86 个。其具体数值如表 5-26 所示。

表 5-26 运动队近三年平均获奖人数与竞赛机制

运动队近三年平均获奖人数（人）	对目前高水平运动队竞赛机制认同度（%）	对高水平运动队体制是否符合培养高水平世界冠军需要认同度（%）	对高水平田径运动队体制是否符合培养全国冠军需要的认同度（%）	对目前训练时间安排满意度（%）	现行高校竞赛制度的合理性（%）
3	25	25	25	25	25
44	50	0	25	50	50
53	50	25	25	50	75
15	75	100	100	50	75
12	0	50	50	0	25
15	25	25	25	0	50
61	50	0	0	25	25
17	75	50	50	0	50
24	50	50	50	50	25
93	50	0	0	0	0
47	100	100	100	50	100
52	50	50	50	50	50
23	75	75	75	50	50
9	75	50	50	50	75
30	50	50	50	50	50
35	50	50	50	50	50
6	50	50	50	50	25
70	75	75	75	75	50

续表

运动队近三年平均获奖人数（人）	对目前高水平运动队竞赛机制认同度（%）	对高水平运动队体制是否符合培养高水平世界冠军需要认同度（%）	对高水平田径运动队体制是否符合培养全国冠军需要的认同度（%）	对目前训练时间安排满意度（%）	现行高校竞赛制度的合理性（%）
11	25	25	50	0	50
49	50	0	25	75	50
178	75	75	75	75	75
59	50	100	100	75	75
16	75	25	25	25	50
41	50	25	50	75	75
33	50	0	0	0	75
51	75	75	100	75	75
128	100	75	100	75	100
47	25	75	75	50	50
67	100	75	100	100	100
20	75	75	75	25	50
57	50	50	50	75	75
8	75	50	50	25	25
120	75	100	100	50	75
52	50	50	50	50	50
19	50	75	75	75	75
21	25	25	25	0	50
20	50	25	50	25	50
22	75	50	50	50	50
12	100	75	50	25	75
21	100	25	50	0	50
26	50	50	50	75	50
56	75	25	75	25	75

续表

运动队近三年平均获奖人数（人）	对目前高水平运动队竞赛机制认同度（%）	对高水平运动队体制是否符合培养高水平世界冠军需要认同度（%）	对高水平田径运动队体制是否符合培养全国冠军需要的认同度（%）	对目前训练时间安排满意度（%）	现行高校竞赛制度的合理性（%）
4	100	50	50	75	75
16	75	25	25	25	75
16	50	75	75	50	25
24	75	75	75	50	50
19	50	75	50	75	50
37	50	25	25	0	100
12	50	75	50	75	75
6	100	75	50	75	75
55	100	75	75	75	100
53	50	50	50	50	50
56	50	75	50	50	75
167	50	50	75	50	50
269	50	25	25	25	25
4	100	75	50	50	75
12	50	0	50	0	75
5	50	25	50	75	50
2	50	25	50	75	50
16	50	25	25	25	25
36	50	25	50	25	50
48	75	25	25	25	50
10	25	0	0	0	25
6	50	75	50	75	75
43	75	100	50	50	25
21	50	75	50	75	75

续表

运动队近三年平均获奖人数（人）	对目前高水平运动队竞赛机制认同度（%）	对高水平运动队体制是否符合培养高水平世界冠军需要认同度（%）	对高水平田径运动队体制是否符合培养全国冠军需要的认同度（%）	对目前训练时间安排满意度（%）	现行高校竞赛制度的合理性（%）
73	25	25	25	0	75
65	50	100	100	100	75
56	75	50	50	75	75
10	75	0	50	0	50
61	100	100	100	100	100
4	25	25	25	50	25
4	50	0	0	25	75
87	75	50	50	50	75
8	75	25	25	50	50
15	75	100	100	75	75
13	75	50	50	75	50
15	50	25	50	50	50
77	50	50	50	50	75
11	25	75	75	25	50
28	50	50	50	50	50
61	50	75	75	75	75
3	50	25	25	25	50
18	75	75	75	50	75
19	75	75	75	0	50
13	50	25	0	50	50

步骤一：采用初值化对原始数据进行无量纲化。

步骤二：计算差序列。

计算极差：

极差最大值：88.6667；

极差最小值：0.0000。

步骤三：计算关联系数。

步骤四：计算参考序列与各指标之间的灰色关联度，如表 5-27 所示。

表 5-27　运动队近三年平均获奖人数与竞赛机制关联度

项目	r1	r2	r3	r4	r5
关联度大小	0.8386	0.8348	0.8369	0.8301	0.8378

由结果可知：对目前高水平运动队竞赛机制认同度的灰色关联度为 0.8386、对高水平运动队体制是否符合培养高水平世界冠军需要认同度的灰色关联度为 0.8348、对高水平田径运动队体制是否符合培养全国冠军需要的认同度的灰色关联度为 0.8369、对目前训练时间安排满意度的灰色关联度为 0.8301、现行高校竞赛制度的合理性的灰色关联度为 0.8378。

5. 控制机制与影响因素的灰色关联分析

参考序列为运动队近三年平均获奖人数，比较序列一共有 8 个项目，分别为所开设运动项目的训练率、每次训练时间、每月训练天数、做运动员的时间、每年招收高水平运动员的规模、对目前高水平运动队控制机制的认同度、对营养补充的重视程度、运动队成立年限，样本数为 86 个。其具体数值如表 5-28 所示。

表 5-28　运动队近三年平均获奖人数与控制机制

运动队近三年平均获奖人数（人）	所开设运动项目的训练率（%）	每次训练时间（h）	每月训练天数（天）	做运动员的时间（年）	每年招收高水平运动员的规模（人）	对目前高水平运动队控制机制的认同度（%）	对营养补充的重视程度（%）	运动队成立年限（年）
3	50	1.5	4.5	1.5	18	25	75	20
44	100	1.5	2	12	35	50	50	18
53	100	1.5	4.5	4	3	50	75	25
15	100	2.5	12	8	35	100	100	22
12	100	2.5	7	4	35	25	75	9
15	100	1.5	4.5	4	35	0	50	14
61	50	1.5	4.5	4	35	25	75	62
17	100	2.5	4.5	4	8	50	75	10

续表

运动队近三年平均获奖人数（人）	所开设运动项目的训练率（%）	每次训练时间（h）	每月训练天数（天）	做运动员的时间（年）	每年招收高水平运动员的规模（人）	对目前高水平运动队控制机制的认同度（%）	对营养补充的重视程度（%）	运动队成立年限（年）
24	100	2.5	7	12	13	50	75	16
93	25	1.5	2	12	35	50	50	9
47	100	3.5	7	12	35	100	100	0
52	100	2.5	7	12	8	50	75	35
23	100	2.5	7	4	13	75	50	40
9	100	2.5	12	12	25	75	100	12
30	100	2.5	4.5	8	25	50	75	0
35	100	2.5	4.5	8	25	50	75	41
6	100	2.5	12	8	8	50	50	10
70	100	2.5	2	4	25	75	100	0
11	100	1.5	7	8	25	50	75	15
49	100	2.5	7	1.5	18	50	50	10
178	100	2.5	2	8	8	25	100	8
59	100	2.5	7	12	35	50	100	12
16	100	2.5	2	4	8	75	75	70
41	100	3.5	7	4	35	75	100	36
33	100	2.5	4.5	8	18	50	100	30
51	100	2.5	4.5	12	8	75	50	45
128	100	2.5	7	12	35	100	100	14
47	100	2.5	4.5	4	3	0	100	20
67	100	2.5	12	8	18	75	100	7
20	100	2.5	7	12	3	100	75	0
57	100	2.5	7	8	35	50	100	12
8	100	1.5	7	8	8	75	100	42

续表

运动队近三年平均获奖人数（人）	所开设运动项目的训练率（%）	每次训练时间（h）	每月训练天数（天）	做运动员的时间（年）	每年招收高水平运动员的规模（人）	对目前高水平运动队控制机制的认同度（%）	对营养补充的重视程度（%）	运动队成立年限（年）
120	100	2.5	7	8	35	75	50	18
52	100	2.5	2	12	8	50	75	35
19	100	2.5	7	12	13	75	75	10
21	100	2.5	7	12	25	50	50	20
20	50	2.5	2	8	35	75	75	20
22	100	2.5	7	4	35	75	100	20
12	100	2.5	4.5	8	13	100	100	15
21	100	2.5	7	4	35	100	100	10
26	100	3.5	7	8	18	50	50	13
56	100	2.5	2	8	18	50	100	5
4	100	2.5	4.5	12	18	100	100	15
16	100	2.5	2	8	8	75	75	70
16	100	2.5	7	8	35	50	75	6
24	100	2.5	4.5	8	13	75	50	0
19	100	2.5	7	12	13	75	50	0
37	100	2.5	4.5	4	18	75	50	30
12	100	2.5	4.5	4	13	75	75	8
6	100	2.5	2	4	13	75	75	8
55	100	3.5	4.5	8	13	75	50	10
53	100	2.5	7	12	8	50	50	35
56	100	2.5	7	1.5	35	50	100	12
167	100	2.5	2	8	25	50	75	42
269	100	2.5	7	12	35	50	75	41
4	100	2.5	4.5	8	8	100	75	50

续表

运动队近三年平均获奖人数（人）	所开设运动项目的训练率（%）	每次训练时间（h）	每月训练天数（天）	做运动员的时间（年）	每年招收高水平运动员的规模（人）	对目前高水平运动队控制机制的认同度（%）	对营养补充的重视程度（%）	运动队成立年限（年）
12	100	1.5	7	8	8	25	100	15
5	100	2.5	12	12	3	50	100	50
2	100	2.5	12	12	3	50	50	30
16	50	2.5	2	8	35	75	50	20
36	100	2.5	7	8	13	50	75	5
48	100	2.5	2	4	8	50	25	10
10	100	1.5	2	4	3	50	75	0
6	100	1.5	2	1.5	3	100	75	0
43	100	1.5	7	12	8	75	75	40
21	50	2.5	7	4	8	75	50	1
73	100	1.5	4.5	8	3	25	75	32
65	100	2.5	4.5	8	25	75	100	12
56	100	2.5	7	4	35	50	75	12
10	100	2.5	4.5	12	25	50	75	15
61	100	1.5	12	12	3	100	50	12
4	75	3.5	2	1.5	8	25	50	15
4	100	1.5	2	4	13	75	75	0
87	100	2.5	12	12	8	75	0	15
8	100	1.5	7	12	35	75	50	6
15	100	1.5	7	4	35	75	25	13
13	100	2.5	4.5	4	25	75	50	0
15	25	1.5	2	4	3	50	100	10
77	75	2.5	4.5	12	18	50	25	20
11	100	1.5	2	4	3	50	75	4

续表

运动队近三年平均获奖人数（人）	所开设运动项目的训练率（%）	每次训练时间（h）	每月训练天数（天）	做运动员的时间（年）	每年招收高水平运动员的规模（人）	对目前高水平运动队控制机制的认同度（%）	对营养补充的重视程度（%）	运动队成立年限（年）
28	100	1.5	2	8	8	50	50	10
61	100	2.5	7	4	13	50	100	8
3	100	1.5	7	4	25	75	75	40
18	100	1.5	4.5	8	35	75	100	0
19	100	2.5	7	8	35	100	75	20
13	75	2.5	4.5	1.5	3	50	100	8

步骤一：采用初值化对原始数据进行无量纲化。

步骤二：计算差序列。

计算极差：

极差最大值：88.6667；

极差最小值：0.0000。

步骤三：计算关联系数。

步骤四：计算参考序列与各指标之间的灰色关联度，如表 5-29 所示。

表 5-29　运动队近三年平均获奖人数与控制机制关联度

项目	r1	r2	r3	r4	r5	r6	r7	r8
关联度大小	0.8339	0.8291	0.8241	0.8577	0.8222	0.8395	0.8219	0.8189

由结果可知：所开设运动项目的训练率的灰色关联度为 0.8339、每次训练时间的灰色关联度为 0.8291、每月训练天数的灰色关联度为 0.8241、做运动员的时间的灰色关联度为 0.8577、每年招收高水平运动员的规模的灰色关联度为 0.8222、对目前高水平运动队控制机制的认同度的灰色关联度为 0.8395、对营养补充的重视程度的灰色关联度为 0.8219、运动队成立年限的灰色关联度为 0.8189。

（三）运动员层的指标关联性分析

针对运动员层的指标关联性分析，如表 5-30 所示。

表 5-30 运动员层保障、动力、激励、竞赛、控制等机制指标建构体系

一级指标	二级指标
保障机制	营养保健完善率
	科研力量完善率
	伙食完善率
	与教练员之间的矛盾对训练的影响程度
	目前的训练成绩在运动队中的优秀程度
	对自己训练情况的满意度
	学校对训练的重视程度
动力机制	认为目前文化学习的重要程度
	对自己学习的满意度
	在文化学习中的压力程度
	在训练中的压力程度
	技术水平对训练效果的影响程度
	场地对训练效果的影响程度
	教练员水平对训练效果的影响程度
	个人训练态度对训练效果的影响程度
激励机制	经费保障完善率
	对学校运动队激励机制的认同度
	家长对训练的支持率
	教练的训练态度认真程度
	运动员保险完善率
	心理调控完善率
	器械完善率
竞赛机制	对目前训练时间安排满意度
	现行竞赛制度对运动员发展需要的满足度
	现行竞赛制度的合理性
	对高水平运动队体制是否符合培养高水平世界冠军需要认同度
	对高水平田径运动队体制是否符合培养全国冠军需要的认同度

续表

一级指标	二级指标
控制机制	每天训练的次数
	每次训练课的时间
	就读学校的训练条件良好程度
	教练的训练方法合适度
	所在运动队队员的管理制度完善率
	接受训练的科学性和系统性强度
	在接受下一次训练时体能恢复情况
	对营养补充的重视程度

1.保障机制与影响因素的灰色关联分析

参考序列为在校期间成绩优秀程度，比较序列一共有 7 个项目，分别为营养保健完善率、科研力量完善率、伙食完善率、与教练员之间的矛盾对训练的影响程度、目前的训练成绩在运动队中的优秀程度、对自己训练情况的满意度、学校对训练的重视程度，样本数为 187 个。其具体数值如表 5-31 所示。

表 5-31　在校期间成绩与保障机制

在校期间成绩优秀程度（%）	营养保健完善率（%）	科研力量完善率（%）	伙食完善率（%）	与教练员之间的矛盾对训练的影响程度（%）	目前的训练成绩在运动队中的优秀程度（%）	对自己训练情况的满意度（%）	学校对训练的重视程度（%）
20	100	100	100	0	50	75	100
20	80	80	80	80	25	50	75
20	40	40	40	60	75	75	75
20	100	100	100	0	100	100	100
20	80	80	80	20	50	50	75
20	0	60	0	0	75	75	25
20	100	100	100	0	25	25	75
20	0	0	0	0	75	75	50
30	40	60	40	0	100	75	75

续表

在校期间成绩优秀程度（%）	营养保健完善率（%）	科研力量完善率（%）	伙食完善率（%）	与教练员之间的矛盾对训练的影响程度（%）	目前的训练成绩在运动队中的优秀程度（%）	对自己训练情况的满意度（%）	学校对训练的重视程度（%）
20	60	60	60	0	25	25	25
20	60	60	60	80	25	75	50
20	40	40	40	0	0	25	75
20	60	60	50	0	50	50	75
20	80	80	80	0	75	75	75
20	40	80	80	80	50	50	50
20	80	80	60	60	75	25	75
20	60	80	60	0	50	50	75
30	40	80	100	0	100	50	100
50	60	40	100	0	50	25	100
20	60	60	60	60	75	75	75
80	80	100	100	0	100	25	50
60	40	60	20	0	75	75	100
90	60	60	60	0	100	100	100
30	40	60	60	80	75	75	75
70	60	100	60	0	50	50	75
60	40	60	0	40	50	50	75
20	60	60	40	0	100	75	75
80	60	80	100	60	25	25	100
20	100	100	100	0	50	75	75
60	20	60	80	100	100	100	100
20	50	70	40	60	50	50	75
20	40	40	60	0	100	50	50
60	80	80	80	80	50	50	75

在校期间成绩优秀程度（%）	营养保健完善率（%）	科研力量完善率（%）	伙食完善率（%）	与教练员之间的矛盾对训练的影响程度（%）	目前的训练成绩在运动队中的优秀程度（%）	对自己训练情况的满意度（%）	学校对训练的重视程度（%）
50	100	80	100	0	50	50	100
70	60	60	80	0	100	100	100
50	40	60	40	0	75	75	75
20	60	100	100	60	50	50	100
20	100	100	100	20	50	75	100
20	70	70	70	100	50	50	100
20	60	60	60	20	50	50	75
20	40	40	60	0	50	50	25
100	100	100	100	80	50	75	75
20	20	20	60	0	100	25	50
60	40	60	20	20	0	100	100
20	100	80	100	100	50	75	100
70	60	60	20	40	100	75	50
20	100	100	100	0	50	75	100
100	40	80	60	20	75	75	50
70	80	60	80	0	50	25	75
20	70	70	70	0	100	100	75
100	80	60	80	40	50	75	75
20	60	80	60	20	50	75	75
60	60	80	100	0	50	50	75
60	40	40	20	60	50	75	75
20	80	80	100	20	50	50	75
50	40	40	40	40	50	50	50
70	60	100	60	0	75	25	75

续表

在校期间成绩优秀程度（%）	营养保健完善率（%）	科研力量完善率（%）	伙食完善率（%）	与教练员之间的矛盾对训练的影响程度（%）	目前的训练成绩在运动队中的优秀程度（%）	对自己训练情况的满意度（%）	学校对训练的重视程度（%）
20	60	60	60	80	75	75	50
50	100	60	100	100	75	50	75
90	80	80	80	80	50	75	50
20	60	60	60	60	75	75	75
20	40	60	40	0	50	25	75
50	100	100	100	0	50	75	50
50	20	40	20	20	50	25	25
20	80	60	80	60	75	75	100
50	100	100	80	80	75	50	100
60	40	80	20	20	0	100	100
20	100	100	100	0	50	75	75
20	60	60	60	100	50	75	75
20	60	40	60	60	25	25	75
20	100	80	100	60	50	75	100
20	80	80	80	60	50	50	75
100	100	100	100	80	50	75	75
20	100	60	60	40	75	50	50
20	80	80	100	0	50	25	75
60	60	40	60	60	75	75	75
20	60	60	60	80	50	75	50
20	100	100	100	0	50	75	75
100	100	100	100	0	100	75	75
60	60	100	60	0	50	50	50
30	40	60	60	80	50	75	50

在校期间成绩优秀程度（%）	营养保健完善率（%）	科研力量完善率（%）	伙食完善率（%）	与教练员之间的矛盾对训练的影响程度（%）	目前的训练成绩在运动队中的优秀程度（%）	对自己训练情况的满意度（%）	学校对训练的重视程度（%）
20	60	60	0	20	50	25	50
60	40	40	60	60	75	50	100
20	60	100	60	20	25	25	100
50	60	60	60	0	50	25	75
50	80	100	80	60	50	75	75
20	40	60	80	60	100	25	75
70	40	100	60	80	75	75	75
20	60	40	60	0	50	25	100
20	100	100	100	0	100	75	100
70	60	80	80	0	50	50	75
50	80	80	80	0	50	50	75
30	100	100	100	60	50	25	25
20	100	100	100	20	50	75	100
20	20	60	60	100	50	50	75
20	60	60	60	0	50	50	100
20	60	60	80	80	75	75	50
100	20	60	20	20	50	25	100
60	60	80	100	0	75	75	75
20	100	60	100	40	50	25	75
70	20	100	20	80	75	75	75
90	60	60	80	0	50	75	75
40	60	60	60	60	50	75	75
20	100	100	100	0	50	50	75
70	60	60	60	80	50	50	75

续表

在校期间成绩优秀程度（%）	营养保健完善率（%）	科研力量完善率（%）	伙食完善率（%）	与教练员之间的矛盾对训练的影响程度（%）	目前的训练成绩在运动队中的优秀程度（%）	对自己训练情况的满意度（%）	学校对训练的重视程度（%）
50	0	0	0	0	75	75	25
30	60	80	80	80	50	50	75
50	60	60	60	0	50	50	100
50	60	80	60	0	50	50	50
20	100	100	100	80	75	75	100
20	60	80	60	0	50	50	100
80	100	100	100	0	50	75	75
40	80	100	80	0	50	50	100
40	40	60	40	0	50	75	75
80	60	80	60	0	50	75	25
60	60	80	80	0	75	75	75
20	40	60	60	40	75	75	75
50	100	80	80	20	75	50	75
20	100	100	100	100	50	100	50
60	80	60	80	40	75	75	75
20	60	80	60	60	50	75	100
60	100	80	100	80	50	75	100
20	60	60	60	0	50	25	75
20	80	80	80	0	50	75	50
80	100	100	100	40	25	25	50
90	60	60	60	0	100	100	75
40	80	80	100	0	75	75	75
20	100	80	100	100	100	100	75
40	60	60	60	20	50	75	50

在校期间成绩优秀程度（%）	营养保健完善率（%）	科研力量完善率（%）	伙食完善率（%）	与教练员之间的矛盾对训练的影响程度（%）	目前的训练成绩在运动队中的优秀程度（%）	对自己训练情况的满意度（%）	学校对训练的重视程度（%）
50	80	80	80	100	50	75	50
20	80	60	80	60	75	75	100
20	80	80	80	40	50	50	100
80	100	100	100	60	25	50	25
20	80	80	80	0	50	100	100
20	80	80	60	0	50	50	75
20	40	80	80	80	50	50	25
90	80	100	100	0	50	25	75
50	60	80	60	0	50	75	100
50	80	80	80	0	75	50	75
20	100	100	100	100	50	100	50
20	80	60	60	100	50	100	100
90	60	60	60	0	50	100	100
70	80	60	80	80	50	50	75
20	80	60	80	20	50	100	75
70	90	90	90	0	50	25	75
20	40	60	40	20	50	25	50
20	100	100	100	100	75	75	75
60	80	80	80	0	50	75	75
50	80	80	80	0	75	75	75
80	90	100	90	0	50	50	75
50	100	100	100	40	50	50	100
50	80	80	80	100	50	50	100
20	100	80	100	60	50	75	100

续表

在校期间成绩优秀程度（%）	营养保健完善率（%）	科研力量完善率（%）	伙食完善率（%）	与教练员之间的矛盾对训练的影响程度（%）	目前的训练成绩在运动队中的优秀程度（%）	对自己训练情况的满意度（%）	学校对训练的重视程度（%）
50	80	60	100	0	50	100	25
50	80	90	100	0	50	50	75
60	80	80	60	20	50	50	100
100	60	60	60	60	50	50	75
20	100	80	100	80	50	75	100
80	100	80	100	80	50	75	100
90	80	80	60	100	75	75	100
60	80	100	100	60	100	100	75
70	40	60	60	40	75	75	100
30	100	100	100	60	75	50	100
60	40	80	60	60	100	75	100
100	60	100	80	80	50	75	75
30	60	60	60	0	50	75	75
50	0	0	40	60	50	50	100
20	60	60	80	0	100	100	75
20	80	60	80	60	50	50	75
20	80	80	80	0	100	100	100
60	60	80	60	60	75	75	75
20	80	60	80	0	100	50	75
60	80	80	80	0	75	75	75
20	80	80	80	60	75	75	75
20	40	60	40	60	75	25	50
20	40	40	80	0	50	50	75
40	20	60	0	60	100	100	50

续表

在校期间成绩优秀程度（%）	营养保健完善率（%）	科研力量完善率（%）	伙食完善率（%）	与教练员之间的矛盾对训练的影响程度（%）	目前的训练成绩在运动队中的优秀程度（%）	对自己训练情况的满意度（%）	学校对训练的重视程度（%）
20	60	80	80	60	75	50	50
20	60	80	80	80	50	25	50
20	60	80	60	100	50	50	50
20	80	100	80	60	75	50	75
20	80	80	80	20	50	75	50
60	60	60	60	0	75	75	100
60	100	100	100	0	100	100	100
60	100	100	100	0	75	75	100
50	100	100	100	100	75	100	75
60	60	60	60	0	50	75	50

步骤一：采用初值化对原始数据进行无量纲化。

步骤二：计算差序列。

计算极差：

极差最大值：99.0000；

极差最小值：0.0000。

步骤三：计算关联系数。

步骤四：计算参考序列与各指标之间的灰色关联度，如表5-32所示。

表5-32 在校期间成绩与保障机制关联度

项目	r1	r2	r3	r4	r5	r6	r7
关联度大小	0.9724	0.9735	0.9732	0.6905	0.9781	0.9747	0.9738

由结果可知：营养保健完善率的灰色关联度为0.9724、科研力量完善率的灰色关联度为0.9735、伙食完善率的灰色关联度为0.9732、与教练员之间的矛盾对训练的影响程度的灰色关联度为0.6905、目前的训练成绩在运动队中的优秀程度的灰色关联度为0.9781、对自己训练情况的满意度的灰色关联度为0.9747、学校对训练的重视程度的灰色关联度为0.9738。

2.动力机制与影响因素的灰色关联分析

参考序列为在校期间成绩优秀程度，比较序列一共有 8 个项目，分别为认为目前文化学习的重要程度、对自己学习的满意度、在文化学习中的压力程度、在训练中的压力程度、技术水平对训练效果的影响程度、场地对训练效果的影响程度、教练员水平对训练效果的影响程度、个人训练态度对训练效果的影响程度，样本数为 187 个。其具体数值如表 5-33 所示。

表 5-33　在校期间成绩与动力机制

在校期间成绩优秀程度（%）	认为目前文化学习的重要程度（%）	对自己学习的满意度（%）	在文化学习中的压力程度（%）	在训练中的压力程度（%）	技术水平对训练效果的影响程度（%）	场地对训练效果的影响程度（%）	教练员水平对训练效果的影响程度（%）	个人训练态度对训练效果的影响程度（%）
20	100	100	75	50	100	100	100	100
20	100	75	75	75	100	80	80	80
20	100	75	75	25	100	80	80	80
20	100	100	25	50	100	60	100	80
20	100	50	50	75	75	100	80	80
20	100	75	75	25	75	80	100	80
20	75	25	75	25	100	80	100	100
20	100	75	75	25	100	100	100	80
30	100	0	75	0	100	80	80	80
20	75	75	75	100	75	80	80	80
20	100	75	75	50	75	80	60	80
20	75	75	50	75	75	80	80	80
20	75	50	50	75	75	60	80	60
20	100	25	75	50	100	100	100	100
20	100	50	75	50	50	80	100	100
20	50	50	25	75	100	80	0	20
20	100	50	25	50	100	60	80	80
30	100	50	25	50	100	0	60	0

续表

在校期间成绩优秀程度（%）	认为目前文化学习的重要程度（%）	对自己学习的满意度（%）	在文化学习中的压力程度（%）	在训练中的压力程度（%）	技术水平对训练效果的影响程度（%）	场地对训练效果的影响程度（%）	教练员水平对训练效果的影响程度（%）	个人训练态度对训练效果的影响程度（%）
50	100	50	25	0	25	60	80	60
20	100	50	75	50	75	60	60	60
80	75	75	0	0	100	100	100	100
60	100	75	75	75	75	60	100	80
90	100	100	50	50	100	60	100	100
30	75	50	50	50	50	60	100	100
70	75	25	75	50	100	80	100	100
60	100	75	50	75	75	50	80	70
20	100	100	50	50	75	60	80	60
80	100	0	100	100	100	100	100	100
20	100	50	50	50	100	80	100	100
60	75	75	50	75	100	100	80	100
20	100	50	50	50	60	60	60	40
20	75	50	50	50	75	60	80	80
60	100	50	50	50	100	100	100	80
50	100	75	50	50	75	100	60	100
70	100	100	50	25	100	80	100	100
50	100	100	50	75	100	80	100	100
20	100	25	75	50	100	0	100	100
20	100	100	50	50	100	100	80	100
20	100	25	50	75	60	70	70	70
20	100	25	100	75	75	40	40	80
20	75	50	75	50	75	60	20	40

续表

在校期间成绩优秀程度（％）	认为目前文化学习的重要程度（％）	对自己学习的满意度（％）	在文化学习中的压力程度（％）	在训练中的压力程度（％）	技术水平对训练效果的影响程度（％）	场地对训练效果的影响程度（％）	教练员水平对训练效果的影响程度（％）	个人训练态度对训练效果的影响程度（％）
100	100	75	75	75	100	100	100	100
20	75	50	50	50	75	60	80	80
60	75	50	75	25	75	60	100	80
20	75	75	75	75	100	100	100	100
70	75	75	50	50	100	60	100	80
20	100	25	50	100	75	100	100	100
100	75	100	50	50	75	80	80	40
70	75	25	75	50	75	80	80	100
20	100	50	50	50	60	80	70	70
100	75	50	75	25	75	40	40	80
20	100	25	50	75	75	60	60	80
60	100	50	50	0	50	20	60	60
60	75	50	50	50	75	40	80	60
20	100	50	50	75	100	100	80	100
50	100	50	100	75	50	80	60	80
70	100	25	100	0	100	80	100	100
20	100	50	75	50	75	80	100	100
50	75	75	75	75	100	80	80	80
90	50	50	75	75	75	60	60	60
20	75	50	75	50	75	80	80	60
20	75	25	75	75	100	60	0	80
50	75	50	75	75	50	60	60	60
50	75	25	100	75	50	80	80	80

续表

在校期间成绩优秀程度（%）	认为目前文化学习的重要程度（%）	对自己学习的满意度（%）	在文化学习中的压力程度（%）	在训练中的压力程度（%）	技术水平对训练效果的影响程度（%）	场地对训练效果的影响程度（%）	教练员水平对训练效果的影响程度（%）	个人训练态度对训练效果的影响程度（%）
20	100	100	50	25	100	100	100	100
50	75	50	50	50	75	100	100	100
60	75	50	75	100	75	80	100	80
20	100	100	100	50	100	100	100	100
20	75	75	75	75	100	60	100	100
20	100	0	100	100	100	100	100	60
20	75	50	75	100	100	100	100	100
20	100	75	50	75	75	60	60	80
100	100	75	75	75	100	100	100	100
20	100	75	50	50	100	60	100	60
20	100	50	50	75	100	100	80	100
60	75	50	50	50	75	40	80	60
20	50	25	50	50	100	80	40	60
20	75	50	50	50	75	80	100	100
100	100	75	50	50	100	100	100	100
60	100	75	75	50	50	100	100	80
30	75	50	50	50	75	80	80	80
20	75	25	100	100	50	40	60	100
60	100	75	50	75	50	100	80	80
20	100	50	50	50	100	80	80	100
50	75	50	100	50	50	60	60	60
50	50	25	25	50	100	100	100	80
20	100	50	50	75	100	60	80	100

续表

在校期间成绩优秀程度（%）	认为目前文化学习的重要程度（%）	对自己学习的满意度（%）	在文化学习中的压力程度（%）	在训练中的压力程度（%）	技术水平对训练效果的影响程度（%）	场地对训练效果的影响程度（%）	教练员水平对训练效果的影响程度（%）	个人训练态度对训练效果的影响程度（%）
70	75	75	75	50	100	100	100	100
20	100	25	50	50	100	100	80	100
20	100	75	50	50	100	100	100	100
70	75	50	50	25	100	80	100	80
50	100	75	50	50	100	80	100	100
30	50	50	50	75	50	80	100	100
20	100	75	50	50	100	100	80	100
20	100	50	50	50	50	80	80	80
20	100	50	50	50	100	100	100	80
20	100	50	75	50	75	80	100	100
100	75	25	100	75	75	100	80	80
60	75	25	75	75	100	100	100	100
20	75	75	75	50	100	100	100	100
70	75	25	75	25	100	100	100	100
90	100	75	50	50	100	80	80	80
40	75	75	50	50	75	60	80	80
20	75	50	50	75	100	100	100	100
70	100	50	75	50	100	100	100	80
50	25	25	100	75	50	100	80	100
30	100	75	75	75	75	60	80	80
50	50	25	50	50	50	60	60	60
50	75	75	50	50	75	80	80	80
20	75	50	50	50	100	100	100	100

续表

在校期间成绩优秀程度（%）	认为目前文化学习的重要程度（%）	对自己学习的满意度（%）	在文化学习中的压力程度（%）	在训练中的压力程度（%）	技术水平对训练效果的影响程度（%）	场地对训练效果的影响程度（%）	教练员水平对训练效果的影响程度（%）	个人训练态度对训练效果的影响程度（%）
20	100	50	50	50	100	80	100	80
80	50	75	25	50	100	20	0	0
40	100	75	25	50	100	0	20	80
40	75	75	25	75	100	80	80	100
80	75	75	75	75	100	100	80	100
60	100	25	75	100	100	60	40	40
20	75	50	75	50	100	80	80	100
50	100	50	50	75	100	80	80	100
20	100	75	50	50	100	100	100	100
60	75	75	50	50	75	60	60	60
20	100	75	100	50	100	60	60	60
60	100	75	75	75	100	100	100	100
20	75	50	50	25	50	60	60	60
20	75	50	75	75	75	80	80	80
80	0	50	50	50	100	100	100	100
90	100	75	75	50	75	80	80	80
40	75	75	50	50	100	100	100	100
20	100	75	100	75	100	100	60	80
40	75	50	75	75	50	60	60	60
50	50	75	75	75	75	60	80	80
20	100	100	50	25	100	100	100	100
20	100	75	50	50	100	80	80	100
80	25	25	50	50	100	100	100	100

续表

在校期间成绩优秀程度（%）	认为目前文化学习的重要程度（%）	对自己学习的满意度（%）	在文化学习中的压力程度（%）	在训练中的压力程度（%）	技术水平对训练效果的影响程度（%）	场地对训练效果的影响程度（%）	教练员水平对训练效果的影响程度（%）	个人训练态度对训练效果的影响程度（%）
20	100	75	50	25	100	60	100	100
20	75	75	75	50	50	60	80	80
20	100	50	75	50	75	80	100	100
90	100	75	50	50	100	100	100	100
50	75	75	75	75	100	60	80	80
50	100	50	50	50	75	70	70	80
20	100	75	50	50	100	100	100	100
20	100	100	100	100	100	100	100	100
90	100	100	0	0	100	80	80	80
70	75	75	50	50	25	80	60	60
20	100	50	50	50	75	60	60	100
70	100	25	75	50	50	20	30	30
20	75	75	75	75	75	60	80	80
20	100	0	50	25	100	100	100	100
60	100	50	100	50	100	80	80	80
50	75	75	50	75	100	60	80	80
80	100	50	75	75	90	90	90	90
50	75	50	50	25	100	100	100	100
50	100	50	50	50	100	100	60	60
20	100	75	75	75	100	100	100	60
50	100	50	50	50	100	100	100	100
50	75	100	50	50	75	70	70	70
60	100	50	75	75	100	80	100	80

续表

在校期间成绩优秀程度（%）	认为目前文化学习的重要程度（%）	对自己学习的满意度（%）	在文化学习中的压力程度（%）	在训练中的压力程度（%）	技术水平对训练效果的影响程度（%）	场地对训练效果的影响程度（%）	教练员水平对训练效果的影响程度（%）	个人训练态度对训练效果的影响程度（%）
100	75	25	75	50	75	100	100	100
20	100	75	75	75	100	100	100	100
80	100	75	75	75	100	100	100	100
90	75	75	50	100	100	100	100	100
60	100	75	75	75	100	80	100	100
70	100	75	50	50	100	80	80	100
30	50	50	75	75	100	100	100	100
60	100	50	75	50	100	80	100	80
100	50	25	50	50	100	100	100	100
30	100	75	25	75	100	60	80	60
50	100	75	50	75	75	60	80	60
20	100	75	50	50	100	100	100	100
20	75	50	75	50	75	60	80	70
20	100	100	50	25	100	100	80	80
60	75	50	50	50	75	80	80	80
20	75	25	75	50	75	80	80	80
60	75	25	75	75	100	60	100	100
20	75	75	50	50	75	80	80	80
20	50	50	25	75	75	100	40	80
20	100	50	75	50	100	60	100	100
40	50	50	50	75	75	60	0	100
20	50	25	75	75	75	60	80	80
20	50	50	50	75	100	60	60	80

续表

在校期间成绩优秀程度（％）	认为目前文化学习的重要程度（％）	对自己学习的满意度（％）	在文化学习中的压力程度（％）	在训练中的压力程度（％）	技术水平对训练效果的影响程度（％）	场地对训练效果的影响程度（％）	教练员水平对训练效果的影响程度（％）	个人训练态度对训练效果的影响程度（％）
20	50	50	50	75	75	80	80	80
20	75	50	50	25	75	0	0	0
20	100	50	75	50	75	60	60	40
60	100	100	75	75	100	60	60	60
60	100	75	100	50	100	0	0	0
60	100	100	100	50	100	40	40	40
50	75	100	100	100	100	100	100	100
60	100	75	100	100	50	60	60	80

步骤一：采用初值化对原始数据进行无量纲化。

步骤二：计算差序列。

计算极差：

极差最大值：4.7500；

极差最小值：0.0000。

步骤三：计算关联系数。

步骤四：计算参考序列与各指标之间的灰色关联度，如表 5-34 所示。

表 5-34　在校期间成绩与动力机制关联度

项目	r1	r2	r3	r4	r5	r6	r7	r8
关联度大小	0.7351	0.6701	0.7120	0.7387	0.7306	0.7108	0.7187	0.7233

由结果可知：认为目前文化学习的重要程度的灰色关联度为 0.7351、对自己学习的满意度的灰色关联度为 0.6701、在文化学习中的压力程度的灰色关联度为 0.7120、在训练中的压力程度的灰色关联度为 0.7387、技术水平对训练效果的影响程度的灰色关联度为 0.7306、场地对训练效果的影响程度的灰色关联度为 0.7108、教练员水平对训练效果的影响程度的灰色关联度为 0.7187、个人训练态度对训练效果的影响程度的灰色关联度为 0.7233。

3.激励机制与影响因素的灰关联分析

参考序列为在校期间成绩优秀程度，比较序列一共有 7 个项目，分别为经费保障完善率、对学校运动队激励机制的认同度、家长对训练的支持率、教练的训练态度认真程度、运动员保险完善率、心理调控完善率、器械完善率，样本数为187 个。其具体数值如表 5–35 所示。

表 5–35　在校期间成绩与激励机制

在校期间成绩优秀程度（％）	经费保障完善率（％）	对学校运动队激励机制的认同度（％）	家长对训练的支持率（％）	教练的训练态度认真程度（％）	运动员保险完善率（％）	心理调控完善率（％）	器械完善率（％）
20	100	100	100	100	100	100	100
20	80	80	50	100	80	80	80
20	40	60	100	100	40	40	60
20	100	80	100	100	100	100	100
20	80	60	75	100	80	80	80
20	0	20	75	100	0	60	60
20	100	80	100	100	100	100	100
20	0	20	75	100	0	0	80
30	40	60	100	100	40	80	100
20	60	80	75	100	60	60	60
20	20	60	100	75	40	60	40
20	60	60	75	100	60	60	60
20	40	60	100	100	60	60	60
20	80	60	75	100	80	80	80
20	40	40	50	100	80	40	80
20	80	80	100	100	80	80	80
20	80	60	75	100	80	60	60
30	100	60	100	100	100	60	100
50	0	60	75	100	0	60	80
20	60	60	50	75	80	60	60

续表

在校期间成绩优秀程度（%）	经费保障完善率（%）	对学校运动队激励机制的认同度（%）	家长对训练的支持率（%）	教练的训练态度认真程度（%）	运动员保险完善率（%）	心理调控完善率（%）	器械完善率（%）
80	100	60	75	100	100	100	100
60	60	60	100	100	100	80	100
90	60	60	75	100	100	60	60
30	40	100	100	100	100	60	100
70	60	60	50	100	80	60	60
60	80	60	100	75	80	40	100
20	60	60	100	100	60	60	60
80	80	100	100	100	100	100	100
20	100	80	75	75	100	100	100
60	60	60	75	75	60	80	80
20	60	40	50	75	50	60	50
20	60	80	75	100	60	60	60
60	60	80	50	50	60	100	60
50	100	100	100	100	100	80	100
70	80	60	75	100	100	40	60
50	60	60	100	100	40	60	80
20	100	80	100	100	100	80	100
20	100	80	100	100	100	100	100
20	70	80	100	100	70	70	70
20	60	60	100	100	60	60	80
20	40	60	75	75	20	20	80
100	100	80	75	100	100	100	100
20	60	60	75	100	60	60	60
60	60	60	75	100	100	80	100
20	100	100	100	100	100	80	80

续表

在校期间成绩优秀程度（%）	经费保障完善率（%）	对学校运动队激励机制的认同度（%）	家长对训练的支持率（%）	教练的训练态度认真程度（%）	运动员保险完善率（%）	心理调控完善率（%）	器械完善率（%）
70	40	60	75	100	60	80	20
20	100	80	100	75	100	100	100
100	60	60	100	100	80	60	80
70	60	60	75	100	60	40	60
20	70	80	100	100	70	70	70
100	60	60	100	100	80	70	80
20	60	60	100	75	80	60	60
60	40	60	75	50	100	60	60
60	60	60	75	50	60	60	60
20	80	80	75	75	80	80	100
50	40	40	50	75	40	40	60
70	60	60	75	100	100	60	60
20	60	60	50	75	80	60	60
50	60	60	75	50	100	100	60
90	80	60	75	75	80	80	80
20	60	60	25	50	80	80	80
20	60	60	75	100	60	60	60
50	100	60	75	100	100	100	60
50	0	40	75	75	80	60	80
20	80	100	100	100	100	100	100
50	100	80	75	50	80	100	100
60	60	60	50	100	100	80	100
20	100	100	100	100	100	100	100
20	60	60	100	100	60	60	60
20	60	60	50	100	60	60	80

续表

在校期间成绩优秀程度（%）	经费保障完善率（%）	对学校运动队激励机制的认同度（%）	家长对训练的支持率（%）	教练的训练态度认真程度（%）	运动员保险完善率（%）	心理调控完善率（%）	器械完善率（%）
20	100	100	50	75	100	100	80
20	80	60	75	100	80	80	80
100	100	80	75	100	100	100	100
20	60	80	100	100	80	100	60
20	100	80	25	100	100	80	60
60	60	60	75	100	60	40	40
20	60	80	50	75	60	60	60
20	80	80	100	100	80	100	100
100	100	100	75	100	100	100	100
60	100	60	100	75	60	80	80
30	40	60	50	75	60	60	80
20	20	40	75	75	40	60	60
60	60	80	100	100	80	80	100
20	80	80	100	100	60	100	80
50	60	60	100	100	60	60	60
50	80	100	75	75	80	80	100
20	80	80	75	75	100	60	80
70	80	80	50	100	80	80	100
20	80	60	75	75	100	60	100
20	100	100	100	100	100	100	100
70	60	60	75	75	60	80	80
50	80	60	100	100	100	60	80
30	80	80	75	75	60	80	60
20	100	80	100	100	100	100	100
20	80	40	100	100	60	20	40

在校期间成绩优秀程度（%）	经费保障完善率（%）	对学校运动队激励机制的认同度（%）	家长对训练的支持率（%）	教练的训练态度认真程度（%）	运动员保险完善率（%）	心理调控完善率（%）	器械完善率（%）
20	60	100	100	100	60	40	100
20	80	60	50	75	80	60	60
100	20	40	75	75	40	60	60
60	100	100	100	100	100	100	100
20	100	60	100	75	0	0	80
70	40	60	50	100	100	60	80
90	60	80	100	100	80	80	60
40	60	60	75	100	80	60	60
20	100	60	75	75	100	100	100
70	60	80	75	100	60	40	100
50	40	20	75	100	0	0	20
30	60	60	75	75	60	80	60
50	60	80	100	100	60	60	60
50	60	100	75	100	60	40	80
20	100	80	100	50	100	100	100
20	80	100	100	100	80	80	80
80	100	80	100	100	100	100	100
40	80	80	100	100	100	100	100
40	40	60	100	100	100	60	80
80	60	80	100	100	80	80	80
60	80	100	100	100	80	80	80
20	60	60	100	75	80	40	60
50	80	60	100	100	80	100	80
20	100	60	100	100	100	100	100
60	60	80	50	75	60	60	80

续表

在校期间成绩优秀程度（％）	经费保障完善率（％）	对学校运动队激励机制的认同度（％）	家长对训练的支持率（％）	教练的训练态度认真程度（％）	运动员保险完善率（％）	心理调控完善率（％）	器械完善率（％）
20	60	80	50	100	60	60	60
60	100	80	50	100	100	100	100
20	60	60	75	100	60	60	60
20	80	60	50	100	80	60	80
80	100	60	50	50	100	100	100
90	40	40	100	100	60	60	60
40	80	80	75	100	100	80	80
20	100	60	50	100	80	100	80
40	60	60	75	100	60	60	60
50	80	60	50	50	60	80	80
20	80	100	100	100	100	100	100
20	80	80	75	100	80	100	80
80	100	100	50	50	100	100	100
20	80	80	100	100	80	80	80
20	80	60	50	50	60	80	80
20	40	40	50	100	80	40	80
90	100	80	100	100	100	100	100
50	80	60	75	75	80	80	80
50	80	60	100	100	80	80	80
20	100	60	75	100	100	100	100
20	100	100	100	100	80	40	60
90	80	100	25	100	100	100	100
70	60	40	50	75	60	60	40
20	60	80	75	100	100	100	100
70	90	80	100	100	90	90	90

续表

在校期间成绩优秀程度（%）	经费保障完善率（%）	对学校运动队激励机制的认同度（%）	家长对训练的支持率（%）	教练的训练态度认真程度（%）	运动员保险完善率（%）	心理调控完善率（%）	器械完善率（%）
20	60	60	75	100	40	40	60
20	100	100	100	100	100	100	100
60	80	80	75	75	100	80	80
50	80	60	75	100	60	80	90
80	90	60	50	100	90	90	90
50	100	100	100	100	100	100	100
50	100	60	100	100	80	100	100
20	100	80	50	100	100	100	100
50	60	60	100	100	100	100	100
50	90	60	50	100	90	100	90
60	80	40	100	100	80	80	80
100	80	60	75	75	60	60	60
20	100	80	50	100	100	100	100
80	100	80	50	100	100	100	100
90	60	80	100	100	80	60	80
60	80	80	100	100	100	80	100
70	80	80	75	100	100	80	80
30	100	100	100	100	100	100	100
60	60	0	50	100	80	60	60
100	40	60	50	75	20	40	60
30	80	60	75	100	60	60	60
50	0	60	75	100	0	0	60
20	60	60	100	100	100	80	80
20	60	60	75	75	80	20	80
20	80	60	75	100	80	80	80

续表

在校期间成绩优秀程度（%）	经费保障完善率（%）	对学校运动队激励机制的认同度（%）	家长对训练的支持率（%）	教练的训练态度认真程度（%）	运动员保险完善率（%）	心理调控完善率（%）	器械完善率（%）
60	80	60	75	100	80	80	80
20	60	60	75	100	80	60	80
60	100	100	100	100	100	100	80
20	80	80	50	75	80	80	80
20	60	40	100	75	80	80	80
20	60	0	100	100	80	60	80
40	80	100	50	75	40	60	80
20	80	60	75	50	80	80	60
20	60	80	50	100	80	80	80
20	80	60	75	75	60	60	60
20	100	60	75	75	80	80	60
20	80	60	75	100	80	80	60
60	60	60	100	100	60	60	60
60	100	100	100	100	100	100	100
60	100	40	100	100	100	100	100
50	100	40	100	100	100	100	100
60	80	60	75	50	60	60	60

步骤一：采用初值化对原始数据进行无量纲化。

步骤二：计算差序列。

计算极差：

极差最大值：4.8000；

极差最小值：0.0000。

步骤三：计算关联系数。

步骤四：计算参考序列与各指标之间的灰色关联度，如表5-36所示。

表 5-36　在校期间成绩与激励机制关联度

项目	r1	r2	r3	r4	r5	r6	r7
关联度大小	0.7024	0.6926	0.7185	0.7441	0.7110	0.7029	0.7136

由结果可知：经费保障完善率的灰色关联度为 0.7024、对学校运动队激励机制的认同度的灰色关联度为 0.6926、家长对训练的支持率的灰色关联度为 0.7185、教练的训练态度认真程度的灰色关联度为 0.7441、运动员保险完善率的灰色关联度为 0.7110、心理调控完善率的灰色关联度为 0.7029、器械完善率的灰色关联度为 0.7136。

4. 竞赛机制与影响因素的灰色关联分析

参考序列为在校期间成绩优秀程度，比较序列一共有 5 个项目，分别为对目前训练时间安排满意度、现行竞赛制度对运动员发展需要的满足度、现行竞赛制度的合理性、对高水平运动队体制是否符合培养高水平世界冠军需要认同度、对高水平田径运动队体制是否符合培养全国冠军需要的认同度，样本数为 187 个。其具体数值如表 5-37 所示。

表 5-37　在校期间成绩与竞赛机制

在校期间成绩优秀程度（%）	对目前训练时间安排满意度（%）	现行竞赛制度对运动员发展需要的满足度（%）	现行竞赛制度的合理性（%）	对高水平运动队体制是否符合培养高水平世界冠军需要认同度（%）	对高水平田径运动队体制是否符合培养全国冠军需要的认同度（%）
20	75	100	75	75	75
20	50	25	50	50	50
20	50	50	50	0	0
20	75	50	100	75	75
20	75	50	50	50	50
20	25	0	0	0	0
20	0	100	100	50	50
20	0	75	75	25	25
30	0	0	75	0	25
20	25	50	50	25	25
20	25	75	50	25	25

续表

在校期间成绩优秀程度（％）	对目前训练时间安排满意度（％）	现行竞赛制度对运动员发展需要的满足度（％）	现行竞赛制度的合理性（％）	对高水平运动队体制是否符合培养高水平世界冠军需要认同度（％）	对高水平田径运动队体制是否符合培养全国冠军需要的认同度（％）
20	25	75	75	25	25
20	25	50	75	25	25
20	50	75	75	25	50
20	0	25	50	25	25
20	75	75	50	50	50
20	50	25	75	50	50
30	75	50	50	100	100
50	25	75	50	0	50
20	25	50	50	25	25
80	50	0	0	50	50
60	75	100	100	75	100
90	100	50	50	50	50
30	75	75	100	50	50
70	50	50	50	75	75
60	50	50	25	50	75
20	0	50	50	0	0
80	100	100	100	100	100
20	75	75	75	75	75
60	50	50	50	25	25
20	50	75	75	50	75
20	50	50	50	0	0
60	25	50	75	50	100
50	75	75	75	50	75
70	50	50	50	50	75

续表

在校期间成绩优秀程度（%）	对目前训练时间安排满意度（%）	现行竞赛制度对运动员发展需要的满足度（%）	现行竞赛制度的合理性（%）	对高水平运动队体制是否符合培养高水平世界冠军需要认同度（%）	对高水平田径运动队体制是否符合培养全国冠军需要的认同度（%）
50	50	50	75	0	0
20	75	75	100	25	50
20	75	75	100	75	50
20	25	50	75	25	25
20	25	50	50	25	50
20	25	50	50	0	50
100	75	75	75	25	75
20	50	50	50	0	0
60	100	100	100	75	100
20	50	100	25	100	100
70	50	50	75	50	50
20	75	50	100	25	75
100	50	50	50	50	50
70	0	50	75	75	100
20	50	50	75	25	25
100	100	50	50	75	75
20	0	50	50	25	25
60	25	25	50	25	25
60	0	50	25	50	25
20	75	75	75	50	75
50	50	50	75	25	25
70	25	75	50	75	75
20	25	50	50	25	0
50	50	75	75	75	75

续表

在校期间成绩优秀程度（%）	对目前训练时间安排满意度（%）	现行竞赛制度对运动员发展需要的满足度（%）	现行竞赛制度的合理性（%）	对高水平运动队体制是否符合培养高水平世界冠军需要认同度（%）	对高水平田径运动队体制是否符合培养全国冠军需要的认同度（%）
90	75	75	75	50	50
20	50	75	50	50	75
20	25	50	50	25	50
50	75	50	50	50	25
50	0	25	50	0	0
20	25	50	100	75	75
50	100	75	75	75	75
60	100	100	100	75	100
20	25	50	100	25	75
20	50	50	75	50	50
20	0	25	50	50	50
20	100	100	100	50	50
20	25	75	50	50	50
100	75	75	75	25	75
20	50	75	75	50	50
20	75	50	50	50	75
60	75	50	50	50	25
20	75	75	75	50	50
20	75	0	75	100	75
100	25	25	50	50	50
60	50	50	50	25	25
30	50	50	50	25	25
20	50	50	75	75	75
60	75	75	50	75	75

续表

在校期间成绩优秀程度（％）	对目前训练时间安排满意度（％）	现行竞赛制度对运动员发展需要的满足度（％）	现行竞赛制度的合理性（％）	对高水平运动队体制是否符合培养高水平世界冠军需要认同度（％）	对高水平田径运动队体制是否符合培养全国冠军需要的认同度（％）
20	75	25	25	25	50
50	50	50	75	50	50
50	100	100	100	50	100
20	75	50	75	100	100
70	75	50	50	50	50
20	50	50	75	50	75
20	100	100	100	100	100
70	75	50	50	75	75
50	50	25	50	50	50
30	75	75	75	50	50
20	50	75	100	75	50
20	75	75	75	50	50
20	100	50	75	25	50
20	25	50	50	25	0
100	0	25	50	0	0
60	25	75	75	50	75
20	50	25	50	75	75
70	50	50	75	25	50
90	25	25	25	25	25
40	75	75	50	75	75
20	50	75	75	50	50
70	50	50	75	25	50
50	50	25	75	0	0
30	100	50	75	50	75

续表

在校期间成绩优秀程度（%）	对目前训练时间安排满意度（%）	现行竞赛制度对运动员发展需要的满足度（%）	现行竞赛制度的合理性（%）	对高水平运动队体制是否符合培养高水平世界冠军需要认同度（%）	对高水平田径运动队体制是否符合培养全国冠军需要的认同度（%）
50	75	75	75	75	75
50	75	75	100	75	75
20	100	75	75	50	50
20	75	50	50	50	50
80	100	75	75	75	100
40	75	50	75	50	75
40	75	75	50	50	50
80	50	75	75	50	50
60	50	75	75	50	75
20	50	75	50	50	75
50	75	75	50	25	50
20	75	50	100	100	50
60	50	75	75	75	75
20	75	75	75	75	75
60	25	50	50	50	50
20	75	50	50	25	50
20	75	50	50	50	25
80	75	50	50	25	25
90	25	25	50	25	50
40	75	75	75	75	75
20	75	75	75	75	75
40	75	50	25	50	25
50	75	50	50	50	25
20	25	50	100	75	75

· 225 ·

续表

在校期间成绩优秀程度（%）	对目前训练时间安排满意度（%）	现行竞赛制度对运动员发展需要的满足度（%）	现行竞赛制度的合理性（%）	对高水平运动队体制是否符合培养高水平世界冠军需要认同度（%）	对高水平田径运动队体制是否符合培养全国冠军需要的认同度（%）
20	50	75	100	50	50
80	100	100	100	50	50
20	100	50	75	25	25
20	50	50	50	75	75
20	0	25	50	0	25
90	75	50	100	25	100
50	75	75	75	75	75
50	75	50	75	50	50
20	75	50	100	100	50
20	100	100	100	75	75
90	75	75	100	100	100
70	75	50	50	50	75
20	50	75	100	50	50
70	75	75	75	50	75
20	50	75	75	0	0
20	0	75	75	50	75
60	75	75	75	50	75
50	75	75	75	75	75
80	50	50	50	50	50
50	75	100	100	75	100
50	25	75	75	50	50
20	25	50	50	50	25
50	50	50	75	50	50
50	50	50	50	50	50

续表

在校期间成绩优秀程度（%）	对目前训练时间安排满意度（%）	现行竞赛制度对运动员发展需要的满足度（%）	现行竞赛制度的合理性（%）	对高水平运动队体制是否符合培养高水平世界冠军需要认同度（%）	对高水平田径运动队体制是否符合培养全国冠军需要的认同度（%）
60	100	75	100	50	50
100	25	50	50	100	100
20	25	50	50	50	50
80	25	50	50	50	50
90	75	75	50	75	100
60	100	75	75	75	75
70	50	50	50	50	75
30	75	25	75	100	100
60	50	50	50	25	50
100	25	50	50	0	0
30	25	50	50	50	50
50	50	50	50	50	50
20	25	50	75	50	50
20	50	50	50	75	50
20	50	50	50	50	50
60	75	50	50	50	50
20	25	50	75	75	100
60	25	75	75	50	75
20	50	75	75	75	75
20	75	50	75	25	25
20	25	75	50	50	75
40	75	100	75	50	50
20	50	75	50	50	25
20	50	25	25	25	50

在校期间成绩优秀程度（%）	对目前训练时间安排满意度（%）	现行竞赛制度对运动员发展需要的满足度（%）	现行竞赛制度的合理性（%）	对高水平运动队体制是否符合培养高水平世界冠军需要认同度（%）	对高水平田径运动队体制是否符合培养全国冠军需要的认同度（%）
20	75	50	50	50	50
20	50	50	50	50	75
20	50	50	75	50	50
60	75	25	75	50	50
60	75	75	50	75	75
60	75	50	50	75	75
50	75	75	50	75	100
60	0	50	75	25	50

步骤一：采用初值化对原始数据进行无量纲化。

步骤二：计算差序列。

计算极差：

极差最大值：5.0000；

极差最小值：0.0000。

步骤三：计算关联系数。

步骤四：计算参考序列与各指标之间的灰色关联度，如表5-38所示。

表5-38　在校期间成绩与竞赛机制关联度

项目	r1	r2	r3	r4	r5
关联度大小	0.7011	0.6791	0.7251	0.6872	0.7031

由结果可知：对目前训练时间安排满意度的灰色关联度为0.7011、现行竞赛制度对运动员发展需要的满足度的灰色关联度为0.6791、现行竞赛制度的合理性的灰色关联度为0.7251、对高水平运动队体制是否符合培养高水平世界冠军需要认同度的灰色关联度为0.6872、对高水平田径运动队体制是否符合培养全国冠军需要的认同度的灰色关联度为0.7031。

5.控制机制与影响因素的灰色关联分析

参考序列为在校期间成绩优秀程度，比较序列一共有8个项目，分别为每天训练的次数、每次训练课的时间、就读学校的训练条件良好程度、教练的训练方法合适度、所在运动队队员的管理制度完善率、接受训练的科学性和系统性强度、在接受下一次训练时体能恢复情况、对营养补充的重视程度，样本数为188个。其具体数值如表5-39所示。

表5-39　在校期间成绩与控制机制

在校期间成绩优秀程度（%）	每天训练的次数（次）	每次训练课的时间（h）	就读学校的训练条件良好程度（%）	教练的训练方法合适度（%）	所在运动队队员的管理制度完善率（%）	接受训练的科学性和系统性强度（%）	在接受下一次训练时体能恢复情况（%）	对营养补充的重视程度（%）
20	1	2	100	100	100	100	100	100
20	1	1	75	100	100	100	66	60
20	1	2	75	100	66	75	66	60
20	1	2	100	100	100	100	66	100
20	1	2	50	66	66	75	66	80
20	1	2	50	100	66	100	100	40
20	1	1	75	66	100	75	66	100
20	1	2	75	66	66	75	66	80
30	1	2	100	100	100	75	66	40
20	1	2	75	33	66	100	66	80
20	1	1	50	66	33	50	33	60
20	1	1	50	33	66	50	33	60
20	1	1	75	100	66	50	100	60
20	1	2	75	66	100	75	100	60
20	1	2	50	66	0	50	33	60
20	2	2	100	100	66	75	33	60
20	2	2	75	100	66	50	66	60
30	2	2	100	66	66	50	66	80
50	2	1	50	100	66	50	66	60
20	1	1	50	66	66	50	66	80

续表

在校期间成绩优秀程度（%）	每天训练的次数（次）	每次训练课的时间（h）	就读学校的训练条件良好程度（%）	教练的训练方法合适度（%）	所在运动队队员的管理制度完善率（%）	接受训练的科学性和系统性强度（%）	在接受下一次训练时体能恢复情况（%）	对营养补充的重视程度（%）
80	2	2	50	66	66	100	100	40
60	2	3	100	66	66	100	66	40
90	1	4	100	100	100	100	100	60
30	2	2	75	100	100	75	100	100
70	1	2	100	100	66	50	66	80
60	2	3	75	66	66	75	66	60
20	1	2	50	66	66	100	33	60
80	1	3	100	100	100	100	66	60
20	2	2	75	66	100	75	66	80
60	2	3	100	100	100	100	66	60
20	1	3	50	66	66	50	66	60
20	2	2	50	100	66	75	66	40
60	2	2	75	66	66	50	66	40
50	2	2	100	100	100	100	66	80
70	2	3	75	100	100	75	100	80
50	1	3	75	66	66	100	66	100
20	1	2	100	100	100	75	66	40
20	1	2	100	100	100	100	100	80
20	1	3	75	0	100	100	66	80
20	1	2	75	66	66	75	66	60
20	2	1	50	66	33	75	33	40
100	1	2	75	66	66	75	66	80
20	2	2	50	100	66	75	66	40
60	2	4	100	66	100	100	66	40

续表

在校期间成绩优秀程度（%）	每天训练的次数（次）	每次训练课的时间（h）	就读学校的训练条件良好程度（%）	教练的训练方法合适度（%）	所在运动队队员的管理制度完善率（%）	接受训练的科学性和系统性强度（%）	在接受下一次训练时体能恢复情况（%）	对营养补充的重视程度（%）
20	2	2	100	100	100	25	66	80
70	1	3	25	66	33	75	66	100
20	2	3	100	66	100	75	66	60
100	2	2	75	66	66	50	66	60
70	1	2	50	66	66	50	33	60
20	1	2	75	66	100	75	66	0
100	2	3	100	66	66	75	66	60
20	2	2	50	66	66	50	66	60
60	2	2	100	0	33	50	33	40
60	2	2	75	66	33	50	33	60
20	1	2	75	66	66	75	66	80
50	1	1	75	66	66	50	66	60
70	2	3	75	100	66	75	100	80
20	1	1	50	66	66	50	66	80
50	1	3	75	100	33	75	66	60
90	3	3	50	66	66	50	66	80
20	2	2	75	100	33	25	66	60
20	2	3	50	100	66	75	33	60
50	3	2	50	66	66	75	66	80
50	2	2	25	33	66	50	66	40
20	2	2	100	100	100	75	100	60
50	1	2	100	66	66	50	66	80
60	2	4	100	66	100	100	66	40
20	3	2	100	100	100	100	100	20

续表

在校期间成绩优秀程度（%）	每天训练的次数（次）	每次训练课的时间（h）	就读学校的训练条件良好程度（%）	教练的训练方法合适度（%）	所在运动队队员的管理制度完善率（%）	接受训练的科学性和系统性强度（%）	在接受下一次训练时体能恢复情况（%）	对营养补充的重视程度（%）
20	1	3	75	100	66	100	100	80
20	2	2	75	100	100	75	33	80
20	2	2	50	66	66	75	100	100
20	1	2	75	100	66	75	66	80
100	1	2	75	66	66	75	66	80
20	2	2	50	66	66	50	100	80
20	3	3	75	100	66	75	33	80
60	2	3	50	66	66	75	66	80
20	2	2	25	66	33	75	66	40
20	2	2	75	66	100	75	66	80
100	2	3	100	100	100	75	66	100
60	2	3	50	66	66	50	33	80
30	2	3	75	66	33	75	66	60
20	2	3	75	66	66	50	66	80
60	2	2	100	66	100	100	66	40
20	2	2	75	100	66	50	66	80
50	2	2	75	100	66	100	33	80
50	2	3	100	100	66	75	66	60
20	2	3	100	66	66	50	66	40
70	1	2	75	66	66	75	66	60
20	2	2	75	66	66	75	66	60
20	2	4	100	100	100	100	66	80
70	1	3	75	66	66	50	66	80
50	2	2	50	100	66	100	66	100

续表

在校期间成绩优秀程度（%）	每天训练的次数（次）	每次训练课的时间（h）	就读学校的训练条件良好程度（%）	教练的训练方法合适度（%）	所在运动队队员的管理制度完善率（%）	接受训练的科学性和系统性强度（%）	在接受下一次训练时体能恢复情况（%）	对营养补充的重视程度（%）
30	2	2	50	100	66	100	66	80
20	1	2	100	100	100	100	100	80
20	1	2	50	66	66	100	66	60
20	1	2	100	66	100	50	66	60
20	1	1	50	66	66	50	66	80
100	2	3	75	0	66	50	66	40
60	2	2	75	100	100	75	66	80
20	2	3	75	66	66	75	66	100
70	1	3	75	100	66	75	66	60
90	1	3	50	100	66	50	66	20
40	1	2	75	100	66	75	66	80
20	2	2	100	66	100	50	33	100
70	3	2	100	66	100	50	66	60
50	2	3	0	100	100	75	66	60
30	3	4	50	66	66	100	66	40
50	2	2	100	100	100	50	66	60
50	2	2	75	100	100	50	66	60
20	1	3	100	66	66	75	66	80
20	1	2	100	66	100	50	66	60
80	2	3	100	100	100	100	66	60
40	2	3	100	100	100	100	66	80
40	2	3	75	66	66	50	100	100
80	1	3	75	100	66	75	66	60
60	2	4	75	100	66	75	66	80

续表

在校期间成绩优秀程度（%）	每天训练的次数（次）	每次训练课的时间（h）	就读学校的训练条件良好程度（%）	教练的训练方法合适度（%）	所在运动队队员的管理制度完善率（%）	接受训练的科学性和系统性强度（%）	在接受下一次训练时体能恢复情况（%）	对营养补充的重视程度（%）
20	1	3	75	66	100	50	33	80
50	2	2	75	100	66	100	66	80
20	1	2	100	66	100	100	0	80
60	3	3	75	66	66	75	66	80
20	1	3	75	100	66	75	66	60
60	1	3	100	100	100	50	66	60
20	2	2	50	66	33	50	66	60
20	2	4	50	66	66	75	66	80
80	3	3	50	33	33	25	33	60
90	1	2	75	100	33	75	66	60
40	1	3	75	66	66	75	66	60
20	2	2	100	66	100	75	66	100
40	2	2	50	66	33	75	66	80
50	2	3	50	66	66	50	66	80
20	2	4	100	100	100	75	100	60
20	1	1	50	100	66	75	66	60
80	3	3	25	33	33	25	66	60
20	1	2	100	66	66	50	100	60
20	3	2	50	66	100	75	66	60
20	1	2	50	66	0	50	33	60
90	1	4	100	100	66	100	100	0
50	1	3	75	100	66	75	66	80
50	1	3	75	100	66	75	66	40
20	1	2	100	66	100	100	0	80

续表

在校期间成绩优秀程度（%）	每天训练的次数（次）	每次训练课的时间（h）	就读学校的训练条件良好程度（%）	教练的训练方法合适度（%）	所在运动队队员的管理制度完善率（%）	接受训练的科学性和系统性强度（%）	在接受下一次训练时体能恢复情况（%）	对营养补充的重视程度（%）
20	2	2	75	100	100	100	100	100
90	2	4	50	66	66	50	66	60
70	2	4	75	66	33	25	66	60
20	1	1	100	66	100	50	66	80
70	2	3	50	100	100	75	100	80
20	2	2	50	66	100	100	100	80
20	1	2	100	66	100	50	66	100
60	2	2	75	66	100	75	100	100
50	1	3	100	100	100	100	66	60
80	2	2	50	66	100	75	66	60
50	1	2	100	66	100	75	100	60
50	3	1	100	100	100	100	66	60
20	1	3	100	100	100	50	66	60
50	2	2	25	100	66	100	66	100
50	2	2	50	66	100	75	66	100
60	2	3	75	100	66	75	66	80
100	1	2	50	66	66	50	66	80
20	1	3	100	100	100	50	66	60
80	1	3	100	100	100	50	66	60
90	2	3	75	100	66	75	66	80
60	1	2	75	100	100	100	100	60
70	1	2	100	66	66	75	66	60
30	1	2	100	66	100	100	66	60
60	1	2	75	33	66	50	66	60

在校期间成绩优秀程度（%）	每天训练的次数（次）	每次训练课的时间（h）	就读学校的训练条件良好程度（%）	教练的训练方法合适度（%）	所在运动队队员的管理制度完善率（%）	接受训练的科学性和系统性强度（%）	在接受下一次训练时体能恢复情况（%）	对营养补充的重视程度（%）
100	2	2	75	100	33	75	66	60
30	1	2	50	66	66	50	33	60
50	1	3	75	66	100	50	66	20
20	2	2	100	100	100	100	66	80
20	3	2	50	66	66	50	33	60
20	2	3	75	100	66	75	100	80
60	2	3	50	66	66	75	66	80
20	1	2	50	66	66	75	66	60
60	2	2	75	100	100	75	66	80
20	3	3	75	66	66	50	66	80
20	2	2	50	66	66	50	33	40
20	2	2	75	66	66	75	66	80
40	1	2	50	66	33	50	66	100
20	1	4	50	66	66	50	66	80
20	3	3	50	33	66	50	66	80
20	3	4	50	66	66	75	66	80
20	2	2	50	66	66	75	66	60
20	2	2	50	100	100	75	66	80
60	2	4	75	66	100	100	66	80
60	2	3	100	100	100	100	100	100
60	2	3	100	100	66	100	66	60
50	3	3	100	100	66	100	100	100
60	1	3	50	66	66	75	33	60

步骤一：采用初值化对原始数据进行无量纲化。

步骤二：计算差序列。

计算极差：

极差最大值：5.0000；

极差最小值：0.0000。

步骤三：计算关联系数。

步骤四：计算参考序列与各指标之间的灰色关联度，如表 5-40 所示。

表 5-40　在校期间成绩与控制机制关联度

项目	r1	r2	r3	r4	r5	r6	r7	r8
关联度大小	0.7523	0.7587	0.7102	0.7199	0.7156	0.7066	0.6949	0.7003

由结果可知：每天训练的次数的灰色关联度为 0.7523、每次训练课的时间的灰色关联度为 0.7587、就读学校的训练条件良好程度的灰色关联度为 0.7102、教练的训练方法合适度的灰色关联度为 0.7199、所在运动队队员的管理制度完善率的灰色关联度为 0.7156、接受训练的科学性和系统性强度的灰色关联度为 0.7066、在接受下一次训练时体能恢复情况的灰色关联度为 0.6949、对营养补充的重视程度的灰色关联度为 0.7003。

二、各指标的灰色关联度及排序

（一）管理员层 35 项二级指标灰色关联度结果

经过灰色关联计算，得到管理员层 35 项二级指标灰色关联度结果，如表 5-41 所示。

表 5-41　管理员层 35 项二级指标灰色关联度结果排序

指标	关联度	排序
每月的工资收入	0.9892	4
运动员用于与训练有关的人月均经费开支	0.9914	1
伙食完善率	0.9844	12
科研力量完善率	0.6884	24
营养保健完善率	0.987	9
学校对训练的支持率	0.9889	5
社会的重视度	0.9878	7

续表

指标	关联度	排序
运动员文化学习和训练的矛盾关系突出率	0.9898	3
高水平运动队教练员的业务水平优秀率	0.9868	10
队员遵守校纪校规率	0.9852	11
队员学习率	0.4832	35
学校学制符合高水平运动员成才规律要求率	0.9873	8
对高水平运动队动力机制的认同率	0.9757	13
对单位工作待遇的满意度	0.9902	2
高水平运动员的毕业就业率	0.9881	6
对运动队最新信息和动态关注程度	0.6715	26
每年每名高水平运动员年平均经费	0.8312	14
运动员保险完善率	0.7598	20
心理调控完善率	0.7225	23
家长对训练的支持率	0.7752	18
对目前高水平运动队中激励机制的认同度	0.5964	31
对高水平运动队发展的重视程度	0.5975	30
对目前高水平运动队竞赛机制认同度	0.7628	19
对高水平运动队体制是否符合培养高水平世界冠军需要认同度	0.5103	34
对高水平田径运动队体制是否符合培养全国冠军需要的认同度	0.7824	16
对目前训练时间安排满意度	0.7804	17
现行高校竞赛制度的合理性	0.7845	15
兼任工作对目前管理工作的影响程度	0.5865	32
所开设运动项目的训练率	0.6337	27
每次训练时间	0.6184	29
每周训练天数	0.678	25
做运动员的时间	0.6293	28
每年招收高水平运动员的规模	0.7472	21

续表

指标	关联度	排序
对目前高水平运动队控制机制的认同度	0.5479	33
对营养品补充的重视程度	0.7327	22

（二）教练员层 35 项二级指标灰色关联度结果

经过灰色关联计算，得到教练员层 35 项二级指标灰色关联度结果，如表 5–42 所示。

表 5–42　教练员层 35 项二级指标灰色关联度结果排序

指标	关联度	排序
每月的工资收入	0.9030	5
运动员用于与训练有关的人月均经费开支	0.7026	35
伙食影响程度	0.9039	2
科研力量完善率	0.9039	2
营养和恢复影响程度	0.9041	1
学校的支持程度	0.9026	6
社会的重视度	0.9037	4
运动员文化学习和训练的矛盾关系突出率	0.8180	34
高水平运动队教练员的业务水平优秀率	0.8221	29
队员遵守校纪校规率	0.8224	26
队员学习率	0.8183	33
学校学制符合高水平运动员成才规律要求率	0.8378	13
对高水平运动队动力机制的认同率	0.8394	11
对单位工作待遇的满意度	0.8401	9
高水平运动员的毕业就业率	0.8265	23
对运动队最新信息和动态关注程度	0.8304	19
每年每名高水平运动员年平均经费	0.8430	8
心理调控影响程度	0.8282	22
家长的支持程度	0.8224	26

竞技体育后备人才培养研究

续表

指标	关联度	排序
对目前高水平运动队中激励机制的认同度	0.8368	16
高水平运动队组织机构的合理性	0.8254	24
高水平运动队组织机构人员之间的合作关系	0.8215	31
对目前高水平运动队竞赛机制认同度	0.8386	12
对高水平运动队体制是否符合培养高水平世界冠军需要认同度	0.8348	17
对高水平田径运动队体制是否符合培养全国冠军需要的认同度	0.8369	15
对目前训练时间安排满意度	0.8301	20
现行高校竞赛制度的合理性	0.8378	13
所开设运动项目的训练率	0.8339	18
每次训练时间	0.8291	21
每月训练天数	0.8241	25
做运动员的时间	0.8577	7
每年招收高水平运动员的规模	0.8222	28
对目前高水平运动队控制机制的认同度	0.8395	10
对营养补充的重视程度	0.8219	30
运动队成立年限	0.8189	32

（三）运动员层 35 项二级指标的灰色关联度结果

经过灰色关联计算，得到运动员层 35 项二级指标的灰色关联度结果，如表 5-43 所示。

表 5-43　运动员层 35 项二级指标灰色关联度结果排序

指标	关联度	排序
营养保健完善率	0.9724	6
科研力量完善率	0.9735	4
伙食完善率	0.9732	5
与教练员之间的矛盾对训练的影响程度	0.6905	32
目前的训练成绩在运动队中的优秀程度	0.9781	1

· 240 ·

续表

指标	关联度	排序
对自己训练情况的满意度	0.9747	2
学校对训练的重视程度	0.9738	3
认为目前文化学习的重要程度	0.7351	11
对自己学习的满意度	0.6701	35
在文化学习中的压力程度	0.7120	20
在训练中的压力程度	0.7387	10
技术水平对训练效果的影响程度	0.7306	12
场地对训练效果的影响程度	0.7108	22
教练员水平对训练效果的影响程度	0.7187	16
个人训练态度对训练效果的影响程度	0.7233	14
经费保障完善率	0.7024	27
对学校运动队激励机制的认同度	0.6926	31
家长对训练的支持率	0.7185	17
教练的训练态度认真程度	0.7441	9
运动员保险完善率	0.7110	21
心理调控完善率	0.7029	26
器械完善率	0.7136	19
对目前训练时间安排满意度	0.7011	28
现行竞赛制度对运动员发展需要的满足度	0.6791	34
现行竞赛制度的合理性	0.7251	13
对高水平运动队体制是否符合培养高水平世界冠军需要认同度	0.6872	33
对高水平田径运动队体制是否符合培养全国冠军需要的认同度	0.7031	25
每天训练的次数	0.7523	8
每次训练课的时间	0.7587	7
就读学校的训练条件良好程度	0.7102	23
教练的训练方法合适度	0.7199	15
所在运动队队员的管理制度完善率	0.7156	18

续表

指标	关联度	排序
接受训练的科学性和系统性强度	0.7066	24
在接受下一次训练时体能恢复情况	0.6949	30
对营养补充的重视程度	0.7003	29

三、竞技体育后备人才培养五大机制一级指标灰色关联度综合排序

（一）计算结果

1984 年洛杉矶奥运会上，许海峰夺得手枪 60 发慢射奥运冠军，为我国取得了首枚奥运金牌。自此之后，竞技体育开始进入国人的视线，奥运精神逐渐开始盛行。2004 年雅典奥运会和 2008 年北京奥运会，更是把我国的竞技体育事业发展推向了巅峰，全民体育运动使我国的体育后备人才培养备受重视。然而，在竞技体育后备人才培养和管理上还缺乏统一的标准。本章采用灰色关联分析方法对竞技体育后备人才培养与管理效能在定性和定量上依次进行了描述及论证。

通过处理针对管理层、教练员层和运动员分别发放问卷 100 份、200 份、200 份，分别回收有效问卷 75 份、175 份和 187 份。以所调研运动队 2015~2017 年全国比赛平均获奖人数和在校期间成绩为基期，并通过问卷调查或访谈，征求专家、学者及教练员的意见，选取并确定大家公认的、有代表性的、能反映竞技体育后备人才培养状况的保障机制、动力机制、激励机制、竞赛机制、控制机制五大机制作为一级指标，35 项能全面反映这五大运行机制培养效能的二级指标为比较序列。经使用灰色关联度的相关理论和模型，借助"灰色建模软件（第七版）"软件计算，结果如表 5-44 所示。

表 5-44　一级指标的灰色关联度综合排序

指标		关联度	均数	排序
保障机制	管理层	0.9453	0.9179	1
	教练员层	0.8748		
	运动员	0.9337		
动力机制	管理层	0.9233	0.8229	2
	教练员层	0.8281		
	运动员	0.7174		

续表

指标	关联度		均数	排序
激励机制	管理层	0.7077	0.7499	4
	教练员层	0.8297		
	运动员	0.7122		
竞赛机制	管理层	0.7241	0.7529	3
	教练员层	0.8356		
	运动员	0.6991		
控制机制	管理层	0.6467	0.7325	5
	教练员层	0.8309		
	运动员	0.7198		

在五大运行机制中，保障机制的关联度平均最大，达到了 0.9179，其次是动力机制、竞赛机制和激励机制，关联度平均值分别为 0.8229、0.7529 和 0.7499，控制机制的关联度均值最低，为 0.7325。

（二）结果分析

保障机制和动力机制的作用需要通过竞赛机制体现出来，通过竞赛可以有效促进人们德智体综合发展，也是促进文化建设的有效方式。而竞赛机制，需要通过激励机制的提高来实现。在实际体育竞赛过程中，指导者采用正确的激励机制进行指导，能够激发竞赛者参加比赛的积极性，让竞赛者在竞争过程中感受体育精神带来的乐趣和成功感，即竞赛机制与激励机制同等重要。

在本书的分类中，一些二级指标虽然被分类到了竞赛机制中，但其中代表的属性在相当大的成分下也可以被分类到激励机制中，因此，保障机制总体而言排在第一位，对后备人才成长最为重要，动力机制排在第二位，居次要地位，说明品德教育培养非常重要；竞赛机制排在第三位，说明完善合理的赛事体制及竞赛的桥梁作用对运动员成长同样重要；激励机制排在第四位，说明现代社会，物质奖励与精神奖励同等重要；控制机制排在第五位，说明控制机制虽然对后备人才培养影响很大，但由于其对社会制度和文化环境的唯一性，相对来说，当下的人们更看重前四项指标。

综上，我们的模型和数据在误差允许的范围内是可行的，具有一定的可靠性，我们的结果也有一定的参考意义。根据计算结果可以发现，五大机制的关联度均值均大于 0.7，表明相关机制对后备人才培养成长有着紧密的联系。依其计算结果，在竞技体育后备人才培养与管理上，要加大保障机制和动力机制的权重，同时要兼顾激励机制、竞赛机制和控制机制的提高。为验证保障、动力、竞赛、激励、控制五大机制的灰色关联度的准确性，我们进一步运用灰靶决策确认其可靠性。

第六节　基于灰靶决策的"竞技体育后备人才培养"体系模型

一、灰靶决策

（一）灰靶决策概述

灰靶决策[①]是灰色系统理论中解决多指标决策问题的方法之一。在已有的灰靶决策研究中，都是把各指标的重要性等同看待，而且对各指标的效果样本矩阵直接建模。在实际中，不同的指标在不同的决策中具有不同的作用，因此在多目标决策中将各指标等同看待不符合实际情况，应对原有的灰靶决策模型进行改进。由于各指标的量纲不同，如对效果样本矩阵不加处理直接建模，从数学的角度看，它们之间进行比较是没有实际意义的，因此在建模前必须对效果样本矩阵进行无量纲化处理。

（二）灰靶决策运用

本书以三个层面人员的指标关联度为调查对象，运用多指标加权灰靶决策模型进行分析，以最终结合算例证实多指标加权灰靶决策模型应用的合理性。

定义：

设多指标决策问题有 n 个被评估对象或拟定的决策方案组成决策方案集 S，$S = \{S_1, S_2, \cdots, S_n\}$；m 个评价指标或属性组成指标集 A，$A = \{A_1, A_2, \cdots, A_m\}$；方案 S_i 对指标 A_j 的效果样本值为 $x_{ij}(i = 1, 2, \cdots, n; j = 1, 2, \cdots, m)$，则方案集 S 对指标集 A 的效果样本矩阵为：

$$X = \begin{bmatrix} x_{11} & x_{12} & \cdots & x_{1m} \\ x_{21} & x_{22} & \cdots & x_{2m} \\ \vdots & \vdots & & \vdots \\ x_{n1} & x_{n2} & \cdots & x_{nm} \end{bmatrix}$$

---

① 党耀国，刘思峰，王正新，林益等．灰色预测与决策模型研究［M］．北京：科学出版社，2009.

指标属性集 $A=\{A_1,A_2,\cdots,A_m\}$ 一般情况下可分为三种类型，即"效益型"、"成本型"和"区间型"。

由于指标集中的指标具有不同的量纲，在决策时，难以对它们进行直接比较，因而需要对原始效果样本矩阵进行初始化处理，得决策矩阵 R。

$$R=\begin{bmatrix} r_{11} & r_{12} & \cdots & r_{1m} \\ r_{21} & r_{22} & \cdots & r_{2m} \\ \vdots & \vdots & & \vdots \\ r_{n1} & r_{n2} & \cdots & r_{nm} \end{bmatrix}$$

设

$$r_j^0 = \max\left\{r_{ij} \mid 1 \leqslant i \leqslant n\right\}, j=1,2,\cdots,m$$

则称

$$r=\left(r_1^0, r_2^0, \cdots, r_m^0\right)$$

为多指标灰靶决策的最优效果向量，也称为靶心。

称

$$R^{(m)}=\{(r_{i1},r_{i2},\cdots,r_{im}) \mid \omega_1\left(r_{i1}-r_1^o\right)^2 + \omega_2\left(r_{i2}-r_2^o\right)^2 + \cdots + \omega_m\left(r_{im}-r_m^o\right)^2 = R^2\}$$ 为

以 $r=\left(r_1^0, r_2^0, \cdots, r_m^0\right)$ 为靶心的 m 维椭球灰靶。

设 $r_i=\left(r_{i1},r_{i2},\cdots,r_{im}\right)\in R^{(m)}$，称

$$\varepsilon_i = |r_i - r| = \sqrt{\omega_1\left(r_{i1}-r_1^o\right)^2 + \omega_2\left(r_{i2}-r_2^o\right)^2 + \cdots + \omega_m\left(r_{im}-r_m^o\right)^2}$$

为效果向量 r_i 的靶心距。靶心距的大小反映了效果向量的优劣。

效果向量 r_i 的靶心距 ε_i 越小，则决策方案 S_i 越优；反之，效果向量 r_i 的靶心距 ε_i 越大，则决策方案 S_i 越差。

综上所述，可得多目标加权灰靶决策模型的算法如下：

（1）根据多指标决策问题构造效果样本矩阵 $X=(x_{ij})_{m\times n}$，确定每个指标的权重向量为 $\omega=(\omega_1,\omega_2,\cdots,\omega_m)$；

（2）对效果样本矩阵 X 进行变换，得决策矩阵 $R=(r_{ij})_{m\times n}$；

（3）由决策矩阵 R，得出最优效果向量 r；

（4）求出效果向量 r_i 的靶心距 $\varepsilon_i(i=1,2,\cdots,n)$，$\varepsilon_i$ 按从小到大的顺序排列，即可得到对各方案的最优排序；

（5）结束。

（三）灰色加权灰靶决策模型计算过程

我们利用灰色加权灰靶决策模型求出五大保障机制的排序。

（1）数据选取。选取经使用灰色关联度的相关理论和模型，借助"灰色建模软件（第七版）"软件计算后，获得的管理员层、教练员层、运动员层的结果数据，如表5-45所示。

表5-45 不同层次一级指标的灰色关联度

	管理员层关联度	教练员层关联度	运动员层关联度
保障机制	0.9453	0.8748	0.9337
动力机制	0.9233	0.8281	0.7174
激励机制	0.7077	0.8297	0.7122
竞赛机制	0.7241	0.8356	0.6991
控制机制	0.6467	0.8309	0.7198

由于关联度以数值大小评定优劣，数值越大关联度越高，即为指标值越大越优的效益型指标[1]。则有以下"罚劣"算子：

$$r_{ij} = \frac{x_{ij}}{\max(x_{ij})} - \frac{\max(x_{ij}) - x_{ij}}{\max(x_{ij})} \tag{5-16}$$

（2）由表5-45数据建立效果样本矩阵：

$$X = \begin{bmatrix} 0.9453 & 0.8748 & 0.9337 \\ 0.9233 & 0.8281 & 0.7174 \\ 0.7077 & 0.8297 & 0.7122 \\ 0.7241 & 0.8356 & 0.6991 \\ 0.6467 & 0.8309 & 0.7198 \end{bmatrix}$$

由于五大机制同等看待，则指标权重向量为：

$\omega = (0.2, 0.2, 0.2, 0.2, 0.2)$

（3）由管理员层关联度、教练员层关联度、运动员层关联度均为效益型指标，按照式（5-16）进行无量纲化处理。则得无量纲决策矩阵：

$$R = \begin{bmatrix} 1.0000 & 1.0000 & 1.0000 \\ 0.9535 & 0.8932 & 0.5369 \\ 0.4973 & 0.8969 & 0.5255 \\ 0.5320 & 0.9104 & 0.4975 \\ 0.3682 & 0.8996 & 0.5418 \end{bmatrix}$$

---

① 丁云红.基于改进灰靶决策的女子七项全能排名模型［D］.成都信息工程大学硕士学位论文，2018.

（4）由决策矩阵可得最优效果向量：

r=（1.0000,1.0000,1.0000）

（5）计算靶心距 ε_i：

$$\varepsilon_i = |r_i - r| = \sqrt{\omega_1\left(r_{i1} - r_1^o\right)^2 + \omega_2\left(r_{i2} - r_2^o\right)^2 + \cdots + \omega_m\left(r_{im} - r_m^o\right)^2}$$

$\varepsilon_1=0$，$\varepsilon_2=0.2135$，$\varepsilon_3=0.3126$，$\varepsilon_4=0.3097$，$\varepsilon_5=0.3519$

（6）按 ε_i（i=1，2，3，4，5）值从小到大的顺序排列，即可得到五大机制的排序为：保障机制＞动力机制＞竞赛机制＞激励机制＞控制机制。因此，加大保障机制的建设是培养竞技体育后备人才的最优方案。

二、结论

（1）不管是针对管理员层还是教练员层，或者是运动员层，反映竞技体育后备人才培养现状指标的灰色关联度的排序结果相差都不大，只有少数相关变量的排序结果有细微变化。同时，大体一致的排序结果也验证了采用灰色关联分析法探究影响竞技体育培养现状因素的可行性与结果的可靠性。

（2）计算结果显示：保障机制排在第一位。说明一线管理人员、教练员和运动员都愿接受竞技体育后备人才培养的法治化、规范化、制度化管理。动力机制排在第二位，说明广大体育工作者和运动员都清醒地认识到体育无国界、体育人有国情。从小抓好儿童青少年的品德教育非常重要，其是正能量内动力产生的源泉。竞赛机制排在第三位，说明随着现代社会的不断进步，人们对精神文化的追求和精神享受越来越重视，竞赛杠杆不仅为青少年运动员提供了才华展示的大舞台，而且是文明信息传递、交流的好平台。完善科学合理的赛事体制对运动员成长很重要。激励机制排在第四位，说明现代社会，物质奖励与精神奖励同样重要。控制机制排在第五位，作为偏向宏观层面的管控机制，一线基层人员对前四项机制看得更重。

（3）全部数据计算结果显示，5 个一级指标，35 个二级指标的所有灰色关联度都大于 0.6，这表明相关机制对竞技体育后备人才成长均有着紧密的联系。

三、建构竞技体育后备人才培养新模式

所谓建构新模式，是将竞技体育后备人才培养的各种基本要素（通过访谈、问卷调查、实地观察等收集），以灰色理论等相关原理为基础，按照体育强国目标下，新时代社会发展对竞技体育后备人才培养的要求，为实现其发展目标进行优化整合，建构新的运行机制和组织架构，以适应新时代社会发展要求。

（一）建构管理模式

本书以社会协同学、空间布局理论为指导，灰色理论为重点，经资料梳理，现状分析，逻辑推演，在建构理论分析框架的基础上，通过走访不同单位、不同层级领导、学者、专家和教练员，剖析影响竞技体育后备人才培养管理诸因素，选择被调研对象近三年运动成绩获得人数为母序列，选择与人才成长极其关联的保障、动力、竞赛、激励、控制5个机制为一级指标及与五个一级指标密切关联的35项二级观测指标为因子构建了灰色模型；编制了既符合新时代我国社会发展要求，又符合我国竞技体育后备人才培养需求，具有地方特色的运行机制的建模编程。根据灰色系统理论，我们可以把调研的全部单位看成一个灰色系统工程，在运用"灰色系统软件（第七版）"对其一、二级指标的关联度进行计算分析后，把动力机制、竞赛机制、激励机制、控制机制和保障机制这5项一级指标在其运动队管理中的地位和作用予以揭示，展示了它们之间的相互关系。通过"灰靶决策模型"对其运算结果再次测算验证，建构了"政府为主导、学校和社会参与培养为主"的多元模式。在整个运算过程中，其中，收集、甄别影响竞技后备人才培养因素的保障机制、动力机制、竞赛机制、激励机制和控制机制等建模因子的研究是重点；构建既符合新时代我国社会发展要求，又符合我国竞技体育后备人才培养需求，具有地方特色培养模式的建模编程是难点。

（二）建构的主要依据

实操层面，以新发展理念为引领，满足新时代我国社会政治、经济、文化、人文地理、生态环境等多种因素发展所需和竞技体育、全民健身、学校体育、体育产业、体育文化发展的要求。宏观层面，在新时代、新环境、新使命下，围绕第二个百年奋斗目标和体育强国及健康中国两大战略目标，配合我国社会改革发展的要求。

（三）竞技体育后备人才培养新模式

"体教融合"是世界体育发展的趋势，本书的主要目标是在充分梳理我国竞技体育后备人才培养的成长历程、分析发展现状的基础上，探究新时代中国竞技体育后备人才培养的发展之路，针对新时代下的社会特征，构建符合社会发展需要的，以政府为主导、学校和社会共同参与的"体教深度融合"为主，以俱乐部、体育协会为辅，完善"举国体制"与市场机制相结合的新型体制机制下的竞技体育后备人才培养模式。为国家输送高质量的竞技体育人才，以保障高质量地完成奥运会、世界锦标赛、世界大学生运动会及国际、国内重大体育比赛的参赛任务，为国家奥运争光计划和竞技体育可持续发展做贡献。

（四）建构的主要观点

（1）人才培养的价值取向。自党的十四大提出建设有中国特色的社会主义市场经济体制的社会改革价值取向以来，到党的十九届四中全会提出提升和完善国家治理体系和治理能力的要求，我国社会事业管理体制的改革一直围绕着"管办分离"和机制的转换而进行。

（2）人才培养体制改革所需。中央体制改革，要求国家体育总局实施"管办分离"，目的是解决"无限责任"政府的乱作为和不作为现象。通过权力下放，把政府从具体事务中解放出来，让政府在社会发展中起导向作用、管制作用和服务作用。把大量事务性工作交由社会或集体办。例如，赛事体制改革，政府发挥宏观调控作用，具体赛事方案、赛事运作等交由社会第三方办，既提高了政府办事效益，又避免了腐败现象的发生。在人才培养上，过去由政府一手包办，在计划经济年代确实起到重要作用，新时代，随着社会发展，社会资源配置方式以市场需求为准则，政府单一人才培养行为无法满足社会需要，应让社会力量和集体力量加入进来，通过市场调节资源，达提高人才培养质量之目的已成社会发展必然趋势。

（3）社会变革的需要。在上层建筑引领下，社会生产力水平的快速提升影响着社会前进的方向。社会向前发展必然导致社会事物必须与此相适应，竞技体育后备人才的培养也是如此。无论原有人才培养模式取得了多么大的成就，但在社会发展洪流中，如不顺应社会改革要求，都会被社会所遗弃，这是一个不以人们意志为转移的客观要求。过去是政府单独办，现在是政府、企事业、社会一起办。走多元化道路，就是顺应社会发展的要求。因而，人才培养的机制和组织形式的调整实属应然。

（4）竞技体育发展的趋势。70多年的竞技体育后备人才培养历程，已从青涩的启蒙期迈向了成熟期。期间，国家在政治、经济、文化、生态等社会诸方面发生了巨大变化，中国经济总量已上升为世界第二位，中国梦已向世人召唤，中国体育取得了长足的进步，已由体育大国向体育强国迈进。"加快建设体育强国，就要把握体育强国梦与中国梦息息相关的定位，把体育事业融入实现'两个一百年'奋斗目标大格局中去谋划。"

第六章　对新时代我国竞技体育后备人才培养新模式构建的启示

　　我国改革开放 40 多年来，体育发展与体制改革交错并行，相互促进。"十四五"时期，加快转变体育发展方式，高质量发展我国体育事业是主线，改革是转变体育发展方式的根本动力。转变体育发展方式，确保体育"五位一体"高质量发展，是二十大党和政府为我国实现体育强国描绘的蓝图。[①] 这也将是体育学术界研究的热点问题，截至目前，无论是其内涵、推进机制，还是构架体系，都还在探索与完善之中，尚未形成较权威和完整的理论体系。

　　从新中国成立到改革开放之初，竞技体育作为体育事业的重中之重，虽然取得了较大成就，在亚洲处于领先水平，但我国竞技体育运动水平与世界体育强国相比，仍有很大差距。为了迅速提高我国竞技体育运动水平，更好地服务国家政治和民族需要，由体育大国向体育强国迈进，20 世纪 80 年代初期，随着国家开启的经济、社会、政治改革和现代化建设进程，国务院批准了国家体委提出的深化体育体制改革方案，开启了"体育强国"建设序幕。[②] 这种"体育强国"建设是一种追赶型的建设。中国的"体育强国"建设是以实施计划经济体制下构建的"举国体制"的竞技体育体制改革为主线，随着计划经济向市场经济的转变，通过不断强化制度供给和制度创新促进竞技体育转轨。在发展方式方面，按照增长发展观的要求，把在世界级比赛夺冠作为体育强国几乎唯一的量度指标，通过举国体制的形式，跨越式发展，促使我国竞技体育运动水平迅速提高，从 1984 年洛杉矶奥运会夺得首金开始至今，已取得了让世人瞩目的成就，少体校为此作出

---

　　① 习近平：高举中国特色社会主义伟大旗帜 为全面建设社会主义现代化国家而团结奋斗——在中国共产党第二十次全国代表大会上的报告 [N].人民日报，2022-10-17（01）.

　　② 国家体委政策研究室编.中共中央关于进一步发展体育运动的通知（中发〔1984〕20号）[A]//体育运动文件选编（1982–1986）[M].北京：人民体育出版社，1989.

了巨大贡献。通过这一方式，中国进入了发展最快、进步最大、变化最深刻的历史时期，举国体制的竞技体育让大多数人感受到改革开放和经济社会发展的丰硕成果①。

改革初期，以少体校为主体培养竞技体育后备人才，为单纯追求竞技体育运动水平，改变世人对我国的认识有积极作用，应该得到充分肯定。随着经济社会发展，以政府包办的"举国体制"竞技体育发展方式的单向度倾向日益明显。一是发展的成本太高、代价太大。二是易混淆人们的观念。很多地方和部门领导分不清竞技体育和群众体育的关系，坚信竞技体育就是体育强国的唯一，少儿体校是培养竞技体育后备人才的唯一阵地。由此削弱了群众体育的发展，忽视了学校和社会组织的力量。

目前，改革已经进入深水区，体育体制改革所面临的形势和各方面的利益关系越来越复杂，改革推进在各种利益纠结下面临多方面的现实困境，使得改革的难度加大。一方面，体育体制方式转变对改革提出了更高的要求，改革迫切性进一步增强；另一方面，以完善政府为主导、社会参与的新型"举国体制"下竞技体育发展方式及竞技体育后备人才培养为主线的改革必然会更多触及上层建筑领域，更多地触及深层次的利益矛盾。②③新时代，党和政府为我们规划了体育强国建设目标和宏伟蓝图，先后出台了 3 份纲领性文件：《竞技体育后备人才培养工作指导意见》④《全面加强和改进新时代学校体育工作的意见》⑤《关于深化体教融合　促进青少年健康发展的意见》⑥。秉承这一宗旨，如何高质量培养我国竞技体育后备人才呢？本书认为，以政府主导、学校负责、社会多种成分参与的"举国体制"和市场机制相结合的"体教融合"是高质量培养竞技体育后备人才的发展趋势，各种人才培养要素的投入是确保"体教融合"顺利推进的基础，顶层设计和制度是关键。从机制方面入手，在理论探索的基础上，运用灰色理论，针对新时代高质量培养竞技体育后备人才的要求，通过甄别影响竞技体育后备人才培养的诸因素，筛选并确定以保障机制为主，动力、竞赛、激励和控制机制为辅的五个要素为建模因子，构建了"体教融合"模型，用于与高水平竞技体育后备人才培养基地、体校、学校运动队的指导交流。

————————

①②　唐龙.体制创新与发展方式转变［M］.北京：中国社会科学出版社，2012.

③　杨桦，任海.中国体育发展方式改革研究［M］.北京：高等教育出版社，2016.

④　国家体育总局、教育部.关于加强竞技体育后备人才培养工作的指导意见（体青字〔2017〕99 号）［Z］.2017.

⑤　中共中央办公厅　国务院办公厅.关于全面加强和改进新时代学校体育工作的意见［Z］.2020.

⑥　体育总局　教育部.深化体教融合促进青少年健康发展意见（体发〔2020〕1 号）［Z］.2020.

第一节　启示一：高质量培养后备人才的
治理体系的创新

一、当前我国培养竞技体育后备人的治理体系

治理体系和治理能力现代化，是高质量发展的核心。习近平总书记在党的十八届三中全会第二次全体会议上就"推进国家治理体系和治理能力现代化"作了深刻阐释：① 就是要适应时代变化，既改革不适应实践发展要求的体制机制、法律法规，又不断构建新的体制机制、法律法规，使各方面制度更加科学、更加完善，实现党、国家、社会各项事务治理制度化、规范化、程序化。要更加注重治理能力建设，增强按制度办事、依法办事意识，善于运用制度和法律治理国家，把各方面制度优势转化为管理国家的效能，提高党科学执政、民主执政、依法执政水平。当下，我国体育事业正处于蓬勃发展和管理体制亟待转型的矛盾凸显期。针对竞技体育、学校体育等领域，有以下急待解决的治理问题。

（一）急待完善的学校体育体系

调研发现，竞技体育与学校体育、群众体育发展的不平衡，不对称。产生的原因，除了不同阶段国民经济、社会、政治发展因素影响外，在我国学校体育发展进程中，管理机制滞后、学校课余体育赛事机制不健全、动力与激励机制落伍、课程体系与教学衔接不畅、文化学习与业余训练体系脱节、教练员培训制度不健全等问题依然凸显，导致我国学校体育发展遇到阻碍。② 这与体育管理者及一线体育工作者自身对体育的认识与理念不到位，政策的理解与把握不精确有很大关联。面对我国学校体育体系中存在的问题，如何针对新时代对培养竞技体育后备人才的要求，借鉴他人经验，有效破解学校体育不均衡、不充分发展的困惑，打造具有中国特色的学校体育发展方式已成为社会关注的焦点。

（二）相对滞后的学校体育改革

40多年来的改革开放，国家建设发生了巨大变化，学校体育也取得了显著进步，无论是其指导思想的更新，还是管理体制的建设，抑或是运行机制的完善均得到发展。③ 但相较于经济社会改革而言，学校体育改革相对滞后。一是竞技体育的发展与后备人才培养体系与运行机制发展不对称，后备人才数量不足；

---

① 习近平.切实把思想统一到党的十八届三中全会精神上来［EB/OL］.共产党员网，2014-01-01（02）.
② 李乐虎，王健，高奎亭等.深化体教融合背景下我国学校体育治理的现实困境与路径选择［J］.天津体育学院学报，2022（9）：520–527.
③ 季浏，马德浩.新时代我国学校体育改革与发展［J］.体育科学，2019，39（3）：3–12.

· 252 ·

二是学校体育的区域发展及城乡发展不平衡，表现在经济发达区域与经济不发达区域，中心城市与农村区域的不平衡；三是学校体育资源供给不充分，表现在场地、器材、体育师资的缺乏；四是学校体育制度供给不充分，尤其是跨部门协同治理制度的不完善；五是原有"举国体制"与"学校体育"的目标、管理体制不同，无法实现真正意义上的"体教结合"或"教体结合"。这些因素制约着新时代以人为本，全面提升学生体质健康与人文综合素养、满足学生美好生活的需要。如何在新时代奔向新征程的第二个百年奋斗目标的道路上，探求多元化发展模式，既要从学理层面，也要从实践层面对我国学校体育发展方式，尤其是竞技体育后备人才培养进行深化改革与综合治理①。学校体育是具有完备理论支撑的独立学科系统，对其发展的组织、制度、体系、文化、执行等应进行科学的顶层设计与系统管理理论分析，构建以夺标育人，促进人的全面发展为目的；改革旧有模式，尝试国家宏观调控，学生体育协会主管，课余体育竞赛为牵引，各级学校为参与主体的管理体制是本书探求的一种路径选择。

（三）攻坚克难的学校体育治理能力

我国学校体育治理体系的组成与内容实施均在国家相关政策、法律、体制的向导下具体展开。《体育发展"十四五"规划》对我国学校体育治理提出了明确的要求，为我国学校体育治理转型提供了新的方向②。面对新时代我国竞技体育后备人才培养回归教育的召唤，在从"分离"到"结合"再到"融合"的发展过程中，培养后备人才发展的新思路、新理论、新实践依然存在与基层学校教学训练实践有效接轨屏障，急需学校体育攻坚克难。一是学校体育管理的"人治"向"法治"转变，例如，内部管理的工作机制、部门间的协调机制、工作评价与督导机制等；二是随着市场经济体制的不断完善，过去由政府独办机制向社会组织多元机制共同协办转变，例如，认识与理念转变、顶层战略设计与综合施策等；③三是学校体育资源不充分与文化堕距，例如，不同区域资源配置不充分、城市与农村地区体育发展不平衡等④。这些瓶颈，导致学校体育治理体系不完善、治理能力不强、监管机制不畅，无形中阻碍了我国学校竞技体育的改革与发展。在全面推进中国特色社会主义现代化强国的道路上，需要转变培养后备人才发展

①　张祥府，代刚.我国青少年竞技体育后备人才培养的区域化发展：集中度分析与梯度发展策略研究［J］.体育科学，2021（8）：53-60.

②　许弘，李先雄.体教融合背景下青少年体育活动开展的困境与思考［J］.体育学刊，2021（3）：7-12.

③　高天恩，郭涵玉，戴红磊.我国学校体育治理体系和治理能力现代化：基本内涵、现状困境、推进路径［C］.第十二届全国体育科学大会论文摘要汇编——专题报告（体育管理分会），中国会议，2022，3.

④　谢哲，卓唯.治理现代化视域下农村学校体育的困境与路径研究［J］.辽宁体育科技，2021（7）：114-118.

方式，走高质量竞技体育发展道路，推动学校体育转型与升级，为建设体育强国提供重要支撑。

二、高质量培养竞技体育后备人才的治理能力

国家治理体系和治理能力是一个相辅相成的有机整体，有了好的国家治理体系才能真正提高治理能力，才能充分发挥国家治理体系的效能。作为治理体系核心内容的制度，其作用具有根本性、全局性、长远性，但若没有有效的治理能力，再好的制度和制度体系也难以发挥作用[1]。我国竞技体育后备人才培养与学校体育发展具有相互依存、相互促进的过程及关系；学校"体教深度融合"组织的发展主要受到 3 种制度逻辑的影响：以举国体制逻辑与部门利益为代表的政府逻辑、以普通大学生培养为核心目标的高校逻辑、以产权和效率为核心的市场逻辑[2]。

如何打造学校体育的治理体系和治理能力呢？国内外学者提出了许多有益的治理策略，其成果有：学校体育供给则结构改革方面，有惠陈隆、冯连世、胡利军等（2017）[3]以及辜德宏（2018）[4]学者在学校体育发展的政策扶持、科学规划、项目布局、供给方式、多元治理机制、治理理念、法制体系等方面提出了许多新认识、新理念、新观点和新方法。学校体育协同治理方面有柳鸣毅、敬艳、孙术旗等（2022）[5]，杜放（2018）[6]，刘伟、潘昆峰（2018）[7]等，学者们在顶层设计、制度保障、四方联动协同治理、建立大中学校联赛机制、运动员选拔等方面提出了积极建议。上述研究成果表明，面对我国培养竞技体育后备人才与学校体育发展治理举措不足问题，需要我们以新发展理念为引领，在借鉴域外治理经验基础上，加快学校体育改革的步伐，切实加强管理人员与一线人员的培训力度，提高体育认识与体育理念；不断改革与完善保障、动力、激励、竞赛、控制等机制，构建符合新时代培养竞技体育后备人才的管理体制；加强学校体育自身建设，以人为本，提升培养竞技体育后备人才治理能力；积极构建多元协同的治

① 罗文东.推进国家治理体系和治理能力现代化［N］.光明日报，2017-05-12（02）.
② 王先亮，张瑞林，高岩.青少年体育治理化转型及其对策［J］.沈阳体育学院学报，2017（5）：7-11+19.
③ 惠陈隆，冯连世，胡利军等.我国体育传统项目学校的管理现状分析：成效、问题与对策［J］.中国体育科技，2017（1）：9-16.
④ 辜德宏.供需视阈下我国竞技体育发展战略研究［J］.北京体育大学学报，2018（3）：14-25+32.
⑤ 柳鸣毅，敬艳，孙术旗等.行政放权与多元赋能："社会力量办体育"的中国方案——基于浙江省改革实践的案例分析［J］.上海体育学院学报，2022（9）：30-41+52.
⑥ 杜放.美国大学竞技体育文化透析与启示［J］.体育学刊，2018（6）：117-120.
⑦ 刘伟，潘昆峰."教体结合"组织发展困境——基于多重制度逻辑视角［J］.北京体育大学学报，2018（3）：54-59.

理新格局，推动新时代我国竞技体育后备人才培养与学校体育高质量发展。

（一）加强管理人员与一线人员的培训力度，提升体育认识与理念

在学校体育转型治理方面，加快学校体育改革，构建培养竞技体育后备人才多元协同治理格局，聚焦学校体育治理的根源问题，坚持精准施策、靶向发力。正如矛盾的两个方面，好的治理体系必然来源于好的治理能力。也就是说，管理人员和一线工作者的能力甚为重要，而他们对体育的认识与对体育的理念是关键。课题组在湖南实地调研时，专题采访国家体育教学委员会委员、湖南师大孙洪涛教授时获取的一个案例，有很大启发性。

案例一："黄伯云院士的育人观"①

中南大学高水平运动搞得好，主要来源于领导重视。而领导重视，来源于两个方面：一是领导自身素养高，能从育人的教育高度认识体育的功效，并树立正确的育人观。二是通过各种途径，展示体育的育人功效，让领导深刻领会毛主席说的身体好、工作好、学习好的"三好"辩证关系，并促使领导树立正确的育人观，中南大学是如何做好学校体育工作的呢？这里有个故事，"黄伯云院士的育人观"。中南大学校长黄伯云是中国工程院院士，此前不懂体育，不爱好运动，黄院士2001年12月任中南大学校长后，狠抓教学科研建设并取得明显效果。一次，黄校长带队去美国高校访问，当黄校长向美国同行介绍其办学情况和学校所取得的科研成果等学术情况，又听了美国同行的介绍后，让他深有感触。他自认为学校的办学情况很不错，但美国校长的办学介绍不是学术介绍、科研介绍，而是人才培养的介绍，介绍他们的学生多少人参加了奥运会，获得了多少个冠军，学校有多少体育场馆设施，学生的学习与校园文化生活如何，等等，这使得黄校长意识到，科研、学科都是为学校培养人才的，高校办学的根本目的不是为了获得多少课题，取得多少学术或科研成果，而是为国家、为社会培养什么人才。围绕人才培养，体育确实有其特殊功效。回国后，黄校长找来学校体育教学部部长，拨出500万元经费，让其抓好体育师资队伍建设，找教练，找队员，把学校体育做起来。中南大学体育教学部部长也不是学体育的，是学管理专业的，但他能力强，通过借鉴他人的经验，苦干了8年，高水平运动队建设起来了，体育场馆建设起来了，新建了体育馆和全封闭的体育场，学校体育活动红红火火开展起来了，学校的品牌项目

---

① 高水平运动队之十专访实录：专访湖南师大树达学院院长、国家体育教学指导委员会委员孙洪教授，2020年1月6日。

篮球也做上去了。这个故事流传甚远。通过抓领导，让领导亲自抓体育是湖南高校学校体育取得成功的经验。

孙教授介绍说，在高水平运动队建设中，湖南的做法是：

一是抓领导，通过抓领导，让领导认识体育，重视体育，并让领导亲自去抓体育，这是保证体育工作得到有效开展的法宝。

二是有为有位。要做好体育工作，不仅要有认识、有想法、有方案，还要有平台、有权力、有责任、有担当。搞体育，经济是基础，有了钱，就必须要有成绩。在湖南的 4 所 211 大学中，即中南大学、湖南大学、湖南国防科技大学、湖南师范大学，3 所是教育部的，唯有湖南师大是省 211 大学。在高水平运动队建设经费方面，湖南师大最少，是中南大学的一半，中南大学的体育经费是全省最多的。

三是有政策保障。湖南高水平运动队建设政策到位，其运动训练和高水平运动员的招生、运动员毕业、毕业保研、专业选择、学习与竞赛奖励均有政策规定。一个省级比赛冠军奖励 5000 元，并形成了红头文件。比赛奖励这部分，中南大学和湖南大学没有。湖南师大由于制度健全，加上招生信誉度好，学生会自主宣传，成绩也就好。

四是经费来源稳定。高水平运动队建设经费来自多元化，有纵项经费，既有学校拨款，也有横项经费，如与省体育局战略合作，政府或合作单位给经费。通过与省体育局战略合作，保障在役运动员的文化学习；现在高水平运动员来自两个部分：一部分是大学生运动员，即入学前没有在国家体育总局进行参赛注册的运动员；另一部分是运动员大学生，即入学前已经在国家体育总局进行了参赛注册的运动员。其注册过的运动员多半是在役运动员大学生，他们平时在体工队或其他职业队训练或比赛，学校有参赛任务时，回归学校，代表学校去参赛。学校与其所在训练单位协商，在其训练休整期时，每学年或学期必须回到学校集中参加一个月以上的文化课程学习，修满规定学分，方可毕业。大学生运动员日常在校学习或训练，按照在校全日制学生进行培养。通过与省体育局合作，对家庭困难的运动员可以给予困难补贴，目前，湖南的田径在湖南师大，其有效训练手段是以赛代练。以前，湖南体育，也就是人们所说的体育湘军主要项目是小、巧、灵的项目，现在的田径运动也行了。按照教育部关于高水平运动项目建设要求，每所高校最多不能超过 5 个项目，湖南师大学校高水平运动项目已呈饱和状态。湘潭大学有田径、篮球、足球和羽毛球 4 个高水平运动项目，其田径项目表现较好，他们的羽毛球项目水平很高，是教育部首批的项目，也是与省体育局的合作项目。高水平运动队教练员是双工资制。湖南大学以前没有体育学院，现在不仅有体育学院，还有硕士点，还准备开设博士点，他们有田径、篮球、足球3个高水平运动项目。湖南师大、湖南大学、中南大学的高水平运动水平相当，但师资方面是湖南师大强。中南大学有篮球、排球、足球、田径和乒乓球5个高水平运动项目，也达到教育部规定的饱和状态；中大的篮球是湖南的最高水平，其主教练员白江，是中南大学的特聘教授；其田径项目水平，大家平分秋色，师大稍强些；排球项目水平，大家平分秋色；还有足球和乒乓球，其水平也可以。

（二）构建符合新时代培养竞技体育后备人才的管理体制

改革学校体育和竞技体育后备人才培养体系，应改变体育主管部门的绩效考核标准，促进夺牌任务向人才培养的转变：让培养竞技体育后备人才的重担实实在在地回归教育，将体育竞技成绩作为考核教育部门或学校的重要内容。以下两个案例对构建符合新时代培养竞技体育后备人才的管理体制具有示范效应。

案例二：上海市徐汇位育体校"体教结合"培养后备人才管理案例[①]

徐汇位育体校成立于2004年2月，输送运动员多名，曾培养出吴敏霞、姚明、崔晓东、谢晖等优秀运动员。

学校采用"两块牌子，一套班子"的紧密型体教结合管理模式：区体育局、区教育局联合办学办训，校长、教练、行政后勤保障人员由区体育局委派，文化教学副校长和文化教师由区教育局委派，经费由区体育局和区教育局按照隶属关系和职责分别拨付，并在相关政策上有所倾斜。

结合学生运动员共性问题，学校摸索出四个运行机制。德育领先的双育机制：课堂育人、操场育人、教学育人、训练育人。有效地缓解了学生运动员自控能力弱、行为规范差的问题。紧密联动的"双跟机制"：教师跟训、教练跟课。既促进了双方的换位思考和工作认同，又能对学生进行全方位的了解和指导。双向激励机制：学生竞技成绩优异，奖励带课文化教师；文化成绩优异，奖励带训教练员。责任共担机制：教练员和文化教师共同承担对学生运动员的管理和教育任务。

此外，学校还出台了《位育体校学生双优奖》《位育体校优秀班主任奖》等四项奖励机制，为体教结合的纵深推进提供了发展导向和资金保障。

① 张瑞林.体育管理学案例［M］.北京：高等教育出版社，2013.

在确立保障机制的同时，学校还打破常规，探索出教育管理的三种模式。按照学生层次，实行小班化教学，有效提高教师对每个学生的关注度，充分调动学生学习的积极性，促进每一个学生的个性发展；同时，根据学生日常学习时间少，赛前缺课多，差异较大等问题，规定了集体补课和个性化补课方案。并通过与位育中学共建共享，获得软硬件上的互惠。

学校还在教育教学上强调三个坚持。一是坚持德育领先，育人为本。通过主体性德育，以出征仪式、签名仪式、表彰仪式帮助学生从小树立远大志向；同时以良好行为习惯的养成来促进学生的学习习惯规范。二是坚持学生为主体，教师为主导的教学理念。在学校积极引导下，教师通过深层次的分析和寻找，改变一言堂的教学模式，增加对话、增加训练、增加鼓励，共同帮助学生找到学习的成就感。语文组率先帮助学生出版《位育体校作文选刊一》，大大激发了学生的写作兴趣；高中部以数学学科为试点，尝试教学内容做减法，切实改变了高中生因听不懂而不听的状况。三是坚持修炼教学能力，稳步提升教学成绩。

通过不断的努力，近几年，学校的教学质量稳步提升，不断刷新历史纪录。在体教结合模式的运作下，位育体校学生的教育教学问题已初步形成了"1加1大于2"的喜人局面。学生的管理更是形成了处处有人关心、事事有人关心、时时有人关心的立体管理网络。

案例三：学校体育工作的"一把手工程"[①]

2014年5月27日，安福县被江西省确定为6大省直管县之一，开展省直管县体制改革试点工作。县体校直属县教育体育局领导，2016年里约奥运会女子20千米竞走冠军刘虹出自该体校。

基层学校体育工作如何做？领导对体育的认识与导向很重要，是关键。人人都说要重视青少年体育工作，但落实到基层会出现偏差；教育与体育的关系，一度在基层很难把握，体育课都难保障，有些学校偶尔还有其他科目老师挤占体育课时间，其结果是学生文明病很多，如近视、肥胖症等。借助改革的东风，安福县从学校体育内部治理入手，规定：学校体育工作是"一把手工程"，纳入年度对校长工作的考评体系，并形成校长任免制度一环；也是教体局督察学校教育教学质量的重要方面，在政府年度综合考评体系中占6分。

---

① 业余体校、试点中学、体传校调研之一安福县体校专访实录，2017年10月25日。

结合全县学校共性问题，在竞技体育后备人才培养上，县里摸索出三个运行机制：一是政策保障与内驱动机制，二是竞赛与激励机制，三是条件控制机制。在上层方面，县里定政策、下指标、抓督查、领导亲自带着干，以揽动全县体育氛围；在竞赛方面，县体校是全省业余训练10强县之一，也是全省30个精品县之一，田径是拳头产品。大赛之前，局长会亲自召集教练员和队员开会动员，政府事后奖励到位，例如，2008年获得全省第一名后，政府及时兑现承诺，奖励4万元。由于领导重视，激励到位，运动成绩喜人：近几年获得3次全市第一；近10年来，一直位列全省前茅，3次全省第一（江西省百县运动会田径比赛），8次全省一等奖；2017市运动会团体总分第一，2017年百县篮球运动会第四名。在人才培养方面，政府积极支持体校办学，县里每年有50个专门指标解决读书问题；从初一到初三获得省级比赛前8名、市级比赛前3名、县级比赛第1名者，文化成绩不作参考，就可录取；如省级比赛前12名、市级比赛前6名、县级比赛第3名者，文化成绩加体育成绩录取。这样就保障了体育训练可以从小抓起。孩子读书不是问题，就近入学，这对孩子吸引力很大。现在做法是：教体局直接发文件下指令，这吸引了大量体育优秀人才，为竞技体育人才培养打下了坚实基础。另外，体校办学规模稳定，经费有保障。目前为止，体校申请经费，县里均给予批准。现在体校有100多名住校生，学生只交210元/月伙食费，基本没有负担。对于贫困生的处理方法是：设贫困体育特长生给予解决，所以体校招生不愁生源，可以吸收大量优秀生源，现在体校规模控制在300人左右。

　　由于领导认识到位，上下齐心努力，县域体育出现明显特色：一是政府领导亲自抓体育。县、局领导亲自抓，亲自参与，经费足，人气旺。二是体育基础好，氛围浓，体育老师在学校很吃香。老太太都会看比赛。三是免费开放公共体育设施。县灯光球场全天开放，晚上开灯，让群众锻炼；网球场地、足球场地均开放。四是投入大，在全市排前三名。场地建设达176亩，2009年9月18日开始，投入达1.6亿元，全县256个村已经完成体育活动中心建设的村有145个。2017年开始，县里掏钱建设健身路径，省里只给了20万元，其余均由县里解决。五是积极承接赛事，活跃人民群众业余文化生活。国际自行车赛、羊师幕登山比赛等。比赛期间，万人空巷，现场观众很多。赛事总投入达100万元，省只给10万元作为赛事的奖励。吉安市第五届运动会群众赛事——羊师幕登山比赛项目办的尤为成功，后升格为省级赛事。

（三）以人为本，提升培养竞技体育后备人才治理能力

以新发展理念为引领，以人为本，提升培养竞技体育后备人才治理能力是培养后备人才与做好学校体育发展的首要工作。构建符合新时代发展要求的培养竞技体育后备人才治理体系与治理能力，是推进"体教深度融合"进程中要在分析、掌握我国竞技体育后备人才培养现状、我国竞技体育后备人才培养体制的缺陷后，针对我国竞技体育后备人才培养体制的目标与战略发展[①]改变过去以政府为主导，纵向联系的模式，而代之以培养社会兴趣和利益为主，横向联系的模式。将业余体校逐步纳入普通学校系统，其关键在于做好体育部门和教育部门的结合，同时建立完善的协会系统，以立法形式对协会明确定位[②]。根据课题研究，在江西省体育局支持下，我们与吉安市教育督导室联合协助、长期跟踪观测点之一的国家级高水平竞技体育后备人才培养基地——江西省吉安市体校进行"体教结合"改革。

案例四：以人为本，提升培养竞技体育后备人才治理能力[③]

吉安市体校成立于 1976 年，原名是"吉安地区少年儿童体育学校"，是国家体育总局授予的"国家高水平体育后备人才基地"，并多次被评为"国家群众体育先进单位"。世界竞走名将刘红、优秀田径运动员古芳远、邱世永、胡宇昂、颜云等出自该体校。

吉安市少年儿童体育学校是一所三集中的体育特色学校，田径是学校拳头产品，体校办学的硬性条件是江西省地市级体校最好的。学校占地面积 87 亩，建有 1 栋五层的教学办公楼，1 栋五层的学生公寓式宿舍楼，1 栋两层的图书馆；同时建有室内田径练习场 1 座、室内半地下室连体训练馆（一层）1 座、室外篮球场 1 个、室外网球场 1 个、田径训练场 1 座、室内跆拳道馆 1 个、拳击馆 1 个、举重馆 1 个、游泳馆 1 个、射击馆 1 个。

近些年，学校在办学治理体系和治理能力方面出现一些问题：

（1）在体育的认识上还不到位，管理机制不完善，导致办学效果不好。①领导重视问题。就市级层面来说，分管领导缺乏支持力度，导致经费问题、人员编制（文化老师、教练员）问题得不到有效解决。②自身发展问

①　马志和.2001~2010年我国竞技体育后备人才培养的战略研究［J］.体育软科学研究成果汇编，2003.

②　吴声洗等.我国青少年体育训练和竞赛组织模式改革与创新对策研究［J］.成都体育学院学报，2002（1）：56–59.

③　领导、专家、学者调研访谈实录——关于将少年儿童体育学校纳入到江西省人民政府对设区市人民政府履行教育职责督导评价的报告、对吉安市体校情况调研报告，2018 年 11 月 8 日。

题。吉安市竞技体育要发展，首先从布局上说，就必须克服自身项目少，教练员少等短板问题，否则无法与其他单位在一条起跑线上比拼。尽管田径是强项，举重、射击也较好，但由于项目少，导致吉安市整体竞技体育在江西省处于中间水平，排在第五、第六。③体校干部和教练有出路不明朗的感觉，体校教练提升机会较少，导致教练的事业心不够强。

（2）学生文化学习方面：①学校师资队伍缺编严重。体校只有6个文化老师，而学生有270人，其中，中专班有学生120多人（按省体校设置的专业方向办的）、初中部143名学生。照师生比1：16的比例，文化教师的配备不能满足开设课程的需要，导致文化课学习质量低，学校每年需自筹一大批资金外聘文化教师。②教育监管监督不力，运动成绩不能与学分挂钩，导致学生文化学习动力缺乏，运动员挂科率高，训练时间不能保证。

（3）课余训练方面：①科学选材和优秀后备人才培养状况甚忧，因经费不足，不仅教练员培训交流机会少，学习不够，能力提升慢，而且科研力量弱，科学训练不强。②项目布局不合理，原因是无编制、少经费。③体育训练设备和器材缺乏。

（4）经费投入不足，不能保障运动员康复医疗；办公经费也不足。

（5）学训矛盾依然是困扰体校办学的主要问题。主要矛盾是配齐文化老师和教练员，且关键是要解决他们的编制问题。

针对上述问题，在省体育局支持下，课题组与市教育督导室联手，协助体校攻坚克难，逐一治理。

（1）经实地调研与专访后于2018年11月8日向江西省体育局、江西省政府教育督导委员会呈送《对国家级竞技体育后备人才培训基地——吉安市体校的调研报告》①

（2）调研报告建议。针对体校目前状况和国家对竞技体育后备人才培养要求，提出解决问题的以下建设：

建议一：中央机制问题解决途径与方法。

1）将吉安市少年儿童体育学校纳入吉安市十三五教育发展规划，并列为吉安市人民政府履行教育职责督导评价体系，每年度进行实地考察评价。

2）将吉安市少年儿童体育学校办学经费纳入吉安市每年度教育发展经费预算，并列为吉安市人民政府履行教育职责督导评价体系，每年度进行实地考察评价。

---

① 按省局青少处3月21日要求，与吉安市教育督导室联合剖析吉安体校调研报告。

3）根据《关于加强竞技体育后备人才培养工作的指导意见》精神要求，将吉安市少年儿童体育学校文化教学教师编制纳入吉安市教育系统教师编制内，对吉安市少年儿童体育学校文化教学、教师培训、师资培养归入吉安市教育局管理。并列为吉安市人民政府履行教育职责督导评价体系，每年度进行实地考察评价。

建议二：周围机制问题解决途径与方法。

1）市体校要以党的十八大以来的精神为指导，深刻解读理解并坚决执行有关我国由体育大国向体育强国迈进的指示和体育强国梦与中国梦的精神内涵。以省运动会成绩为基准，以2020年东京奥运会和2022年北京冬奥会为目标，做好多年发展规划，以推动吉安体育迈上新台阶。

2）以党的教育方针为指导，国家竞技体育后备人才培养为目标，教育法律、法规、规章和政策为保障，吉安市经济发展为基础，华东区域竞技体育为特色，深化体校内部机制改革，科学制定体校办学指导思想、办学定位、办学目标，建立健全学校办学机制和各项管理规章制度。

3）新时代，新起点，大胆解放思想，以实践检验为标准，根据青少年儿童的身心特点和竞技体育的规律，以综合素养培养为前导，体教深度融合为宗旨，创新性地开展集教学、训练、科研、服务社会于一体的新型体校办学模式。

（3）省体育局向省政府教育督导办呈送《关于将少年儿童体育学校纳入到江西省人民政府对设区市人民政府履行教育职责督导评价的报告》[①]

（4）向省政府教育督导办建议内容。建议将少年儿童体育学校纳入到江西省人民政府对设区市人民政府履行教育职责督导评价中，具体考评内容如下：一是将少年儿童体育学校纳入到当地政府十三五教育发展规划；二是学校办学经费纳入当地财政经费预算；三是学校文化教学教师纳入当地教育行政部门管理，并通过查阅资料，实地核查进行评价。

现在，吉安市体校以田径为抓手的治理改革正在悄然推进并发生变化：在2018年江西省第十五届运动会上田径获得32枚金牌、2022年江西省第十六届运动会上获得30枚金牌；作为江西省3个试点单位之一，2018年底吉安市教育局与体育局合并为吉安市教育体育局；2019年7月，与江西省体育局合作，在体校基础上成立了刘红学校，实行"两块牌子，一套班子"的"体教融合"管理模式，相信吉安市体校会越来越好。

---

① 按省局青少处3月21日要求，与吉安市教育督导室联合剖析吉安体校调研报告。

第二节 启示二：层层推进后备人才培养制度的改革

我国竞技体育与学校体育发展具有相互依存、相互促进的过程及关系；学校"教体结合""体教融合"组织的发展主要受到3种制度逻辑的影响：以举国体制逻辑与部门利益为代表的政府逻辑、以普通大学生培养为核心目标的高校逻辑、以产权和效率为核心的市场逻辑。应改变体育主管部门的绩效考核标准，促进夺牌任务向人才培养的转变：让后备人才培养的少体校回归教育，将体育竞技成绩作为考核教育部门或学校的重要内容；建立高水平的青少年体育联赛和大学体育联赛，并实现国家队选拔与联赛的打通；尝试高校所属俱乐部管理权经营权相分离等新制度，促成企业投资"教体结合"事业等[①]。我国学校竞技体育发展迅猛，但也存在如学训矛盾、人才培养模式单一、体教融合度不高等问题。

一、不断深化竞技体育后备人才培养体制改革

（一）加强竞技体育后备人才培养体制改革的顶层设计

我国竞技体育后备人才培养改革应在借鉴与传承中前行，既要传承过去有益的做法，又要借鉴域外国家在竞技体育后备人才培养方面的成功经验，构建"国家主导，学校主体，学生自主，社会共治，育人为本、全民受益"的新型组织与管理模式，完善中国特色竞技体育后备人才培养体制。例如，美国大学竞技体育改革领导权威主体不足产生的负面影响，给我们以深刻的启示[②]。推动竞技体育后备人才培养改革是一个庞大的系统工程，必须先确立权威的改革领导机构，需要在国家层面通过法律赋权的方式，明确竞技体育后备人才培养改革的顶层权威主体。如果缺少权威主体或主体的权威不足，则难以约束和协调改革过程中多元性问题。主体间的利益纷争，影响改革发展方向和实效性。竞技体育后备人才培养的理念不应仅仅停留在注重锦标主义，而应转向文化教育，因为学生运动员的第一身份属性即学生，学生的本职是不断学习。在发展方式上，不能沿用传统的模式，应借鉴欧美发达国家先进的治理模式和经验，从宏观、中观、微观三个层面对竞技体育后备人才培养的发展动力进行深度剖析，从而创新发展方式，构建

---

① 刘伟，潘昆峰."教体结合"组织发展困境——基于多重制度逻辑视角［J］.北京体育大学学报，2018（3）：54-59.

② 张守伟.美国大学竞技体育改革的历史轨迹、焦点问题与经验反思［J］.沈阳体育学院学报，2019（7）：1-9.

迎合时代需求的新的发展方式①。此外，要预判未来我国竞技体育后备人才培养的发展方向，进一步推动竞技体育后备人才培养高质量发展，不断加强学校体育育人功效，助力体育强国建设。

（二）坚持中国特色社会主义的竞技体育"举国体制"

新时代，我们要实现"教育强国"和"体育强国"目标，需要以新发展理念为引领，进行创新性发展和创造性转化，同时嵌入新的体制元素以及政治力量的领导。这种新的体制元素就是新型"举国体制"，即以政府主导、学校负责、社会多种成分参与的"举国体制"和市场机制相结合的新的体制机制。

"举国体制"是特殊的资源配置与组织方式，由政府统筹调配全国资源力量，达成相应目标任务。②它与中国特色社会主义制度相适应，是党的集中统一领导与市场、社会的多元主体互动的一种管理体制和运行机制，具有鲜明的特色和独特的内在机理，有利于促进社会主义制度优势向治理效能的有机转换。③新型举国体制是在原有举国体制基础上的继承与创新。在体育领域，国家体育管理机构在全国范围内调动相关资源和力量，国家负担经费来配置优秀的教练员和软硬件设施，集中选拔、培养、训练有天赋的优秀体育运动员参加奥运会等国际体育赛事，在比赛中与他国竞争，争取优异比赛成绩、打破纪录、夺取金牌的体育体制。④中国特色社会主义制度和国家治理体系是中国社会发展的根本保障，举国体制是中国共产党领导中国人民推进中国特色社会主义建设的重要保障，是取得经济长期高质量发展和社会长期稳定的重要保障，是成功应对国内外风险挑战的重要保障。⑤⑥

新中国成立后，面对基础薄弱、人才短缺、经济萧条现状，中国共产党带领中国人民艰苦奋斗建设自己的家园。新时代、新征程中，为实现体育强国梦，只要我们进一步转变政府行为方式、改变体育组织体系中的条块分割、创建多元互补的竞训模式以完善训练体制、改革竞赛体制、建全社会化保障体系，⑦新型的举国体制必将通过中国特色社会主义优越性发挥巨大效力，因为中国特色社会主义的特征不仅为"举国体制"奠定了制度基础和事业地位，而且提供了充足的理

① 柳鸣毅，敬艳等.体教融合视域中学校体育改革的实践逻辑——基于中小学校体育改革的多案例扎根理论分析［J］.体育学研究，2022（9）：52-62.

② 金观平.健全科技攻关新型举国体制［N］.经济日报，2022-09-11（01）.

③ 眭纪刚，文皓.制度优势结合市场机制 探索构建新型举国体制［N］.科技日报，2019-12-06（05）.

④⑦ 科普中国·科学百科.举国体制［EB/OL］.http://baike.baidu.com/item/（美国体例）.

⑤ 董成伟.中国特色社会主义举国体制的显著优势研究［D］.吉林大学硕士学位论文，2022.

⑥ 曹卫东，李盎，徐雁冰等."建党百年与中国特色社会主义体育发展道路"笔谈［J］.上海体育学院学报，2021（6）：1-34.

论与实践基础和思想基础①。

（三）实施竞技体育后备人才培养"五位一体"的发展战略方针

当前，我国要通过政府、学校、家庭、个人、企业"五位一体"战略方针促进我国竞技体育后备人才培养可持续发展，②③助力新时代我国学校体育长远发展。随着社会经济不断发展，国家不断繁荣、昌盛，树立正确的三观认知，平衡好国家、集体、个体三者利益，是确保"五位一体"战略方针顺利实施的关键。另外，世界部分国家体育竞技势力正处于低速增长和深度调整期，以美国等发达国家为代表的竞技实力也处在复苏乏力阶段，④为我国竞技体育持续攀登提供了契机，也为通过学校培养和输送竞技体育后备人才，实现学校竞技体育的快速发展打下了坚实基础。特别是在全球化视角下，高水平竞技体育后备人才短缺，业余体校、职业队参与训练的高水平运动员寥寥无几，只能从具有庞大学生规模的学校选取优秀体育苗子，充实到国家青年队伍中。在全球一体化、人类命运共同体的当代，学校体育的发展有无限的宽广空间。

二、持续推进竞技体育后备人才培养机制创新

（一）以体制机制保障为根本，打造竞技体育后备人才培养多元联动机制

在新型举国体制的影响下，我国竞技体育后备人才培养要适应当前社会时代背景，实现新发展新进步，在加速发展的情况下审视中国传统文化的内涵，并加以传承和完善，以增强学校体育的感召力。具体而言，从体制机制保障入手，提升学校领导对体育的认知与理念、重视学校体育工作；开发学校体育资源、充实体育师资队伍；打造校园体育文化、改革学校体育赛事体系。从创新、创造、创优的思维视角引领和带动竞技体育后备人才培养健康发展。尤其在保障机制创新方面，为探寻竞技体育后备人才培养模式，创建体育＋大数据平台，传承和弘扬学校体育文化，合力培养具有高尚体育情怀和素养的体育人才提供制度保障。⑤在习近平新时代中国特色社会主义思想的指导下，为中华优秀体育传统文化的创造性转化和创新性发展，为中华民族伟大复兴和学校体育蓬勃发展过程提供机制保障。

———————

①　杨桦.完善我国竞技体育举国体制的研究［EB/OL］.http://sport.gov.cn.

②　张娟辉，卫佳玲.论竞技体育后备人才培养的可持续发展策略研究［C］.2022年全国运动训练学术研讨会摘要集（二），2022.

③　潘迎旭，钟秉枢.影响我国竞技体育后备人才培养可持续发展主要因素及各子系统间互动关系的研究［C］.第七届全国体育科学大会论文摘要（一），2004.

④　张晓琳.中美竞技体育管理体制与运行机制的比较研究［D］.北京体育大学硕士学位论文，2011.

⑤　方芳."校政企行多元联动、产学研用多维驱动"合作教育机制研究［J］.质量与市场，2021（7）:133-135.

（二）以动力为引领，构筑竞技体育后备人才培养协同发展机制

新时代竞技体育后备人才培养是多元化、多路径、多方位的协同发展。面对当前竞技体育后备人才培养发展受限的尴尬困境，一是驱动内原动力，尽快研制和出台突破竞技体育后备人才培养瓶颈的相关政策，通过与政府、学校、家庭、个人、企业的多方联动，促进学校体育和竞技体育的融合，形成资源共享、平台共建、利益共赢的良好局面。① 二是以国家利益为重，平衡好主体利益。要进一步构建教育和体育主管部门相互协同、相互促进、相互监督的协同机制，推动我国竞技体育后备人才培养长效、可持续发展。三是抓重点，以点带面。抓住学校竞技体育这个牛鼻子，促使学校体育的聚焦转换，加强教育和体育共享、共建；优化和完善竞技体育后备人才培养发展环境和空间，全力保障我国学校体育的长期稳定发展。

（三）以激励为导向，建立竞技体育后备人才培养市场调节机制

新时代竞技体育后备人才培养发展走向并不是守旧与传统的路线，而是在突破和创新视角下坚持走中国特色体育道路，弘扬体育精神，凝聚体育力量。必须引入市场机制，对竞技体育后备人才培养发展进行现代化转型，把新型"举国体制"下的竞技体育融入学校体育内涵中，形成以市场为导向，"社会、家庭、学校、政府、个人"五位一体的协同发展道路②。应重塑新时代竞技体育后备人才培养发展之路，形成协同共享、精准对接、多方联动的发展格局，激发学校体育市场的商业魅力，形成人人参与、覆盖全校园的体育赛事活动圈，在新型举国体制下实现我国竞技体育后备人才培养的市场延展和扩充，推动竞技体育后备人才培养迈向市场化。

（四）以人才为重点，完善竞技体育后备人才培养教练员等选拔机制

我国要推进基层教练员培养、选拔、组织体制改革，构建具有中国特色、符合中国特色社会主义经济制度、适应体育发展规律、借鉴域外成功经验、由多部门协作、多主体参与的金字塔体系，促进国家竞技体育与学校体育体系的结合③。随着我国竞技体育后备人才培养的健康、蓬勃发展，教练员人才队伍和学生运动员队伍、裁判员队伍的筛选显得尤为重要。综观我国学校教练员队伍选拔，基本是该校体育教师兼任教练员，少有出现聘请专业队教练员指导学校体育

① 胡孟蕃，闫铭泽．粤港澳大湾区滨海体育休闲产业协同发展机制与对策研究——基于建设全国统一大市场的思考［C］．2022年粤港澳大湾区滨海体育休闲产业发展论坛论文摘要集、国家体育总局体育文化发展中心会议论文集，2022．

② 王恒柴，金超．论政府调控与市场调节在体育后备人才培养中的作用［J］．体育世界（学术版），2015（2）：13–14+36．

③ 张晓琳．中美竞技体育管理体制与运行机制的比较研究［D］．北京体育大学硕士学位论文，2011（6）：69–82．

代表队。而学生运动员的选拔基本是由初中升入高中、高中升入大学的运动成绩较为优异的体育特长生。裁判员的选拔主要依托行业协会的选派。可见，学生运动员队伍的选拔不是单一的教练员做主，学校运动队教练员的任免全部由学校主管领导圈定，裁判的选派由相关行业协会或机构认定。建议我国竞技体育后备人才培养发展应打破传统队伍选拔方式，建立"动态管理—监督考核—奖惩分明—退进并举"的队伍选拔机制，从而迎合国家教育深化改革和综合治理的时代背景，进一步推进竞技体育后备人才培养的可持续发展。

（五）以新时代新理念为指导，健全竞技体育后备人才培养运行管理机制

长期以来，我国实行的是与计划经济相适应的竞技体育后备人才培养体制，即政府以计划手段配置体育资源，以行政手段管理体育活动的"政府办体育"制度。这是鉴于当时我国政治、经济、社会发展需要，由政府根据计划安排而进行调控的重要举措。随着时代的发展与进步，在建设中国特色社会主义现代化国家的进程中，在继承与创新下，新型竞技体育后备人才培养的"举国体制"应是政府，社会，个人共同参与，财政，市场双重推动学校体育事业的运行机制。[1][2]传统举国体制下的竞技体育后备人才培养是一种赶超型体制，虽然能够全盘带动我国竞技实力，但"一刀切"的做法无形中抹杀了成绩优秀学生运动员的积极性和主动性，造成了巨大的心理落差，使之对追求卓越的目标和初心发生了可有可无的不良心态，缺乏扭转与疏导的有效措施，不利于双轨制下竞技体育后备人才培养的协同发展。

（六）深化"体教融合"，实施竞技体育后备人才培养体教互融机制

"体教结合"的重点是在责任与"促进青少年发展"的理念上达成体育和教育的共识，以培养优秀竞技体育后备人才为主要目的，逐渐将其重心转移至学生整体的健康促进，加强在学生成长之中体育的特殊教育功能，提升具有运动天赋与特长学生的文化素质，接受符合学生发展规律的全面教育[3]。只有树立科学的发展理念和目标价值定位，才可充分使体育向学生与家长展示其重要意义，扭转对体育人的固化认识，从而调动学生运动员参与体育训练与竞赛的积极性，解决竞技体育后备人才紧缺的难题。转变当前竞技体育后备人才发展理念，就是要破除竞技体育后备人才发展不均衡不充分的壁垒，打造迎合新时代发展的学校体

① 鲍明晓.新发展格局下体育发展的新理念、新动能、新模式、新机制研究［J］.体育科学，2022（1）：3-14.

② 刘议阳.体教融合背景下大连市竞技体育后备人才培养策略研究［D］.辽宁师范大学硕士学位论文，2022（6）：33-47.

③ 杨桦，刘志国.体教融合：中国特色竞技体育后备人才培养模式转化与创新［J］.成都体育学院学报，2021（6）：1-8.

育，转变数量有增长而效率不高，规模有增长而质量不高的尴尬困窘，为实现竞技体育后备人才培养高质量发展提供思想引领和决策前瞻。

（七）以竞赛为载体，构建一体化的体育人才培养机制

要构建竞技体育后备人才"校内外一体化"人才培养的机制，实现人力资源、场地资源有机结合。① 政府通过给予一定的政策和资金扶持，将体校、社会组织的专业教练与学校体育师资有机结合；把赛事资源有机结合，即将教育部门的赛事和体育部门的赛事有机整合。以项目普及为基础：主要指在小学阶段，通过俱乐部、校本课程等多样化的形式，实现项目的普及，培养小学生体育兴趣，夯实大、中、小学"一条龙"模式的基础。要充分发挥大学、中学体育联盟对赛事运作的主导作用，通过改革分级赛、俱乐部联赛等，科学的对竞赛进行分层，在竞赛项目设计中增加学生运动员竞赛频率，提高学生运动员比赛的适应能力。

第三节　启示三：夯实我国竞技体育后备人才的文化素养

一、重新审视竞技体育后备人才培养

（一）明确学校体育人才培养的目的任务

体教融合培养竞技体育后备人才是新时代建设体育强国的必然要求② 其体育后备人才培养是在"体教结合"基础上产生质的飞跃。长期以来，我国竞技体育人才培养体系是"三级训练网"，即由初级、中级、高级三个训练形式所组成，以少体校以及体传校、少儿体育俱乐部等为依托，以培养兴趣、增强体质为先手去发现优秀苗子，开展课外体育训练而展开的研究。体教融合首先瞄准的是全体学生，以生为本，从开发学生的身心潜能，增强学生体质，增进学生健康，促进学生身心的和谐发展入手；其次从培养学生对体育运动的兴趣、热情和能力推进，为终身体育奠定良好的基础；再次从促进学生个体社会化，健全人格、培养学生品格进行，打造具有创新精神和创新能力、德智体美全面发展的社会主义事业合格建设人才；最后为实现体育强国培养优秀的后备人才。

这要求我们在实操层面，从意识形态入手，借助民众喜闻乐见并接受的文

---

① 许瑞勋.中国体育教师教育的改革审视与创新研究［M］.北京：北京体育大学出版社，2009.
② 甄泽斌.青少年健康发展与体育后备人才培养［N］.中国体育报，2022–06–27（03）.

化、赛事、媒体等工具，广泛进行政治思想宣传与教育，让体育进头脑、进生活，切实保障学生体质与健康的全面发展；把竞技体育运动与健身运动一起列入义务教育阶段必修内容，纳入学校体育教学中，规范教学内容、修改教学标准与考核标准、严肃教学与考核纪律，确保开齐开足体育课；开发学生课余生活，层层推进校园体育文化，以学生兴趣为出发点，创建各种单项俱乐部或社团，吸纳学生在身边；开展丰富多彩的课外体育活动，让学生在运动中锤炼品格、陶冶情操、磨炼意志、锻炼身体并从体育教育中挖掘、发现、培养体育苗子；打造区域或学校特色的高水平运动队品牌，以创建体教融合示范区为契机，逐步引入社会资本参与体育俱乐部、体育协会、青训中心、训练基地运营管理，使体育传统项目和体育后备人才基地建设深度融合；逐步助推体育课实现"三开"，打造"一校一品""一校多品"，组建班队、校队，开展班际、校际各种体育竞赛；举国体制和市场机制相结合，夯实学校竞技体育，完善校级体育联盟赛事体系，贯通教育部学生体协赛事与体育总局青少年赛事衔接，确保体育功效得到最大化发挥。

（二）推进竞技体育后备人才培养的政府角色转变

竞技体育后备人才培养在粗放赶超型发展阶段，由于当时国家经济处在艰难起步期，实行了以国家主导，政府单一出资、统一规划的竞技体育举国体制，实现了历史性超越。随着社会快速发展，中国特色社会主义建设由计划为主的计划经济体制转入以市场供需为主的市场经济体制，竞技体育及后备人才培养也由粗放赶超型发展进入集约型发展阶段，人才培养在不断克服、完善体教分离带来的负面因素时进入到体教结合模式的培养阶段，大量的学者和一线体育工作者为此付出巨大心血，取得一系列成就。

新时代，在新发展理论引领下，竞技体育进入到高质量发展阶段，以生为本的体教融合新理念伴随着进军体育强国、教育强国的步伐，已深入人心。在社会力量参与、伙伴关系共存的新时代学校竞技体育人才培养框架下，随着时间的推移，政府在学校竞技体育人才培养方面的职责正在退减与分流，政府行使权逐渐被社会发展所分散，而社会力量却如火如荼地悄然涌入。随着社会组织的日益发展与协同参与，学校竞技体育后备人才培养的竞争越发彰显，政府通过购买公共服务等形式助力学校竞技体育人才培养将成为主流趋势，而不是传统的政府为主导的"单中心"格局。学校体育发展要与社会经济发展相适应，在政府角色与职能转变后，继续助力竞技体育后备人才健康、可持续发展。

（三）高质量、高效益地培养竞技体育后备人才

学校是人才培养的主阵地，幼儿园是启蒙阵地，小学是低端阵地，中学是中端阵地，高校是竞技体育后备人才培养的高端阵地；国家体育总局与国家教育部要协同一致理顺后备人才学习、训练、竞赛、就业等问题，不仅要把中小学竞技

体育后备人才培养纳入教育系统，也要把高校竞技体育人才培养纳入高等教育体系范畴，健全和完善体教融合的竞技体育后备人才培养体系。一是不断拓展学校竞技体育人才培养渠道。在现有体制与机制背景下，从顶层设计入手，进一步理顺学生入学通道，变政府行政指令的升学指标为政策制度指标，让体育回归教育，使少儿运动员学生不仅向其他学生一样，享受所有教育政策的惠顾，还能因为项目布局需要，能享受非正常学习的政策惠顾，避免基层学校，尤其是少儿体校每到开学之际就是紧张忙碌地为学生读书之事奔忙。这也是课题组在基层单位调研时听到最多的请求之声。二是转变学校竞技体育人才培养方式。以体教融合培养人才为抓手，加大学校体育改革力度，打通体育师资培训通道，夯实学校体育教练员，尤其是小学和大学体育教练员的执教水平，既要以"运动员学生"为引领，持续推进专业化的竞技体育人才培养道路，又要以"学生运动员"为主体，改革创新多元化的人才培养模式，最终实现以高校为主要阵地、高水平运动队为重要平台的竞技体育人才培养新格局。三是加强高校竞技体育人才培养的制度建设。高校高水平运动队建设已走过40多年探求路程，有成绩，例如，"清华模式""南院模式""北理工模式"为高校竞技体育撑起了一片天；但也有不足，至今为止，全国有278所高校在招收高水平运动员，但在调研中掌握到：各校的办队动机、办队资金、办队场地设施、学习条件、升学与就业门路都不尽相同，运动员或运动队的水平也不一。建议国家在各运动队周期建设与考核时，针对不同层次的学校、不同水平的运动队或队员，制定不同训练要求的目标与考核标准，分门别类出台高级、中级、低级三级层次的竞技体育后备人才训练、学习与竞赛规章制度，对高校"学生运动员"和"运动员学生"的入学条件、训练标准、参赛资格等做出明确要求。四是我国要加快构建高校竞技体育人才选拔与输送体系，健全人才选拔制度，规范人才选拔流程，充分利用高校科研条件将经验和科学选材相结合，形成小学、中学、高校、职业体育层层衔接的竞技体育人才输送网络。

二、当下竞技体育后备人才的生源质量与文化学习

（一）学校体育生源质量不高

良好的生源是建设优秀运动队的前提。在实地调研及专题采访中发现，鉴于体教分离割裂学生全面发展的价值观所造成体育全面育人理念与奥林匹克精神传播受限等痛点未平；社会发展过程中依然存在有失偏颇的"四肢发达，头脑简单"的认识观及"望子成龙"世俗观念的评价机制等堵点未通；经济社会发展由计划经济体制转型为市场经济体制后的国家、集体、个体三者利益的认识度与平衡度等难点未理顺；体教融合推进中的生源问题、学训矛盾、就业不畅等难题仍

在。尽管我国培养后备人才学校形式多样，先后有各级少体校、体育传统项目学校、高水平竞技体育后备人才试点中学、高水平运动队、高水平竞技体育后备人才培养基地、奥林匹克项目单项后备人才培养基地、各种单项运动项目特色学校等，在训人数也在逐年增加，但是，我们的后备人才数量依然不足、其生源质量，无论是小学还是大学均不理想①。

中小学方面，一是受上述世俗观念与陈旧认识的影响；二是社会发展、经济发达后可选择项目增多；三是 20 世纪 80 年代我国实行的计划生育政策，造成大量家庭是独生子女，城市家庭里的父母担心孩子吃不了这个苦，导致各级体校、体传校及后备人才试点中学等的招生状况均不太好。各学校生源多半来自农村或城市郊区，其文化学习成绩多半是中偏下。高校方面，各高校高水平运动队招收的学生主要来自田径项目和三大球，其中，一级以上运动员较少，二级运动员居多，其运动员一半来自业余体校和体育传统项目学校，另一半来自普通中学体育高考队；在入学时，招收的运动成绩就不够突出，极少数运动成绩特别优异的运动员选择进入专业队或进入知名高等院校，导致大部分普通高等学校招生质量不高，竞技运动实力整体处于下游水平。造成国家制定的由高校高水平运动员代表国家参加世界大学生运动会、世界锦标赛、奥运会目标实现困难。拓宽招生渠道、改革招生政策、完善运动队梯队建设，助力竞技体育后备人才培养稳固发展，是我们要着手解决的课题。

（二）学训矛盾问题

这是一个老话重提的问题。自从国家采取单一粗放型赶超世界竞技体育强国，快速提升我国竞技体育运动水平开始，学训矛盾渐行渐露，一直困扰着后备人才的培养。国内学者和一线体育工作者一直呕心钻研，寻找破解之法，提出了许多真知灼见的看法与观点，凌平等（1998）②、李海滨（2018）③、傅亮（2019）④等学者在学校竞技体育发展问题方面提出了一些有意义的观点：针对我国省属普通高等学校的优秀运动员储备十分匮乏的现实状况分析指出，在运动员流向上，少数尖子选手除进入专业队外，均流向"985"和"211"高校，地方高校难寻踪迹；而有些"985"和"211"高校的教练员却未必有高水平执教能力，而职业队高水平教练员进入高校渠道并不畅通，主要原因是进高校后专业技术职

　　① 领导、专家、学者调研访谈实录，课题课题组专访材料，2018 年 11 月 8 日。

　　② 凌平，王志刚，庄晓鹏等.关于浙江省体育传统项目学校竞技体育后备人才的调查研究［J］.浙江体育科学，1998（8）：3-9.

　　③ 李海滨.附属竞技体育学校发展中的若干问题探析［J］.中国学校体育（高等教育），2018（12）：54-58.

　　④ 傅亮.试论美国"高校体工队"模式下的竞技体育人才培养——基于典型个案调研［J］.南京体育学院学报，2019（7）：7-16.

称通道未能得到很好解决、福利难以跟上；地方普通高校情况就更是如此，导致运动员水平提升缓慢或下降。针对我国附属竞技体校或少儿业余体校文化课教育薄弱问题，分析后指出，教体融合不理想、教学手段不够科学，教学质量不佳、教学效果低，管理方法和管理手段跟不上时代要求。因此提出相关建议：改善学训关系，重视体教融合发展；加强文化课建设，配齐文化课师资力量：改进教练员粗放式管理方法，调整学习和训练的时间比例，结合每个项目特点和结合学生的年龄阶段，根据青少年生长发育规律制定科学合理的训练时间和训练内容。上述现象与课题组在实地调研中发现的情况类似①。针对运动队"驻校训练与学习"，学者认为是一个实现竞技、学业双丰收的好方法，是"体教融合"的"高校体工队"运动员培养模式，是将教育与体育高度融合的健康发展之路。

这些观点，多从实操层面对我国现实后备人才学习与训练矛盾方面进行客观而又实际的分析及探索，这是治标之法。要想治本，还应从学理层面进行剖析。只有标本兼治，才能破解学训矛盾，让运动员在体教融合模式培养下茁壮成长。

三、解开学训矛盾的钥匙与方法

（一）学理层面

文化教育是为学生运动员提供除体育训练和比赛之外的文化知识教育，对于学校竞技体育高质量发展具有基础性作用。自从创办少体校开始，国家先后出台了一系列有关运动员文化学习管理的文件或制度。例如，《中华人民共和国体育法》《学校体育工作条例》《体育运动学校学生学籍管理办法》《中等体育运动学校管理办法》《少年儿童体育学校管理办法》《体育传统项目学校管理办法》《关于进一步加强普通高等学校高水平运动队建设的意见》《体育赛事管理办法》《优秀运动员奖学金、助学金试行办法》《关于进一步加强运动员文化教育和运动员保障工作指导意见》《奥运项目竞技体育后备人才培养中长期规划（2014-2024）》《体育总局办公厅关于做好2023年高校保送录取优秀运动员有关事宜的通知》等，在这些法规、制度、章程、条例的引领下，我国竞技体育及后备人才培养走过70多年既波澜壮观又艰难曲折的历程，为共和国的体育辉煌作出卓越贡献，也为体育人应有的综合素养奠定扎实的基础。随着社会、经济的变革发展，我国由计划经济为主导转型为以市场经济为主导时代，在市场经济体制运营下的社会需求是由市场供需关系而定，而非过去由政府行政包办、统一计划、统一分配。这对运动员退役后二次择业提出更高要求。基于市场体制的变革和社会发展的需求，竞技体育后备人才的文化学习需求被摆上了一个更高层面，足以影响后备人

---

① 领导、专家、学者调研访谈实录，课题课题组专访材料。

才生源的稳定、竞技体育发展的趋势。细心解读《关于加强竞技体育后备人才培养工作的指导意见》（2017）、《关于全面加强和改进新时代学校体育工作的意见》（2020）、《关于深化体教融合 促进青少年健康发展意见的通知》（2020）可一目了然国家推动体教融合的目的。面对世界百年未有之大变，如何不断补齐竞技体育后备人才培养之短板，彻底改变生源不佳、学习困难、二次就业渠道不畅等痛、堵、难问题，课题组根据调研、专访获取的材料，提出以下建议：一是从意识形态领域入手，提升治理能力、创新治理体系。通过宣传教育工作，以纠正过去人们对体育的负面认知和理念。依据民众和青少年心理和认知特点，充分利用广电媒体、文化宣传、电子媒体、影视作品等宣传工具，影响人们思想，厘清民众，尤其是青少年儿童对体育的正确认识，树立正确的体育理念，养成健康生活习性，野蛮之体魄，磨炼之意志，让中华民族在 5000 年文化熏陶下充满血性和野性。大力宣传全民健身、全面育人、体育爱国在新时代新发展阶段中实现第二个百年奋斗目标的重要意义，让人人明了体育尤其是竞技体育在实现教育强国、体育强国、中国梦中的地位与作用。二是从制度建设入手，全面梳理已有教育、体育相关法规、制度、条例，从中寻找、完善相关规章制度；从制度设计上确保体教融合培养后备人才。三是加大体育、教育管理者和一线教练员、体育教师的培训力度。让执法者保持对竞技体育的清醒认识和正确理念，不断提高其领悟力和执行力，使普及与提高顺利推行。

（二）实操层面

课题组在四省实地调研中发现，党的十九大前后，多地政府均已进行了体制机构改革，湖南、福建的少儿体校及其体育局改革后与文广电旅局合并，江西尝试三地市试点将市级体育局与教育局合并为教育体育局，其他保持原设置不变。机构改革是政府深化体制改革的一部分，是社会向前发展的体现，但我们收获的调研反馈信息显示，无论是县（区）级一般少儿业余体校，还是体传校或是竞技体育后备人才培养基地，所有管理者和一线教练员都希望少体校能与教育系统合并 [1] 见表 6-1。理由是：与教育局合并，学生的文化课程学习与训练间产生的矛盾应会减少许多，关系也更容易理顺。与文广电旅局合并后，文广电旅局与教育仍然分属两个不同系统，过去体育与教育之间协调不畅而导致的学训矛盾依旧难以协调解决，对后备人才培养而言，改革与不改革一个样。因为每到学期开学初期，体校校长的重头工作依然是每天在当地政府的各个有关部门之间穿梭，以协调落实教练员们选择好的运动员的读书问题 [2]。从表 6-1 结果可知，所有被访问者回答的结果一致：同意与教育系统合并。

---

[1][2] 国家级高水平竞技体育后备人才培养基地调研访谈实录。

表 6-1 国家级后备人才培养基地、少体校、试点中学、体传校对机构合并意向调查统计

序号	采访单位	采访者	职称或职务	同意与教育局合并	同意与文广电旅局合并	采访时间
1	江西省体育运动学	LAJ	校长	√		国家级
2	泰和县体校	LZY	校长	√		国家级
3	吉安市体校	LAS	校长	√		国家级
4	九江市体校	JT	校长	√		国家级
5	景德镇市体校	DCB	副校长	√		国家级
6	景德镇市昌江区体校	WZS	副校长	√		国家级
7	新余市新钢第一小学	LH	副校长	√		国家级
8	新余市体校	MJ	校长	√		国家级
9	宜春市体育局	ZRC	副局长	√		国家级
10	厦门市体育局水上中心	XWH	主任	√		国家级
11	厦门市思明区体校	HZJ	教练员	√		国家级
12	清江市体校	WJC	校长	√		国家级
13	泉州市体育局	LWQ	书记	√		国家级
14	泉州市体校	GJX	副校长	√		国家级
15	福建省省体校	HYX	校长	√		国家级
16	福建省福州市体校	LH	校长	√		国家级
17	湖南省湘潭市体校	NZJ	校长	√		国家级
18	万安县教育体育局	KJP	副局长	√		
19	万安县体校	PJN	教练员	√		
20	安福县教育体育局	LRB	党委书记	√		
21	安福县体校	WJL	校长	√		
22	新干县教体局	NC	局办主任	√		
23	新干县体校	DAP	校长	√		
24	新钢中学	ZZH	教研主任	√		体传校
25	江西高安中学	ZYL	教导主任	√		试点中学
26	吉安白鹭洲中学	WYP	校长	√		试点中学

在破解校训矛盾上，我们还可尝试以下操作：一是制度完善。生源困难的关键之一是读书难。通过意识形态的治理，端正人们对体育的认知和理念后。最大的问题就是尽管国家政治、经济、社会得到空前发展，国家经济总量已列世界第二位，但我们国家地大物博，人口众多，人均 GDP 不多。基层体校在选拔运动员学生时尽管有科学选材方法作指导，但大多数体校因经费不足，无科学选材设备，依旧靠几十年积累下来的经验选材才得以完成任务。为此，选材耗时也就较长。而教育部 2013 年出台"籍随人走"的学生学籍管理规定让基层教练员无法在规定时期完成选材工作，导致生源困难。建议教育部根据高质量发展竞技体育、培养后备人才需求，出台一份学籍管理附则，以从制度政策上给予解决。二是改革学校体育管理与文化课程教学。以小班、特色班形式开课，配以专职师资进行管理。鉴于当前学生学习现实状况，过渡期执行与学生学习实际水平吻合的教学进度进行授课，以唤起学生对文化知识的渴求与兴趣。待到正常期后，教学进度可与普通学生同步。三是改革晨练训练方式与手段。晨练以小运动量和拉伸等柔韧性练习为主，晨练结束后规定学生洗漱与吃饭时间，然后在班主任管理下集中小息 20 分钟左右后上文化课。其理论依据，让大脑皮层从兴奋适时转入抑制状况，得到及时休息，这样可保证文化课程学习质量，消除少儿运动员文化课程学习不佳现象。此法是课题组成员在多年带队训练实践基础上得出的经验，供同行进一步检验。四是体育、教育部门都要从国家长远利益出发，摆正主体利益平衡，积极促成少体校回归教育，让学生运动员得到文化学习保障。

第四节　启示四：我国学校课余体育竞赛改革

从学校体育到体教分离再到体教结合及现在的体教融合，学校课余体育竞赛一直是竞技体育和竞技体育后备人才培养体系中的重要环节，青少年儿童参加校队训练后，通过课余体育竞赛选拔，优秀者进入后备人员梯队接受专业训练并成为竞技体育人才为国争光是我国运动员成长的渠道。课余训练与课余体育竞赛体系是我们关注与研究的范畴。

在学校课余体育训练与竞赛方面，学者在分析我国学校体育训练与课余竞赛现状后，充分肯定了几十年来学校体育取得的成绩，提出了许多建设性意见和建议，同时指出了我国学校体育训练与竞赛活动开展存在的问题。曲宗湖

（1996）①指出，我国学校课余训练发展速度缓慢，水平相对滞后，存在许多亟待解决的现实困难，急需通过转型治理与深化改革破解学校课余训练体系不健全的现实问题；杨铁黎（2014）②指出，当前急待加强和完善学校课余训练工作，促进学校竞技体育后备人才培养；过家兴（1989）③指出，学校课余训练虽然在各级各类学校广泛开展，但未能形成广泛的空间、良好的环境和浓厚氛围，业余体校仍然是课余训练的主阵地。相反，普通中小学和大学课余训练发展趋势不好，有待进一步加强课余训练在学校体育中的重要地位。课题组认为，造成上述问题出现的原因有二：一是体育、教育两系统协商不够，例如，双方都进行运动员注册，但互不承认其资格，导致双方均举办赛事，有些赛事项目重叠。二是学校纵向赛事衔接不畅，奥运项目与非奥运项目发展不平衡、项目布局不平衡、资源配置不平衡，导致小学、中学、大学赛事衔接不畅。

一、优化学校课余体育竞赛的内环境

（一）创新学校课余体育竞赛发展方式

对于新时代学校体育竞赛改革和学校体育竞赛高质量建设而言，应着重推动学校体育竞赛发展方式的有效转变。就体教融合来说，在我国学校体育竞赛的功能定位上，不仅要考虑学生运动员为校争光，还要考虑为国家培养竞技体育后备人才。因此，既要重视"技术"，也要重视"体能"；在学校体育竞赛项目设置上，既要设置发展体能、增强体质、促进健康的游戏项目（非奥运项目），以促进全校师生身心健康，活跃校园体育文化，也要设置以技术、技能为主的奥运项目，提高学校体育运动水平，为国家培养竞技体育后备人才，为国争光。这样安排，既丰富学校体育竞赛内容和项目设置，又加强校园体育竞赛建设等多元的功能定位，这是在新发展理念下我国学校体育竞赛所必须要完成的转变。同时，我们要重视我国学校体育竞赛意识形态的建设与宣传。对学校体育竞赛的功能、价值、作用进行梳理，构建具有中国特色的学校体育竞赛发展方式，并且加强宣传力度，可通过制作学校体育竞赛文化产品，让更多学生了解学校体育竞赛的多元性。另外，要注重学校体育竞赛的协调发展，协调小学、中学体育竞赛和大学体育竞赛发展的关系，打通教育部学生体协与体育总局青少司有关运动员注册互认制，合署赛事项目。联合主办比赛，节约资源，保障学生学习参赛两不无。夯实学校体育竞赛的基础，在政策制度、赛事安排、项目设置等方面做好规划，上下

① 曲宗湖，王晓毅，王刚．面向21世纪，开创课余训练工作的新局面［J］.体育教学，1996（8）：4–6.

② 杨铁黎．我国学校课余体育训练制度的建立与发展［J］.中国学校体育（高等教育），2014（3）：5–11.

③ 过家兴．从24届奥运会引发的对我国学校体育课余训练的思考［J］.学校体育，1989（6）：46.

齐心，共同推进学校体育竞赛高质量发展。

（二）完善学校课余体育竞赛运行机制

我国学校课余体育竞赛机制运行了几十年，有许多可继承发扬的举措，但仍然存在一些不足，完善学校课余体育竞赛运行机制是高质量发展学校体育的重要举措。

首先，要遵循国家开展"体教融合"的宗旨，厘清学校课余体育竞赛的发展方向，针对项目发展不平衡、项目布局不平衡的现象，结合学校的发展实际，在传承、发扬学校原有体育传统项目的基础上，加大新兴体育项目，包含竞技项目和非竞技项目的引进和实施力度，当地教育局、体育局、财政局等相关政府主管部门要在资金和政策上给予大力扶持，加快学校课余体育竞赛项目的布局与竞赛形式的多元化。

其次，进一步完善学校课余体育竞赛机制。纵向方面，打通、理顺升学、区域发展、资源平衡等相关环节，构建小学到中学再到大学"一条龙"的学校课余体育竞赛体系。要在新发展理念下，完善以大学为龙头，中学、小学为基础的课余体育竞赛，形成层层衔接的学校体育竞赛网络。横向方面，构建校内全员参赛运行机制，即以学校每年 1~2 次的校运动会为引领，在奥运项目的推动下，以大力开展以师生喜闻乐见的健身项目为抓手，建立班上有队伍、年级有活动、学校有比赛的全域师生群众体育比赛的校内竞赛机制；以校际课余体育竞赛联盟形式，完善校际组队参赛的运行机制和市级以上的选拔比赛的运行机制；充分发挥单项体育协会作用，协助校内赛事、承接校际赛事、助推市级以上层级赛事。

最后，从上层入手，协调体育系统与教育系统关系，打通学生运动员和运动员学生的双系统注册互认机制，完善学校课余体育竞赛组织管理；从新时代学校体育发展要求和人才培养要求出发，加强对中小学和大学课余体育竞赛的规范化管理，采取适合新时代发展的学校体育竞赛组织管理方式，以单项赛、团体赛、达标赛、选拔赛及奥运项目比赛和非奥运项目比赛等形式，创新学校课余体育竞赛运行机制，推动学校课余体育训练、竞赛一体化发展。

（三）促进学校课余体育竞赛均衡发展

我国地域辽阔，东西南北由于地域不同、经济发展不同、学校条件资源不同，各学校在推动校园体育文化建设，开展课余体育竞赛项目和参与校际以上的课余体育竞赛活动方面存在较大差异。课题组认为，促进学校课余体育竞赛均衡发展是不断推进"体教深度融合"的必要手段。

一是助推学校体育项目布局。各校要积极创设条件在学校体育活动开展和体育课程教学中开设奥运会项目与非奥运会项目，保障项目的均衡发展；在传承优势体育项目的同时，创造条件开设师生喜闻乐见、增强体质、有益健康的稀缺项目，例如，冰雪项目、水上项目等，保障区域发展平衡；积极拓展特色项目，挖掘兴趣项目，均衡教学资源，形成学校特色。

二是助推学校体育教学资源均衡发展。借助赛事举办条件，推动学校课余体育竞赛资源发展，我们可以尝试把学校课余体育竞赛的赛事承办权交给经济欠发达区域的高校或是体育教学资源相对薄弱的学校，通过赛事承办，助推学校体育资源的发展和区域学校发展水平。

三是助推区域学校体育均衡发展。根据不同区域经济发展水平和办学条件，创新发展学校课余体育竞赛体系。在经济发达地域，要充分发挥发达城市体育特色学校的领头作用，依托新时代我国学校竞技体育方面高速发展的势头，挖掘出潜在的学校课余体育竞赛创新能力，推动全国学校课余体育赛事高质量发展。在经济发展中地域，要不断完善传统体育项目，适时开展健身项目。在经济欠发达区域，根据自身实际情况，开发适合自己开展的学校课余体育竞赛项目，脚踏实地做好学校体育工作。

四是以空间促锻炼，均衡学校课余体育竞赛发展。"体教融合"要以生为本，全体动员，充分发挥学生主体行为，由学生自己根据个人兴趣和身体状况，选择至少1项适合自己的体育运动项目，经过训练后可参加课余体育竞赛。

二、助推学校课余体育竞赛的外部发展

（一）加强学校课余体育竞赛对外交流

以新发展理念为指引推动学校课余体育竞赛的发展。南京青少赛让世界了解了中国青年，我们要以弘扬中华民族传统体育文化，展现中国当代青年风貌为宗旨。加强对外国际交流，推动学校课余体育竞赛繁荣发展。

一要积极承办竞技体育国际赛事。努力申请、积极承办竞技体育国际赛事，加强学校竞技体育的对外交流，有助于促进学校运动员之间的相互交流。国际体育赛事的举办需要统筹全方位的事宜，需要更加精准的条例法规，需要有着更高的要求、更高的目标，从而才能实现学校竞技体育高质量发展。而承接国际赛事，是对办学能力、赛事运营能力、资源配置能力、人员交往能力及青年综合素养的最好检验。

二要积极参加世界学生体育赛事活动。加强对外交流不仅要让学生运动员走出去，更要将国外优秀体育运动员请进来。通过交流比赛，增进了解、增进互信、增进认同，为推动人类命运共同体，贡献体育青年的力量。

三要洋为中用，通过竞赛交流，我们可学习、借鉴美国、德国、俄罗斯等竞技体育发达国家的学校体育的成功经验，不断总结、完善我国竞技体育后备人才培养体系，借助赛事宣传、赛事引导、赛事普及，打造品牌化的学校体育竞赛，

推动我国学校课余体育竞赛的可持续发展。

（二）以政策制度为抓手推进学校课余体育竞赛发展

政策的倾斜和引领是加快推进学校课余体育赛事工作的常用手段，从国家层面出台的一些激励措施和硬性规定可以在我国中小学课余体育赛事的改革中，有效引导学校课余体育赛事工作的具体方向，对我国学校体育的"移风易俗"和"改天换地"起到积极的推进作用。

一是升学加分，是对普通学生及家长一个很大的激励。建议政府主管部门在规范青少年体育赛事等级后，恢复竞技体育赛事在学生升学时给予的加分项。

二是在政策制度监督下，通过赛事分层分级，进一步优化运动员选拔和赛事分级制度，它可为学生提供多种选择，既从思想上端正学生运动员的训练态度，解决了单一项目练习时易产生的枯燥乏味现象，又让学生在水平相当的级别环境中比赛，可以根据个人的积分进行升级和降级，产生不同级别的优胜，吸引更多的学生运动员进入到竞技体育选拔的视野，以达到我国由体育系统输送竞技体育人才模式转变为由学校培养出全面发展的竞技体育人才模式的目的。

三是从规划、财政和完成指标等方面将学校课余体育赛事进行量化，打通部门间计划、信息、经费等沟通渠道，督促政府部门重视学校课余体育赛事工作，履行其主导作用。通过规范比赛环境、端正赛风赛纪，打造行业规范与作风，在政策制度的高压下，严把赛前审查，赛中管控和赛后复查的相关工作，确保学校课余体育竞赛有序发展。

（三）以多措并举的赛事类型助力学校课余体育竞赛发展

"体教深度融合"要求在举办校内课余体育赛事和校际课余体育赛事时，在遵循学校课余体育赛事的竞技性特征时，还应与学校教育的学段相吻合，其竞技性和技术复杂性呈现递进趋势，随着学段的升高而增强。建议在赛事类型的安排，围绕竞技性的强弱为主线，在小学、初中和高中学段合理设置赛事类型，让各学段的赛事不仅与赛事目标相连，而且还与育人理念相对应。具体来说，在小学阶段以下的校内或校外课余体育赛事，建议以竞技性＋趣味性＋游戏性形式举行，中学前期阶段逐渐减持趣味性和游戏性，增加竞技性；高中和大学阶段的锦标赛、选拔赛、达标赛和冠军赛等赛事按竞技体育赛事要求与竞赛规则进行。当前我国在各学段举行的"标志性"赛事效果较好，运行与组织较为成熟，但目标和对应群体相对单一，无法起到营造浓厚的赛事参与环境的作用，在一定级别的比赛上忽视了大部分学生的参与权利。针对这一点，可以以竞技性赛事为主体而进行上述建议的赛事设计，即竞技型赛事和普及型赛事并行，提倡多类型、多数量、多目的的赛事类型，并通过"扩宽竞赛规则边界""弱化竞技目标""设计项目衍生活动"达到各个级别大多数学生都能参与的目的。

第五节 启示五：我国竞技体育后备人才培养模式的建构

一、我国竞技体育后备人才培养模式选择

与竞技体育同生同长的竞技体育后备人才培养已走过70多年的发展路程，为中国竞技体育勇攀世界高峰立下了赫赫功绩，在所有奥运比赛冠军领奖台站着的中国运动员，几乎全部来自少体校[①]。由此可见，作为勇攀世界竞技体育高峰的我国竞技体育重要基础的后备人才，其地位与作用无可撼动。为不断推进我国竞技体育运动水平高质量发展，无数的学者与一线体育工作者为此付出了大量心血去理论探索、去实践检验、去求实创新。竞技体育后备人才培养先后经历了学校体育、体教分离、体教结合、体教融合的发展历程；在其发展中先后探索并实践了举国体制下的政府培养模式（杨桦、孙淑惠、舒为平等，2004；毛振明、查萍，2008；戴永冠、罗林，2012；王长权、查萍、郎健，2015；袁守龙，2018）；不同社会、经济发展时期的社会化培养模式（杨再淮、余询，2001；潘前、陈伟霖、吴友凯，2006；周军，2007；徐伟宏，2012；周战伟，2016）；竞技体育后备人才教结合培养模式（于洋，2009；王向宏、董建锋、张锡庆，2011；翟丰、张艳平、杨蒙蒙、吴贻刚，2019；刘纯献、刘盼盼、苏亮.，2021）；竞技体育后备人才多元化培养模式（李建国、林德华，2014；刘建国、赵德勋、崔冬雪等，2014；杨国庆，2017；刘扶民、汪晖，2018；依田充代、赵倩颖、清宫孝文，2019）等不同形式的后备人才培养模式。

（一）竞技体育后备人才政府培养模式

长期以来，竞技体育发展和竞技体育后备人才培养一直是由政府单一主办，在计划经济时期产生的通过政府财政拨款的方式对优秀竞技体育后备人才进行培养的"举国体制"是其典范；以征战全运会为主要赛事的竞赛体育组织及其管理和通过构建小学、中学和大学"一条龙"训练网络是其主要运作形式[②]。

政府采取举国体制的形式发展竞技体育、培养竞技体育后备人才并不是中国特有的现象，世界上体育大国都在国家层面上给予竞技体育支持。据资料表明[③]美国在全国拥有3家国家奥林匹克训练中心，分别是普林斯顿、普莱西德和邱拉维斯塔

---

① 国家体育总局.2014年全国业余训练工作会议在北京召开［EB/OL］. http://sport.gov.cn.

② 王长权，查萍，郎健.新"举国体制"下竞技体育人才培养体系的构建［J］.北京师范大学学报（自然科学版），2015，51（2）：217-220.

③ 科普中国·科学百科.举国体制［EB/OL］. http://baike.baidu.com/item/（美国体例）.

国家体育训练中心，政府虽然不对训练拨款，但通过税法使得美国企业与个人对之投入巨大，其实这是美国政府让利于竞技体育的一项重大政策举措。英国在伦敦奥运会举办前6年，陆续对竞技体育投入10亿英镑，为伦敦奥运会进入前三名给予了巨大的资金支持。这些国家虽然不提举国体制，但隐性的举国体制跃入世人眼中。

迈入新时代，随着我国社会转型、制度变迁，传统单一的政府培养模式也在转型与发展中不断调整和完善，历经几十年的理论探索和实践，无论是领导层还是基层，不论是学者还是一线工作者，在结合我国实际情况和国情状况分析后达成一个共识：我国竞技体育后备人才的培养必须坚持不懈地推行举国体制，以继续坚持和巩固我国竞技体育人才培养取得的丰硕成果，构建由政府宏观统筹的竞技体育人才培养模式，即"举国体制"下的政府主导与市场化相结合的竞技体育人才培养模式①。这一共识跟上了国家发展步伐，2022年9月，中央全面深化改革委员会第二十七次会议审议通过《关于健全社会主义市场经济条件下关键核心技术攻关新型举国体制的意见》，提出新型举国体制的概念，就是在原有举国体制基础上的继承与创新。这对竞技体育及后备人才培养改革有深厚的思想启迪。课题组的理解是：健全关键竞技项目的新型举国体制，合理整合资源、重新布局；把政府、市场、社会有机结合起来，科学统筹、集中力量、优化机制、协同攻关。借助政府行为优势，确保我国竞技体育人才培养从数量增长到质量的提升，从而实现为国家培养优秀竞技体育人才的可能。

（二）竞技体育后备人才社会化培养模式

随着我国迈入新时代新征程，已由过去的"计划经济"转为"中国特色社会主义市场经济"。从"市场"内涵角度出发，提出了我国竞技体育后备人才社会化发展的结构模型，社会化主体以及法规制度等指标要素，为推进我国竞技体育人才社会化发展提供驱动力。另外，从市场需求的角度出发，现阶段我国竞技体育后备人才培养要以学生为中心，定位市场的供给需求，牢牢把握为学生全面发展和成长成才的需要②需要对体制机制进行宏观调控，健全和完善竞技体育人才市场化体系和机制，不仅为竞技体育后备人才打好基础，更是要为其发展"谋大局"，不仅要进行顶层设计，还要做好与之配套的规划，更要对竞技体育后备人才的培养与相关市场主体的关系进行有效协调。与此同时，强调利用市场经济，将我国竞技体育后备人才队伍规模不断扩大，用于夯实我国体育人才基础③以不

---

① 杨桦，任海.中国体育发展方式改革研究［M］.北京：高等教育出版社，2016.

② 杨再淮，项贤林，倪伟等.我国竞技体育后备人才目标市场的研究［J］.体育科学，2006（9）：14-20+79.

③ 潘前，陈伟霖，吴友凯.推进新时期我国竞技体育后备人才培养体教结合的战略转变［J］.山东体育学院学报，2006（8）：88-91.

断克服、完善由于运动训练与文化教育的失衡、国家"奥运战略"与地方目标的失衡、产权边界模糊、激励机制不足造成的投资与收益主体间失衡带来的负面影响，保障"温州模式""清华模式""北理工模式""南体模式"的苗壮成长，以不断丰富竞技体育后备人才社会化培养模式内涵。同时我们必须清楚了解，由于地域不同、文化层次不同、经济发展不同，我国竞技体育后备人才在培养目标上存在不同差异，已由过去"单一化"培养转为"多元化"培养，实为一种有意义的改革举措。如果想要推动中国在新时代的竞技体育后备人才成熟、健康发展，我们依然要进一步加强相关研究与实践，以助推更加健全、系统、科学、完善、创新的发展模式。

（三）竞技体育后备人才教结合培养模式

体教结合人才培养模式的初衷是以条件、环境、设施相适宜的普通中学、普通高校为单位，试办高水平运动队，通过招收高水平竞技体育后备人才进行自我培养，实现世界大学生运动会及世界大赛参赛运动员的身份更替；同时，理顺各级少儿体校学生的文化学习，缓解部分优秀运动员二次就业难题；以此来解决原有后备人才培养中教体分离带来的一系列问题：一是体教分离割裂了学生全面发展的价值观，造成体育全面育人理念与奥林匹克精神传播受限等痛点；二是社会发展过程中依然存在有失偏颇的"四肢发达，头脑简单"的认识观及"望子成龙"世俗观念的评价机制等堵点；三是经济社会发展由计划经济体制转型为市场经济体制后的国家、集体、个体三者利益的认识度与平衡度等难点；体教融合所带来的价值引领作用不明确[1]。如何从制度层面顶层设计开始，通过有效监督反馈体系、切实做好利益主体平衡、充分吸纳行业意见统筹、合理调整体制内部结构是体教结合模式要解决问题的钥匙。从体制机制入手，建立良好的法治体系、更新体育在全面育人的地位、有效解决体育和教育资源配置不平衡、发展不平衡，建立体育与教育协同发展的良好生态，确保稳固的后备人才梯队队伍是体教结合追求的目标。

（四）竞技体育后备人才多元化培养模式

东京奥运会和北京冬奥会已落下帷幕，我们在为取得胜利欢呼的同时，也应理性地看到，我国竞技体育后备人才短缺依然严重，项目布局不合理、项目发展不平衡、区域发展不平衡问题依然突出，急需加强政策引导，推进学校体育供给侧结构性改革[2]。新时代我国学校竞技体育后备人才培养模式已由单一封闭向多

① 刘纯献，刘盼盼，苏亮.体教结合的难点、痛点、堵点与体教融合价值引领的闪光点［J］.北京体育大学学报，2021（9）：13–23.

② 彭国强，杨国庆.新时代中国竞技体育结构性改革的特征、问题与路径［J］.武汉体育学院报，2018（10）：5–12.

元开放转变[①]形成了学校、政府和社会协同培养的新模式，初步构建了多元化的人才培养体系。这种趋向表明，随着我国政治、经济、社会的不断进步，构建以学校为中心的多元化竞技体育后备人才培养机制，是新时代我国学校体育实现跨越式发展的必由之路。

上述后备人才培养模式为助推高质量竞技体育后备人才培养增添了内驱动力，为体教深度融合奠定了扎实的基础。在前人研究成果基础上，本书尝试提出了基于灰色理论指导下的以政府主导、学校负责、社会多种成分参与的"举国体制"和市场机制相结合的新的体制机制下的"体教融合"模式，从机制方面入手，在理论探索的基础上，运用灰色理论，针对新时代高质量培养竞技体育后备人才的要求，通过甄别影响竞技体育后备人才培养的诸因素，筛选并确定以保障机制为主，动力、竞赛、激励和控制机制为辅的五个要素为建模因子，构建了"体教融合"模型并用于交流、指导国家级高水平竞技体育后备人才培养基地——吉安市体校等学校。

二、基于灰色理论指导下的"体教融合"模式

（一）"体教融合"已有研究成果

竞技体育后备人才培养从 20 世纪 80 年代中期开始的"体教结合"和"教体结合"改革的核心是针对体育部门提出的运动员的学习、就业安置等利益诉求而展开的资源整合，以破除竞技体育人才培养的体制机制障碍。通过几十年的探索，"体教结合"迈向"体教融合"理念越来越清晰，"体教融合"就是以青少年为本，从人的全面发展层面，强调体育与教育在功能与目标上的充分融合[②]并从观念创新、组织合作、资金筹集、协同管理、学训融合等方面建立长效机制。

在"学校体育"与"竞技体育"融合发展方面，打通体教融合渠道，实现体育回归教育的愿景。相关学者从体教融合的发展脉络（丁省伟等，2022）[③]、制度变迁（杨蒙蒙等，2019）[④]、逻辑关系（单凤霞等，2017）[⑤]、发展模式（张波等，2018）[⑥]、

①　刘扶民，汪晖.基层竞技体育后备人才培养新模式探索——以浙江衢州为例［J］.体育文化导刊，2018（12）：1-5.

②　国家体育总局，教育部.关于深化体教融合　促进青少年健康发展的意见（体发〔2020〕1号）［Z］.2020.

③　丁省伟，储志东.是何·为何·如何：体教融合研究综述与展望［J］.上海体育学院学报，2022（7）：89-102.

④　杨蒙蒙，吴贻刚.体教结合制度变迁的路径依赖与突破策略［J］.体育文化导刊，2019（6）：58-63.

⑤　单凤雷，郭修金，陈德旭.让"体教结合"走向"体教共生"［J］.体育学刊，2017（9）：88-92.

⑥　张波，汪作朋，葛春林等.我国竞技体育后备人才培养的审视与发展路径［J］.体育文化导刊，2018（7）：57-61.

影响因素（刘伟等，2018）①、优化策略（吴建喜等，2014）②等方面进行了理论探索，逐步丰富了体教融合的理论体系。综观体教融合发展的实践检验，主张体育、教育等政府部门与社会的多方联动，强调优化内部结构、调整资源配置、加强合作交流，构建新型学校竞技体育人才培养体系，从而打破"体教融合"的壁垒，实现竞技体育回归学校教育的美好愿景。同时揭示了体育与教育的深度融合是我国学校体育协调、可持续发展的重要标志，更是我国竞技体育后备人才培养转向高质量内涵式发展的内在动力。

在"体教结合"和"教体结合"发展方面，教育部和国家体育总局联合发布了多项关于"体教结合""教体结合""体教融合"的实施办法和通知，皆在从国家顶层设计出发，规范治理学校体育，助推学校体育与竞技体育协同发展（马宣建，2005）③；体育与教育资源的融合有助于提升竞技体育后备人才培养质量，推进学校体育的深化改革，实现优秀体育后备人才的培养回归教育（郑婕等，2009）④。

在"体教融合"竞技体育人才培养方面、"体教融合"学术探讨在 2007 年学术期刊上出现后⑤国内逐步出现了一系列关于竞技体育后备人才体教融合培养模式的探讨与研究。从突破体育、教育二元主体对立的概念入手，探求不同诉求的应解方法以资源配置平衡（郭振等，2022）⑥找寻"体教融合"主题与竞技体育人才培养的关联性（王峰等，2022）⑦研制以问题为导向从政策制度、资金扶持和竞赛保障等方面寻求破解的策略（佘曦等，2021）⑧从上层领域研讨充实新时代体教融合对学校体育工作和竞技体育后备人才培养的理论内涵、制度内涵（钟秉枢，2020）⑨。倡导体育回归教育，以学校为主体培养高水平竞技体育后备人才

① 刘伟，潘昆峰."教体结合"组织发展困境—基于多重制度逻辑视角［J］.北京体育大学学报，2018（3）：54-59.

② 吴建喜，池建.论我国竞技体育发展方式转变中体教结合向体教融合的嬗变［J］.北京体育大学学报，2014（4）：88-93.

③ 马宣建.我国体教结合政策的形成与发展研究［J］.上海体育学院学报，2005（4）：1-5.

④ 郑婕，杨桦."体教结合"培养高水平竞技体育人才新体系构建的研究［J］.北京体育大学学报，2009（2）：229-231.

⑤ 王慧莉.从"体教结合"到"体教融合"对高校高水平健美操人才培养体系的探究［C］.第八届全国体育科学大会，2007.

⑥ 郭振，王松，钟玉姣等.新时代体育强国的诉求：体教融合的概念、价值与思考［J］.体育科学，2022-02-15：21-29.

⑦ 王峰，郑国华.我国"体教融合"研究的主题、热点与进路展望［J］.天津体育学院学报，2022（1）：44-50.

⑧ 佘曦，许崴."体教融合"背景下广州市羽毛球竞技后备人才培养的优化策略［J］.广州体育学院学报，2021（11）：49-52.

⑨ 钟秉枢.体教融合开启学校体育工作和竞技体育后备人才培养新时代［N］.中国体育报，2020-09-24（01）.

和运动员，随着"体教融合"的不断开展以及其内涵的不断丰富，其已成为我国学校体育发展的重要方向。

（二）基于灰色理论指导下的"体教融合"

本模式在充分尊重上述"体教融合"研究成果与学者观点上，尝试性将灰色理论运用于竞技体育后备人才培养模式研究。与以事物静态研究为对象的统计学等研究工具相比较，灰色理论主要是研究事物动态发展变化的一种理论，在获取少量信息基础上，通过事物间的关联分析、建模推演，就可对事物动态的发展变化作出科学预测与研判。人才培养本属一个不断变化演进过程，运用灰色理论对人才培养展开研究是一次有意义的尝试。

基于灰色理论指导下的"体教融合"模式在立足于人才培养的运行机制视野，实地调研闽、湖、赣、黑四省国家级高水平竞技体育后备人才培养基地、高校高水平运动队、体育传统项目学校、少儿体校等80多所单位，专访百多位领导、专家、学者、一线教练员4个不同层级人员，含调300多位管理人员、教练员和运动员的基础上，提出了"以政府主导、学校负责、社会多种成分参与的'举国体制'和市场机制相结合的新的体制机制下的'体教融合'模式"。该模式主要探究了保障、动力、竞赛、激励、控制五个机制对竞技体育后备人才培养的影响作用及相互关联度，经灰色统计，这5个机制不仅对后备人才培养有着重要影响，而且相互间紧密度非常大。相较而言，保障机制重要性排在第一位；在中国特色社会主义制度的国体里，人才培养的制度保障、物质保障最为重要，体育后备人才培养的"学训矛盾"至今未能得到有效解决，也是我们的顶层设计还有待改革的地方。依次分别是动力机制、竞赛机制、激励机制和控制机制。灰色理论指导下的"体教融合"研究，试从理论上厘清5个相互影响、相互制约的机制先后顺序与关系；以澄清竞技体育后备人才培养中运动员与运动队管理的轻重缓急；为"体教融合"研究注入了新的内涵。

（三）基于灰色理论指导下的"体教融合"模式实施举措

（1）夯实"协同联动"的人才培养体系。夯实"协同联动"的学校竞技体育后备人才培养体系，探索"一条龙"升学保障机制。建议以学籍管理改革为龙头，建立涵盖后备人才区域内的幼儿园、小学、初中、高中和大学"一条龙"竞技体育后备人才升学管理办法为抓手，坚持"培养统筹、优势互补、协同培养"的原则，打造具有特色化、区域化的人才培养体系和项目布局。同时以"一校一品"特色项目为导引，逐步建立起校级、区（县）级、市级、省级精品项目及优秀的竞技体育后备人才升学通道、升学保障机制。不断优化高校自主招生、高水平运动员、退役运动员免试入学等渠道，确保后备人才的学业学习。

（2）打造"五位一体"的人才培养链。以新发展理念为引领，切实提高体育在中国特色社会主义现代化建设征程中的地位与作用的认识，教育强国梦、体育强国梦、中国梦对体育的需求认识，体育为何要回归教育的认识，更新体育理念，创新学校竞技体育后备人才培养制度，以打造政府、学校、家庭、个人、社会组织"五位一体"的竞技体育后备人才培养链。而制度保障是学校学竞技体育后备人才培养的关键，也是一系列工作展开的基石，决定着学校竞技体育后备人才培养的成功与否。同时，政府、社会组织、学校、家庭、个人也是新时代中国特色学校竞技体育后备人才培养的重要阵地和对象，打造政府、学校、家庭、个人、社会组织"五位一体"的竞技体育后备人才培养链，是新时代竞技体育后备人才培养的一种积极尝试，是夯实"协同联动"的人才培养体系的关键环节。在中国特色社会主义市场经济已经成熟的今天，政府包办、形式单一的竞技体育后备人才培养形式已落伍时代要求，我们可在借鉴、吸收域外经验的基础上，遵循新时代科学发展要求和竞技体育发展规律，对学校竞技体育后备人才培养的理念、运行模式、反馈机制、评价标准、组织保障等实施转型与升级，积极构建政府主导、俱乐部出资、学校承办、家庭支持、学生愿意的人才培养新链接，从而促使新时代我国学校竞技体育后备人才培养体系运转更加和谐、高效。

（3）疏通"上下贯穿"的人才培养渠道。以构建青少年体育发展新机制为切入点，以国家 2020 年 10 月 15 日发文[①]和体发〔2020〕1 号[②]为指导，成立一体化融合集团；建立从幼儿园到小学到初中到高中到大学到专业体育团体的立体化成长通道，除打通优秀体育后备人才上升通道外，还应打通优秀体育师资的上下通道，提高整体人文实力。我们要以大力开展校园体育文化为推手，推动新时代学校体育教育改革，完善国家级、省市、区县不同层级的体育特色学校内涵。我们要久久为功，层层推进学校竞技体育后备人才培养的"体教融合"。

（四）建构新模式急需解决的问题

1.厘清对学校体育的认识，扎实做好全面育人

竞技体育后备人才培养是新时代体育强国、健康中国国家战略目标赋予学校教育的重任。学校体育工作是助推素质教育、增强学生体质、增进学生健康、开展学生课外活动和课余体育训练，繁荣学校体育文化的助推剂；是为国家培养高素质劳动者和优秀竞技体育人才的一项新的重要举措；是整合体育、教育资源以实施人才培养战略的重要措施，体现了党和国家以人为本，全面发展人的科学理念和培养目标。

---

① 中共中央办公厅 国务院办公厅.关于全面加强和改进新时代学校体育工作的意见〔Z〕.2020–10–15.
② 体育总局，教育部.关于印发深化体教整合，促进青少年健康发展的意见通知（体发〔2020〕1号）〔Z〕.2020.

2. 以法治校，健全竞技体育后备人才培养的法律体系和制度保障

新时代，我国经济已成为世界第二大经济体，但我国国土面积大、地域广阔，人口众多，达 14 亿，青少年达 2.5 亿多。尽管我国科技、教育已有了长足进步，但面对 2000 多所基层青少年儿童业余体育学校，在竞技体育后备人才培养的选材上，科学选材受经费投入等诸多因素影响，难以顾及，多数学校仍然是以经验选材为主，时间最少需要 3 个月以上；这与教育部 2013 年颁布执行的"籍随人走"的学籍管理条例就发生碰撞。如何有效解决这一问题呢？课题组认为方法有二：一是从眼前来说，鉴于当前情况，建议教育部和体育总局进行协商。为维护制度的威严性，制度不能随意更改，但建议针对基层少体校选材实际，出台一份补充规定并严格执行。二是将基层体校归属教育系统，由其内部出台一种内部管理制度来解决"籍随人走"的学籍管理问题。

3. 遵循事物的客观规律性，尊重一线人员的心声

体制改革、机构改革是党中央和政府从宏观层面运筹帷幄、精兵简政、凝聚人心、带领国人奔向第二个百年奋斗目标的有力措施，国人无不拍手称快。但在实操层面，我们一定要遵循事物的客观规律性，尊重一线人员的心声。无论是在国家级高水平竞技体育后备人才培养基地，还是在基层业余体校，或者是传统体育项目学校调研时，其一线管理者和教练员对机构改革中体校合并一事，都有自己的认识与见解。我们认为，对于符合客观事物发展规律、有利于社会稳步前行的见解理应得到尊重。只有这样，我们才能达到齐心协力，一心一意搞发展。

三、高质量培养竞技体育后备人才

（一）构建竞技体育后备人才培养新格局

迈入新发展阶段，学校竞技体育后备人才培养已逐渐由粗放式发展经集约式发展转向高质量发展阶段；特别是在深入推进体教融合背景下，学校竞技体育后备人才培养发生了一系列发展变化[1][2]。在体教融合背景下，如何推动新时代学校竞技体育后备人才培养模式的改革与创新，探索新时代"体教深度融合"或"体教合一"的人才培养路径，是"十四五"期间我国学校体育发展的关键性问题，要坚持体教深度融合发展道路，推动校园体育一体化发展。通过政府治理、学校管理创新，发展高质量学校竞技体育后备人才培养方式，积极探索举国体制和市场机制相结合的学校竞技体育后备人才培养的运行机制，通过跨区域、跨层级协同培养学校竞技体育后备人才，逐步形成以高校高水平运动队、国家青训队

① 黄小波.深化"体教融合"的政策意涵和推进方式［N］.中国社会科学报，2022-12-30（专版）.
② 张辉，雷蕾.基于 ISM 模型的体教融合发展影响因素研究［J］.广州体育学院学报，2022（5）：121-128.

输送和推荐优秀学校竞技体育后备人才为靶向，形成竞技体育后备人才培养新格局。

（二）坚持走"体教融合"人才培养多元化道路

我国要进一步加快建设国家级体育训练基地、转训基地，坚持走体教融合道路，助力学校竞技体育后备人才的改革与创新，引导社会力量承办学校竞技体育活动，加强赛事服务指导，健全多元化赛事运营模式，建立品牌赛事扶持机制；推进社会体育组织发展，支持社会体育组织为青少年训练竞赛提供科学指导、技能培训、赛事服务，构建多元投入的竞技体育人才培养体系，推动我国学校竞技水平重回世界之巅。引进社会资源，与学校和学生体育协会直接签订合同，通过购买服务、器材等，进行深度合作，且在每个学校全面推广，通过专业人才培养实现良性发展。

（三）优化竞技体育后备人才培养管理体制

从管理体制入手，加强国家意识形态的宣传与管理，及时组织专家学者对国家已出台的相关政策文件进行解读与宣传工作，不仅要让全体教育工作者理解体教融合的深层次意义，更要让社会、家庭明了体育对文化学习、人格修养的积极作用与功效，消除过去社会变革中对体育带来的负面影响，配合国家全民健身战略，推进学校体育深度改革，助推学生健康体质、夯实竞技体育后备人才培养基础。要在全民健身氛围里让政府、社会组织、学校联动起来，以新发展理念为引领，以生为本，以民族体质健康为准绳，推行强种健体理念，野蛮民族这体格与血性，推动体教融合，让体育回归教育本源，为我国竞技体育后备人才培养体制提供有力支撑。体发〔2020〕1号文件指出："支持社会体育组织为学校体育活动提供指导。"这为国家竞技体育后备人才培养的"体教社"协同发展扩展了新思路。当下，许多省市提出了"省队市办、省队校办、省企联办"的竞技体育及后备人才培养的运行机制，它为竞技体育发展拓宽了渠道，为职业体育做大了基础，形成了多渠道、多层次、多途径的竞技体育后备人才培养体制，进一步拓宽了"体教融合"背景下，后备人才协同培养的内涵与形式。

第七章 结论与展望

第一节 研究结论与建议

一、研究结论

（1）依学科交叉之据，在哲学社会人文科学研究领域借用自然科学成熟、实用的理念、手段、方法运用于哲学社会人文科学之研究，不失为一种好方法，它不仅使以逻辑推演为主的哲学社会人文科学的定性研究能通过定量研究校检，使其研究的可靠性、可行性、准确性得到及时反馈；而且使哲学社会人文科学的研究内容更丰富、方法更科学、效果更好。基于灰色理论的竞技体育后备人才培养研究正是基于以上认识而展开研究的。

（2）逻辑推演和灰色关联计算结果显示：保障≥动力≥竞赛≥激励≥控制，以此5个二级机制所构建的竞技体育后备人才培养运行机制是可行、可靠的。其5个一级指标，35个二级指标的所有灰色关联度都大于0.6，表明相关机制对竞技体育后备人才成长均有着紧密的联系。打通"最后一公里"，妥善解决"籍随人走"对选材的影响，是从法律、法规和制度上给予竞技体育后备人才培养的根本保障。强化意识形态领域的爱国宣传，以国家利益为重，兼顾集体和个人利益，树立民族信仰与情结是催化人类内生动力的源泉；打通体育系统与教育系统的竞赛壁垒，既是给青少年运动员一个更好的展现舞台，又是畅通体育与教育的桥梁，拨正体育隶属教育之内涵理念，厘清全面育人之认识。给予适度的精神鼓励与物质奖励，是调动运动员积极性的必要手段；制定科学合理的管控措施是竞技体育后备人才培养有序开展的必备条件。

（3）以新时代体育强国、健康中国为目标，管理与效益为依据，以政府完全主导下的"单一"少体校竞技体育后备人才培养模式为在不断完善与优化竞技体育举国体制下的以政府为主导、集体和社会共同参与的学校体教深度融合为主模，俱乐部等社会或集体后备人才培养组织为辅的"多元化"竞技体育后备人才培养模式，其完全契合新时代发展的要求。

（4）完善国家级高水平竞技体育后备人才培养基地的文化课程建设和文化师资队伍建设，是确保基地长治久运的根基，让少儿业余体校回归教育，这是一线管理人员、教练员的心声。体制改革、机构改革大势所趋，人心所向。体校回归教育系统，更有利于青少年儿童学习与训练，有利于其成长；老师回归教育系统，更有利于提升教育教学质量，调动其教学积极性。教练员回归学校，更有利于解除其后顾之忧。

（5）进一步优化青少年奥运项目布局，以国家宏观调控为主，社会协同和空间布局理论为指导，实施"项（目）随人（教练）走、人按域（地域）分；（项目）发展为主、经济为辅；统一布局、重点各异；竞赛促进、跨项选材"，是确保奥运项目后备人才培养"顶天立地"的有力举措。

（6）以新时代体育强国、健康中国为目标，加强组织领导，强化学校体育功能。扎实推进全民健身在学校生根落地，以"一校一品"为目标，夯实竞技体育后备人才培养基础，统筹推进学校体育工作。

二、对新时代竞技体育人才培养的建议

（一）厘清思想认识，深度把握体教融合内涵，全面育人

（1）厘清思想认识。行动来自思想、思想来自意识、意识来自认识。必须厘清管理者、教师和教练员的全面育人认识，认清全面育人是关系祖国的未来，是关系子孙万代千秋兴旺发达的大事。只有坚持德智体美劳全面育人观，才能塑造体魄强健、知书达理、聪明睿智的中华民族下一代，才能造福于人类命运共同体，实现世界大同。全国人大代表说得好："孩子没有分数，过不了今天的高考，但孩子只有分数，未必赢得了未来的大考。学校没有升学率，成不了'名校'，但是我们的教育只关注升学率，国家可能也就没有核心竞争力。分数是重要的，但分数不代表教育的全部内容，更不是教育的根本目标。"一个没有健康体魄的孩子，国家花费巨大的人力、财力加以培养，能否在未来为国家建设贡献力量值得商榷。只有将体育文化植根于社会土壤之中，社会才会将健康放在重要位置，民族的未来前途才会一片光明。

（2）增强强身健体意识。因为体育不仅能强身健体，它在培养人们吃苦耐劳、英勇拼搏、不怕困难、团结进取、抗压自信、助推智力方面也有其独特功效。竞技体育必须是智力超强、体魄强健、身怀运动潜质的人才能练习的。社会发展到今天，体育强国梦已融入到中国梦之中，在党和政府带领下，凝心聚力奔

跑在第二个百年奋斗目标征途上。健康中国、健康理念是新时代赋予我们生活的新内涵。

（二）以科学整合为前提，合理兼顾为基础，建立以保障机制为龙头的运行机制

（1）以国家利益为重，兼顾集体与个体利益。事实证明，在竞技体育后备人才培养中，离不开个体、集体、国家这三大主体。在社会发展演变中，三者的社会分工与地位会不同，由此必定会产生不同层次的特殊利益。在竞技体育人才的培养上，国家以培养竞技能力高、综合素养好、能充分展示中华民族新时代新形象的体育人为目的，通过竞技较量、人文交流把新时代中华民族伟大复兴之梦告诉世人，把人类命运共同体的理念传达世人，把建设幸福地球村的想法让世人知晓，使奥林匹克精神得以传承。教育系统以助推校园文化繁荣、扩大学校知名度为利益索求；体育系统以输送人才、安置退役运动员为核心利益，运动员借助运动赛场上的光芒，为自己读书、就业寻找利益。这些特殊利益索求如不能科学合理地协调好，必然会妨碍"体教深度融合"。这也是我们现行运行机制出现不畅的关键原因所在。

（2）确保运行机制畅通。构建以保障机制为龙头，动力机制、竞赛机制、激励机制、控制机制互为助推、相互补充、密切联系的运行机制。一要从思想上、理论上必须认清竞技体育人才培养各主体的利益关系，其应该是一种在根本利益方面具有一致性、在非根本利益方面具有非一致性的对立统一的矛盾关系，是一种由根本利益一致决定的利益协调关系。二要把国家利益放在首位，同时兼顾集体和个体利益。从宏观上采取自上而下的政策保障。既要确保国家利益和国家意志，如2022年大年初五中国女足的表现，也要考虑集体和个体的利益，例如，学生读书与训练问题，国家如何打通"最后一公里""籍随人走"问题。三要一线单位根据自身特点，采用由下而上的运行机制进行微观整合及横向利益整合，如市、区、县机构改革时，根据体校教育属性让其回归教育，以达到各级培养主体认同国家需要，确保运行机制的可行性和可操作性，避免"投机倾向"的资源争夺，实现运行机制的高效运转。

（三）主流模式以政府为主导、集体和社会参与培养为主。

（1）发挥国家主导作用。新时代，随着我国政治地位越来越高，人们的视野越来越远，越来越宽。在举国体制引领下，我国竞技体育成功跻身世界一流水平，国人在高兴之余已从金牌的内涵里，看到国人健身思想、健身理念、健身活动偏弱，健身人群偏少的现实。这与一流竞技体育水平国家是不相吻合的。普及与提高相结合就是这个道理，在全民健身活动中，只有活动得到蓬勃开展，才能有效促进竞技体育水平提高。同理，只有在高水平的竞技体育运动影响下，才能

有效推广全民健身活动开展。其他世界竞技体育强国的成长史也证明了这一观点，如美、俄、德、英等国家，这些国家的竞技体育不仅处于世界一流水平，而且其全民健身活动在这些国家也得到了非常广泛的开展，全民健身注册人数均超国家人数一半以上。

（2）调动社会、集体参与度。引导大众参与体育锻炼，树立全民健身思想、健身理念，不仅是完善举国体制引领下的竞技体育发展需要，更是树立现代健康生活理念、养成健康生活方式的需要。全民健身活动开展在很大程度上保障了国民的生活质量，也是国际社会一个共同追求的生活目标。在全球经济不景气的当下，全民健身不仅带动了国内文化、旅游和经济的纵向发展，推动了第三产业，助推了我国内循环经济的迅速崛起，更是竞技体育发展的坚定基石。青少年儿童是体育活动的主力军，学校是竞技体育人才培养的主战场，在"国家2021~2025全民健身计划"指引下，凭借2022年北京冬奥会这一大契机，我国的全民健身活动不仅出现蓬勃发展期，其竞技体育尤其是冬奥项目也得到迅速提高，竞技体育后备人才培养在新形势下得到转变。随着举国体制的不断完善，培养形式在政府主导前提下，应该积极吸纳集体和社会力量参与培养，将"单一模式"为主导演变为"多种模式"并行的培养方式。

（四）以竞赛杠杆为抓手，发展体育经济，助推体育经济运行模式

改革开放初期，随着体育改革的全面启动，为助推国内产业结构调整，体育经济开始萌芽，2008年北京奥运会使国内体育经济运行良好，体育产业已显规模。党的十八大以来，围绕经济新常态下结构调整、换挡增速、创新驱动，体育产业布局更合理，结构调整更科学。2016年开始，体育竞赛表演产业发展迅速，以全民健身赛事活动开展和竞技体育赛事完善为龙头，竞赛杠杆为抓手，市场为导向，体育经济已成长为第三产业中的支柱产业。在市场探究中，通过学习、借鉴国外先进体育经济管理体制和经营理念，形成了我国体育经济运行模式。通过体育经济的有效发展，反哺青少年儿童体育活动的推进、活跃学校体育、助推校园体育文化，达成良好竞技体育后备人才培养新环境。

（五）摆正学校体育工作位置，把学校教育评估体系落到实处

（1）提高学校体育认识度。教育发展的不均衡已得到中央和地方政府的高度重视，优化、整合各地教育资源，改善经济发展缓慢地区或农村学校的办学条件、设法提高这些地区学校老师的工资、福利、生活待遇，完善学校办学条件是各级政府的重要工作。在宏观层面，学校体育是学校教育的一个重要组成部分，已形成了共识。如何激发中、小学生注重自身健康，国家历来很重视，在各个层面均出台了许多相关文件，但这些文件并没有起到相应的效果。在实操层面，围绕"健康第一"指导思想，在政府指导下，联合社会、企业一起，改学校一家的

单一形式为校企府多元形式,扎实开展学校体育工作,针对多年来出现的学生体质下降、肥胖增多、近视多、健康状况担忧的情况,提出针对性改善体质状况的运动健身处方,指导学生体育锻炼并养成终身锻炼的体育意识。另外,让学生在体育运动中陶冶情操,学会欣赏运动之美、体魄强健之美,学习团结、友爱、互帮互助良好行为,培养吃苦、耐劳、不怕困难、勇于挑战优良品德。让学生充分体会体育带来的益处,是学校体育改革内在动力。

(2)把学校教育评估体系落到实处。教育方针已然指明了我们科学评价学生的思路,即德、智、体、美全面发展。体育作为教育一个重要方面,其评价一直以单一分数出现,无论是60分还是100分。简单的以分数评价人才,本身就不是一个很科学的方法,人的品德与健康原本不是能以简单分数衡量的。所以,今天我们高考录取学生时有特殊道德规范要求,而且是一票否决。

诚然,学校体育工作,首先是为多数学生服务,以此形成浓厚的校园体育文化,形成体育文化自觉性,让孩子在学校愉快游戏是重中之重,达到改善孩子的健康状况;其次才是进一步锤炼有运动天赋的孩子,为高水平竞技体育输送后备人才。

真要使各级各类学校重视学校体育工作,简单以分数来考核并不能纠正当今重文轻体的现象,唯独要像德育一样,对学生升学有一票否决的权力,才能真正使学校体育在学校教育工作中占据一席之地。即政府牵头建立学生健康档案,将学生的疾病状况、身体形态、身体机能、身体素质、运动成绩纳入评价体系,而这一评价体系要上升到国家教育战略地位,对不认真、走"邪路"的从业人员上升到刑法处理的高度加以打击,学校才会真正重视学生体质健康,从而降低近视眼、肥胖症、心血管疾病的发生率,真正增进学生体质健康,增强学生的身体素质。

(六)以社会协同学、空间布局理论和区域经济社会发展为依据,师资力量培养为依托,管理与效益为目标,优化青少年奥运项目布局

通读《奥运项目竞技体育后备人才培养中长期规划》(2014-2024)发现,我国青少年运动员注册人数与其他竞技体育强国相比较,相差很大。国家在青少年奥运项目规划与布局上也是偏重项目属性布局。据统计,截至2014年,青少年运动员注册人数为146765人。其中,冰雪项目13项,注册人数为8134人,最多项目人数是冰雪项目,为1174人;夏季项目34项,注册人数为138631人,前三位注册人数是田径68020人,其次是足球11119人,第三是乒乓球9300人。注册教练员人数为30570人。其中,冰雪项目教练员338人,最多是速度滑冰113人,最少是自由式滑雪雪上技巧和单板滑雪平行大回旋均为6人;夏季项目教练员人数为30232人,最多是田径项目教练员5073人,最少项目是激流回旋

教练员 28 人。项目布局也无规律，主要依据教练员而设项目。如为备战 2021 年东京奥运会和 2022 年北京冬奥会，国家作出了很大努力，有了很大改观，但仍然存在项目布局与发展不平衡。建议国家以社会协同学、空间布局理论和区域经济社会发展为依据，以"项（目）随人（教练）走、人按域（地域）分；（项目）发展为主、经济为辅；统一布局、重点各异；竞赛促进、跨项选材"为原则，以管理与效益为目标，统筹考虑，优化青少年奥运项目布局。

第二节　研究不足与展望

一、研究不足

研究视角的不同必然会产生研究结果的不同。本书从新时代体育强国建设的视角，采用理论和实证相结合方法，从竞技体育后备人才培养管理与效益角度出发，选择我国竞技体育水平处于中游阶段的闽、湖、黑、赣四省为重点，以马克思关于人的全面发展学说和人文社会科学理论为基础，借助自然科学—灰色理论基础，围绕其人才培养运行机制中的保障机制、动力机制、竞赛机制、激励机制、控制机制和"体教融合"人才培养模式展开研究，阐明新时代竞技体育后备人才培养面临的问题、破解的方法和实施的路径，为高层决策提供一些参考借鉴。

随着本书的落笔，反思这几年来的研究路程，发现有以下几点不足：

（1）新时代里，随着 2021 年东京奥运会和 2022 年北京冬奥会的举行，在奔向第二个百年奋斗目标的新征程中，在国家高层的有力推进下，健康中国、体育强国理念伴随着中国梦已植入民众生活理念之中。宏观层面上，2017 年后，我国在青少年体育和竞技体育后备人才培养上相继出台了几项政策和制度，大量社会资本和资源开始投入体育行业，使得新问题也不断出现，故基于调查的资料所形成的研究成果在理论上、实践应用上对进一步指导竞技体育后备人才的培养有点滞缓。

（2）经济是基础，由于各地经济发展水平不同，对竞技体育后备人才培养的经费投入不同，导致对各地竞技体育后备人才培养的管理不一。各地经济投入均视为地方核心机密，而由各省体育局向国家体育总局一年一报形成的国家体育事业统计年鉴又未能向研究者开放使用，即导致研究工作者无法有效地利用它，也使相关研究精准性偏差。作为重要的公共信息资源的国家体育事业统计年鉴，理应对研究者提供公共信息资源服务，它不仅是我国唯一的反映全国体育事业发展情况的综合性资料，最具权威性和精准性，避免了单独调研造成的误差性、误传性，更是社会发展的需要，是社会进步的表现。呼吁国家体育总局尽可能早些向体育一线管理者、教练员、科研人员开放。

（3）良好的科研团队是做好科研的基础，多学科交叉融合是科研创新的必要条件，科研工作者自身的综合素养要求同样如此。本书揭示学科交叉整合展开研究，更有利于提升体育学科研究水平，也指出了我们今后奋斗的方向。

二、展望

2030 年，随着第二个百年梦想即将实现，健康中国和体育强国的目标也将实现。即时体育作为一种生活理念将植入人心。我国的青少年体育、竞技体育、全民健身、体育产业、体育文化、体育外交将闪耀在世界舞台上。作为这一切重要事业主体的青少年后备体育人才培养的研究越显重要性，让青少年体育回归教育，既为竞技体育培养精英去攀跃竞技体育最高峰，又为现代化建设事业培养德智体全面发展的接班人是我们要继续深入研究的课题。

一是在宏观层面，在法律法规或制度层面出台解决青少年体育"最后一公里"问题——"籍随人走"的研究。

二是在中观层面，省市县机构改革，如何正确处理国家、集体和个体利益，让青少年体育回归教育问题的研究。

三是在微观层面，体育和教育融合的实操问题研究。在进一步研究中，有必要通过借助自然科学知识和工具，把人才培养需解决的问题更指标化，使研究过程更严谨，也便于后期的结构模型建立和数据分析更科学合理，不断完善相关理论模型。基于目前后备人才培养本身发展的可变性，很有必要构建动态变化管理与效益的研究体系。

在宏观层面，为国家出台打通"最后一公里"的法律法规或制度建设提供精准数据；在中观层面，以国家利益为核心，在兼顾集体和个体利益上，为做好为青少年体育人才培养提供范式；在微观层面，为培养敬畏职业、认同体育的生活理念建立可操作模式。

参考文献

[1] Ann MacPhail, David Kirk. Young People's Socialisation in to Sport: Experiencing the Specialising Phase [J]. Leisure Studies, 2006 (25): 57–74.

[2] Ausra Lisinskiene, Emily May, Marc Lochbaum. he Initial Questionnaire Development in Measuring of Coach–Athlete–Parent Interpersonal Relationships: Results of Two Qualitative Investigations [J]. International Journal of Environmental Research and Public Health, 2019, 13 (16): 2283–2283.

[3] Battaglia Anthony, Kerr Gretchen, Tamminen Katherine. A grounded Theory of the Influences Affecting Youth Sport Experiences and Withdrawal Patterns [J]. Journal of Applied Sport Psychology, 2022, 4 (34): 780–802.

[4] Bennie Andrew. Conducting Practitioner Research in Physical Education and Youth Sport: Reflecting on Practice [J]. Sport, Education and Society, 2021, 7 (26): 812–814.

[5] Blume Katharina, Wolfarth Bernd. Identification of Potential Performance-Related Predictors in Young Competitive Athletes [J]. Frontiers in Physiology, 2019 (10): 1394–1399.

[6] Corrado Domenico, Basso Cristina, Schiavon Maurizio, Pelliccia Antonio, Thiene Gaetano. The Relationship Between Pre–Participation Screening of Young Competitive Athletes and Family Screening Reply [J]. Journal of the American College of Cardiology, 2009, 24 (53): 2309–2310.

[7] Duheping Reflection on Connotation and the Management Practice of Combination of Sports and Education [J]. Proceedngs of the 21st Pan–Asian Congress of Sports & Physical Education, 2010 (Ⅱ): 7–14.

[8] Guanlin Li, Chuansheng Wu. Method For Discovering Youth Sports Potential Under The Background of Big Data [J]. International Core Journal of Engineering,

2021, 12 (7): 606–611.

[9] H.E. Seifert, Life Tables for Chinese Farmers, Milank Memorial Fund Quarterly [Z]. 1933.

[10] Herbison Jordan D., Sutcliffe Jordan T., Martin Luc J., McLaren Colin D., Slatcher Richard B., Benson Alex J., Boardley Ian D., Côté Jean, Bruner Mark W. Capturing Coaches' Identity Leadership Within Youth Sport [J]. Psychology of Sport and Exercise, 2022 (61): 7–14.

[11] Hyun Min Kang, Cha Yong Kim, Young Sun Yoon, Chan Hyuk Park, Woo Jin Jung. The Application of Customers' Purchasing Information for Effective Professional Sports Team Management [J]. Journal of Sport and Leisure Studies, 1998 (10): 309–317.

[12] James McKinney, Daniel Lithwick, Barbara Morrison, Hamed Nazzari, Michael Luong, Brett Heilbron; Jack Taunton; Saul Isserow. A Novel Pre–participation Screening Questionnaire for Yong Comitial Athletics [J]. Journal of the American College of Cardiology, 2016, 13 (67): 895–895.

[13] Jorgensen Helene, Deal Colin J., Holt Nicholas L. The Role of Parents in Facilitating Life Skills Development in Competitive Youth Spor [J]. Journal of Sport and Exercise Psychology, 2020 (42): 86–89.

[14] Li Min. Construction of Sports Training Information Management System [J]. Advanced Materials Research, 2014 (3181): 2508–2511.

[15] Luke A. Norris, Faye F. Didymus, Mariana Kaisele. Understanding Social Networks and Social Support Resources with Sports Coaches [J]. Psychology of Sport and Exercise, 2020 (48): 101665–101665.

[16] Mengdi Tian, Zhenfeng Liu. Construction of the Development Model of Youth Sports Clubs [J]. Frontiers in Sport Research, 2021, 5 (3): 7–14.

[17] Mohammed Mustafa Bakr. Growth Rates and Specific Motor Abilities as a Function to Predict the Selection of Talents Taekwondo Sport (Egyptian National Project) [J]. Turkish Journal of Kinesiology, 2016, 1 (2): 1–5.

[18] On–line version ISSN 1695–2294Print version ISSN 0212–9728. A Bayesian Analysis of the Motivation, Motivational Climate and Anxiety in Young Competitive Team Players [J]. Annals of Psychology, 2015, 1 (31): 7–14.

[19] Persson Marlene, Espedalen Lars Erik, Stefansen Kari, Strandbu Åse. Opting out of Youth Sports: How can we Understand the Social Processes Involved? [J]. Sport, Education and Society, 2020, 7 (25): 842–854.

［20］Root Hayley, Marshall Ashley N., Thatcher Anna, Valier Alison R. Snyder, Valovich McLeod Tamara C., Bay R. Curtis. Sport Specialization and Fitness and Functional Task Performance Among Youth Competitive Gymnasts［J］. Journal of Athletic Training, 2019（54）：1095-1104.

［21］Shrehan Lynch, Jennifer L. Walton Fisette, Carla Luguetti. Pedagogies of Social Justice in Physical Education and Youth Sport［M］. University of Oxford Taylor and Francis, 2021.

［22］Silva Ana Filipa, Afonso José , Sarmento Hugo, González Víllora Sixto, Pastor Vicedo Juan Carlos, Teoldo da Costa Israel, Sigmundsson Hermundur, Ardigò Luca Paolo, Clemente Filipe Manuel. Decision-Making in Youth Sport［J］. Frontiers in Psychology, 2021（12）：725543-725543.

［23］Veliz Philip Todd, Boyd Carol J, McCabe Sean Esteban. Competitive Sport Involvement and Substance Use Among Adolescents：A nationwide Study［J］. Substance Use & Misuse, 2015, 2（50）：156-165.

［24］Whitley Meredith A., Smith Alan L., Dorsch Travis E., Bowers Matthew T., Centeio Erin E. Reimagining the Youth Sport System Across the United States：A Commentary From the 2020-2021 President's Council on Sports, Fitness & Nutrition Science Board［J］. Journal of Physical Education, Recreation & Dance, 2021, 8（92）：6-14.

［25］2001-2010 年体育改革与发展纲要（体政字〔2000〕079 号）［Z］. 2000.

［26］白素萍. 河北省体育传统项目学校业余训练现状及对策研究［D］. 河北师范大学硕士学位论文, 2007.

［27］"百县"比赛"一县一品"做好县级青少年体育工作［N］. 中国体育报, 2020-05-19（01）.

［28］鲍明晓. 新发展格局下体育发展的新理念、新动能、新模式、新机制研究［J］. 体育科学, 2022（1）：3-14.

［29］卞良. 中国研究型大学二级学院内部治理及其影响因素研究［D］. 华中科技大学硕士学位论文, 2017.

［30］蔡有志, 王芳. 2018 年新时代我国青少年体育工作新格局［A］// 中国青少年体育发展报告（2018）［M］. 北京：社会科学文献出版社, 2020.

［31］曹卫东, 李鋆, 徐雁冰等."建党百年与中国特色社会主义体育发展道路"笔谈［J］. 上海体育学院学报. 2021（6）：1-34.

［32］陈雪娇. 高校体育师资队伍建设的困境与优化路径探析［J］. 中国学校体育, 2017（8）：38-42.

［33］慈鑫.家长担心学校体育成为新的学业负担［J］.云南教育（视界时政版），2020（11）：21-22.

［34］［美］戴维·霍瑟萨尔.心理学史（第4版）［M］.郭本禹等译,北京：人民邮电出版社,2011.

［35］戴永冠,罗林.竞技体育举国体制分析——兼论后奥运时期举国体制发展［J］.体育学刊,2012,19（5）：54-58.

［36］党耀国,刘思峰,王正新,林益等.灰色预测与决策模型研究［M］.北京：科学出版社,2009.

［37］邓聚龙.灰色理论基础［M］.武汉：华中科技大学出版社,2002.

［38］邓丽.多法域交会下的国家监护：法律特质与运行机制［J］.中华女子学院学报,2018（8）：16-23.

［39］丁省伟,储志东.是何·为何·如何：体教融合研究综述与展望［J］.上海体育学院学报,2022（7）：89-102.

［40］丁云红.基于改进灰靶决策的女子七项全能排名模型［D］.成都信息工程大学硕士学位论文,2018.

［41］董成伟.中国特色社会主义举国体制的显著优势研究［D］.吉林大学硕士学位论文,2022.

［42］董佳华.国外竞技体育后备人才培养法制化对我国的启示［J］.沈阳体育学院学报,2015（10）：54-58.

［43］杜放.美国大学竞技体育文化透析与启示［J］.体育学刊,2018（6）：117-120.

［44］杜和平,葛幸幸,朱立新,肖刚云.江西省高校高水平运动队建设现状与对策研究摘要［C］.第二十九届全国高校田径科研论文报告会论文专辑,2019.

［45］杜和平,肖刚云,史桂忠等.以"合作教育"模式为抓手,创新田径课程教学与实践研究［J］.南昌航空航天大学学报（社会科学版）,2018,20（3）：105-112.

［46］杜尚泽.习近平参观美国塔科马市林肯中学［N］.人民日报,2015-09-25（01）.

［47］杜尚泽.习近平会见国际奥委会主席巴赫［N］.人民日报,2017-01-19（01）.

［48］杜尚泽.习近平看望南京青奥会中国体育代表团［N］.人民日报,2014-08-16（01）.

［49］杜尚泽.中国朝着体育强国的目标迈进［N］.人民日报,2014-02-08（01）.

［50］恩格斯．资本论（第一卷）［M］．中共中央马克思恩格斯列宁斯大林著作编译局译．北京：人民出版社，1972.

［51］樊孝凯，曹勇．基于灰色理论的高技能人才需求预测及对策分析——以中山市健康科技产业集群为例［J］．企业改革与管理，2016（11）：37-38+98.

［52］方芳．"校政企行多元联动、产学研用多维驱动"合作教育机制研究［J］．质量与市场，2021（7）：133-135.

［53］冯骏杰，刘江南等．竞技体育后备人才培养创新理论研究［C］．2013年全国竞技体育科学论文报告会论文摘要集，2013.

［54］傅亮．试论美国"高校体工队"模式下的竞技体育人才培养——基于典型个案调研［J］．南京体育学院学报，2019（7）：7-16.

［55］高天恩，郭涵玉，戴红磊．我国学校体育治理体系和治理能力现代化：基本内涵、现状困境、推进路径［C］．第十二届全国体育科学大会论文摘要汇编——专题报告（体育管理分会），中国会议，2022,3.

［56］葛幸幸，杜和平，张朝辉．重点中学课余训练体系存在的问题及完善对策——以湖南省重点中学为实证研究［J］．成都体育学院学报，2008（3）：87-90.

［57］葛幸幸，杜和平．赣、湘两省高校体育教师现状调查研究［J］．井冈山学院学报，2008（10）：59-61.

［58］葛幸幸，刘慧．在线健康社区用户潜水向分享行为转变的动机机理分析［J］．信息与管理研究，2021（10）：60-68.

［59］葛幸幸，唐建倦．竞技体育后备人才培养中不同层次利益整合的机制［J］．体育学刊，2009（8）：24-27.

［60］耿廷芹．竞技体育后备人才培养模式研究［C］．第二十三届全国高校田径科研论文报告会论文专辑，2013（8）：66-67.

［61］共享文化成果——十七大以来我国文化建设成就综述［N］．人民日报，2011-10-05（01）.

［62］辜德宏，吴贻刚，陈军．我国竞技体育内生式发展方式的概念、分类、内涵与特征探析［J］．天津体育学院学报，2012（9）：382-385.

［63］辜德宏．供需视阈下我国竞技体育发展战略研究［J］．北京体育大学学报，2018（3）：14-25+32.

［64］挂云帆．空间布局的原理及理论基础［J/OL］．http://www.guayunfan.com.

［65］关于强化学校体育促进学生身心健康全面发展的意见（国办发〔2016〕27号）［Z］．2016.

［66］郭敏等．业余训练工作指南［M］．北京：人民体育出版社，1996.

［67］郭振，王松，钟玉姣等.新时代体育强国的诉求：体教融合的概念、价值与思考［J］.体育科学，2022（2）：21-29.

［68］国家教委，国家体委.《关于发展学校体育训练，提高学校体育运动技术水平的规划》的通知［J］.学校体育，1986.

［69］国家体委.体育传统项目学校试行办法（〔1983〕体群字108号）［Z］.1983.

［70］国家体委政策研究室.《国家体委关于体育体制改革的决定（草案）》的通知（1986年4月15日），（86）体政研字11号［A］//体育运动文献选编（1982-1986）［M］.北京：人民体育出版社，1989.

［71］国家体委政策研究室.在总路线的照耀下，为开展群众性体育运动而奋斗（摘录）［A］//体育运动文献选编（1949-1981）［M］.北京：人民体育出版社，1982.

［72］国家体委政策研究室.中共中央批转中共体委党组关于加强人民体育运动工作的报告的指示（1954年1月8日）［A］//体育运动文献选编（1949-1981）［M］.北京：人民体育出版社，1982.

［73］国家体委政策研究室.教育部、卫生部、总政治部、青年团中央、全国总工会、全国妇联、全国青联、全国学联关于贯彻中华全国体育总会的今后体育运动方针任务的联合通知（1952年6月30日）［A］//体育运动文献选编（1949-1981）［M］.北京：人民体育出版社，1982.

［74］国家体委政策研究室.中共中央关于进一步发展体育运动的通知（中发〔1984〕号）体育运动文件选编（1982-1986）［M］.北京：人民体育出版社，1989.

［75］国家体育总局，教育部.关于加强竞技体育后备人才培养工作的指导意见（体青字〔2017〕99号）［Z］.2017-11-10.

［76］国家体育总局，教育部.关于加强竞技体育后备人才培养工作的指导意见［N］.中国体育报，2017-12-06（01）.

［77］国家体育总局，教育部.关于深化体教融合 促进青少年健康发展的意见（体发〔2020〕1号）［Z］.2020.

［78］国家体育总局."发展体育运动，增强人民体质"题词缘起，［EB/OL］.http://sport. gov. cn.

［79］国务院办公厅.体育强国建设纲（国办发〔2019〕40号）［Z］.2019-08-10.

［80］国务院办公厅.体育强国建设纲要（国办发〔2019〕40号）［EB/OL］.［Z］.2019.

［81］国务院办公厅.关于进一步加强学校体育工作的若干意见（国办发〔2012〕53号）［Z］.2012.

［82］国务院办公厅转发体育总局等部门《关于进一步加强运动员文化教育和运动员保障工作指导意见》的通知（国办发〔2010〕23号）［Z］.2010.

［83］国务院关于加快发展体育产业促进体育消费的若干意见》（国发〔2014〕46号）［Z］.2014.

［84］过家兴.从24届奥运会引发的对我国学校体育课余训练的思考［J］.学校体育，1989（6）：46.

［85］［澳］海因茨·阿恩特.经济发展思想史［M］.唐宇华、吴良鳍译，北京：商务印书馆，1997.

［86］何立波.毛泽东的体育强国梦［EB/OL］.http://cpc.people.com.cn.

［87］侯海波等.国外竞技体育强国后备人才培养体制及启示［J］.上海体院学报，2005（8）：1-5+15.

［88］胡安义，吴希林，蔡开明.德国竞技体育后备人才的培养与启示［J］.体育文化导刊，2013（9）：67-70.

［89］胡安义等.德国竞技体育后备人才的培养与启示［J］.体育文化导刊，2013（9）：67-70.

［90］胡锦涛在北京奥运会、残奥会总结表彰大会上的讲话［EB/OL］.http://news.xinhuanet.com，2008-09-29.

［91］胡娟.推动人的全面发展是教育的时代使命［N］.光明日报，2021-07-13（03）.

［92］胡孟蕃，闫铭泽.粤港澳大湾区滨海体育休闲产业协同发展机制与对策研究——基于建设全国统一大市场的思考［C］.2022年粤港澳大湾区滨海体育休闲产业发展论坛论文摘要集，国家体育总局体育文化发展中心会议论文集，2022：6.

［93］黄汉升，陈作松等.我国体育学类本科专业人才培养研究——《高等学校体育学类本科专业教学质量国家标准》研制与解读［J］.体育科学，2016（8）：3-33.

［94］黄世席.日本体育法及其对我国相关体育立法的借鉴［J］.体育与科学，2006（3）：67-74.

［95］黄小波.深化"体教融合"的政策意涵和推进方式［N］.中国社会科学报（专版），2022-12-30（02）.

［96］惠陈隆，冯连世，胡利军等.我国体育传统项目学校的管理现状分析：成效、问题与对策［J］.中国体育科技，2017（1）：9-16.

［97］季浏，马德浩．新时代我国学校体育改革与发展［J］．体育科学，2019，39（3）：3-12．

［98］姜萍萍，杨丽娜．中国队加油！中国加油！［N］．人民日报，2016-08-26（01）．

［99］姜雪峰．中国是体育大国，还是体育强国［EB/OL］．http://news. cyol. com.

［100］教育部，国家体育总局．教育部 国家体育总局关于进一步加强普通高等学校高水平运动队建设的意见［N］．教体艺〔2005〕3号〔Z〕．2005．

［101］教育部办公厅关于印发《〈体育与健康〉教学改革指导纲要（试行）》的通知（教体艺厅函〔2021〕28号）［Z］．2021．

［102］教育部关于印发《中小学生学籍管理办法》的通知（教基一〔2013〕7号）［Z］．2013．

［103］金碚．关于"高质量发展"的经济学研究［J］．中国工业经济，2018（4）：5-18．

［104］金宏宝．中日体育后备人才培养模式比较研究［J］．沈阳体育学院学报，2011（4）：85-87．

［105］赖晓清．我国现阶段竞技体育人才培养战略研究［J］．新西部（理论版），2012（3）：177-188．

［106］兰红光．中国队加油！中国加油！［N］．人民日报，2016-08-26（01）．

［107］雷厉，田麦久，徐刚等．我国竞技体育后备人才"明日新星工程"设计及其制度保障［J］．北京体育大学学报，2014（9）：117-122．

［108］李斌．发展体育运动，增强人民体质，促进群众体育和竞技体育全面发展［N］．人民日报，2013-09-01（01）．

［109］李海滨．附属竞技体育学校发展中的若干问题探析［J］．中国学校体育（高等教育），2018（12）：54-58．

［110］李淮春．马克思主义哲学全书［M］．北京：中国人民大学出版社，1994．

［111］李京诚．合作学习理论与体育合作学习实践［J］．首都体育学院学报．2001（11）：2．

［112］李乐虎，王健，高奎亭等．深化体教融合背景下我国学校体育治理的现实困境与路径选择［J］．天津体育学院学报，2022（9）：520-527．

［113］李莉．我国农村产业融合的动力机制与收入效应研究［D］．山西财经大学硕士学位论文，2022．

［114］李丽．共筑体育强国中国梦［N］．人民日报，2017-08-27（01）．

［115］李相如．中国体育传统项目学校发展现状与管理机制研究［J］．体育

科学，2006（6）：16-27.

［116］李晓佳.首批国家级体育传统项目学校诞生——国家级体育传统项目学校命名表彰大会在天津举行［J］.中国学校体育，2004（1）：1.

［117］李影.高校内部控制机制弱化成因及对策研究——基于内部控制建设标准分析［J］.大众标准化，2021（10）：121-123.

［118］历史纪事.孔子重视六艺中的射和御的原因是什么？［EB/OL］.https//www.izhixiu.com.

［119］凌平，王志刚，庄晓鹏等.关于浙江省体育传统项目学校竞技体育后备人才的调查研究［J］.浙江体育科学，1998（8）：3-9.

［120］刘纯献，刘盼盼，苏亮.体教结合的难点、痛点、堵点与体教融合价值引领的闪光点［J］.北京体育大学学报，2021（9）：13-23.

［121］刘扶民，汪晖.基层竞技体育后备人才培养新模式探索——以浙江衢州为例［J］.体育文化导刊，2018（12）：1-5.

［122］刘海元，展恩燕.对贯彻落实《关于深化体教融合促进青少年健康发展的意见》的思考［J］.体育学刊，2020（11）：1-11.

［123］刘嘉津，孙桂云，戴美仙.灰色系统理论与方法在体育科研中的应用状况研究［J］.中国体育科技，2005（5）：137-140.

［124］刘建国等.我国竞技体育后备人才多元化培养的重要渠道及机制研究［J］.山东体育科技，2014（4）：61-64.

［125］刘鹏.深入贯彻习近平讲话？从体育大国迈进体育强国——深入学习贯彻习近平同志关于体育工作的重要论述［J］.运动，2014（4）：2-3.

［126］刘鹏局长在全国体育局长会议上的讲话［EB/OL］.http://www.sport.gov.cn/n16/n1077/n1392/n4891927/n4891959/4898072.html，2013-12-24.

［127］刘庆广，孙麒麟.我国大学生体育竞赛机制的公平性研究［J］.北京体育大学学报，2013（5）：107-111.

［128］刘仁盛，庞立春.我国竞技体育后备人才培养研究［J］.中国体育科技，2017（7）：42-47.

［129］刘通，张晓林等."体教融合"政策省级行政执行的扩散机制及深化策略研究［J］.广州体育学院学报，2022（12）：9.

［130］刘伟，潘昆峰."教体结合"组织发展困境——基于多重制度逻辑视角［J］.北京体育大学学报，2018（3）：54-59.

［131］刘议阳.体教融合背景下大连市竞技体育后备人才培养策略研究［D］.辽宁师范大学硕士学位论文，2022.

［132］刘玉.论新中国60年体育发展方式的演进与转变［J］.西安体育学院

学报，2012（1）：25-31.

［133］柳鸣毅，敬艳，孙术旗等．行政放权与多元赋能："社会力量办体育"的中国方案——基于浙江省改革实践的案例分析［J］.上海体育学院学报，2022（9）：30-41+52.

［134］柳鸣毅，敬艳等．体教融合视域中学校体育改革的实践逻辑——基于中小学校体育改革的多案例扎根理论分析［J］.体育学研究，2022（9）：52-62.

［135］柳鸣毅．我国青少年体育赛事体系研究［D］.北京体育大学硕士学位论文，2013.

［136］鲁娜，马艳红．体教融合视域下日本学校体育政策演变对我国青少年体质健康促进的启示［J］.沈阳体育学院学报，2021（5）：40-47.

［137］罗超毅．论体育强国建设背景下全民健身与竞技体育的和谐发展［J］.北京体育大学学报，2013（2）：1-4.

［138］罗文东．推进国家治理体系和治理能力现代化［EB/OL］.http://people.com.cn.

［139］MBAtd 智库·百科．系统原理［EB/OL］.https://wiki.mbalib.com/wiki.

［140］马德浩，季浏．新时期的三大改革对中国体育发展方式改革的影响［J］.体育科学，2011（1）：14-19.

［141］马德浩．新中国成立以来我国竞技体育发展方式演进历程与展望［J］.中国体育科技，2021（11）：4-11.

［142］马俊帆，张大超．我国高校高水平运动队建设与中小学体育竞赛衔接机制研究［A］.第十二届全国体育科学大会，2022：3.

［143］马克思．马克思恩格斯全集［M］.中共中央马克思恩格斯列宁斯大林著作编译局译，北京：人民出版社，1972.

［144］马克思主义为什么一定要中国化［EB/OL］.http://www.gmw.cn.

［145］马宣建．我国体教结合政策的形成与发展研究［J］.上海体育学院学报，2005（4）：1-5.

［146］马志和．2001~2010 年我国竞技体育后备人才培养的战略研究［R］.2003.

［147］满江虹．竞技体育可持续发展评价指标体系研究的评述与重构［J］.吉林体育学院学报，2015，31（2）：11-15.

［148］［美］M.P.托达罗：《第三世界的经济发展》（上）［M］.于同申等译，北京：中国人民大学出版社，1988.

［149］毛泽东，矛盾论．建党以来重要文献选编（第十四册）［M］.北京：中央文献出版社，2011.

［150］毛泽东.体育之研究［M］.北京：人民体育出版社，1979.

［151］毛振明，查萍.对我国竞技体育"举国体制"的理性思考——激情后的冷静、辉煌下的问题［J］.北京体育大学学报，2008，31（12）：1701-1703，

［152］毛主席接见中国新民主主义共青团第二次全国代表大会主席团成员［EB/OL］.http://gktk.zhtj.youth.cn/xxzltszlg/201702/t20170219_9138474.html#:~:text=1，1953-06-30.

［153］孟德斯鸠.论法的精神［M］.许明龙译，北京：商务印书馆，1978.

［154］孟凡花，程传银，尤传豹.新中国体育运动学校发展研究［J］.体育文化导刊，2010（11）：10-13.

［155］［美］欧文·M.柯匹、科恩，逻辑学导论［M］.张建军译，北京：人民大学出版社，2007.

［156］潘前，陈伟霖，吴友凯.推进新时期我国竞技体育后备人才培养体教结合的战略转变［J］.山东体育学院学报，2006（4）：88-91.

［157］潘迎旭，钟秉枢.影响我国竞技体育后备人才培养可持续发展主要因素及各子系统间互动关系的研究［C］.第七届全国体育科学大会论文摘要（一），2004：10.

［158］培养德智体美劳全面发展的社会主义建设者和接班人［EB/OL］.http://www.cnr.cn.

［159］彭国强，杨国庆.新时代中国竞技体育结构性改革的特征、问题与路径［J］.武汉体育学院报，2018（10）：5-12.

［160］曲新艺.体育院系速滑实践课引入合作教学模式的理论与实践研究［D］.东北师范大学硕士学位论文，2003.

［161］曲宗湖，李晋裕.有关法国学校体育教育的简况［J］.中国学校体育，1993（3）：67-68.

［162］曲宗湖，王晓毅，王刚.面向21世纪，开创课余训练工作的新局面［J］.体育教学，1996（8）：4-6.

［163］单凤雷，郭修金，陈德旭.让"体教结合"走向"体教共生"［J］.体育学刊，2017（9）：88-92.

［164］佘曦，许崴."体教融合"背景下广州市羽毛球竞技后备人才培养的优化策略［J］.广州体育学院学报，2021（11）：49-52.

［165］申伟华，尹华丁，彭光辉，田名高.毛泽东体育思想概论［M］.长沙：湖南人民出版社，2009.

［166］申伟华等.毛泽东体育思想概论［M］.长沙：湖南人民出版社，2009.

［167］搜狐网.为什么英国的学校这么重视体育教育？［EB/OL］.https://

www. sohu. com/a/255791460_99925888.

［168］搜狐网.我国体育课实施现状及"美、日、英、新、俄、法、韩"七国对比［EB/OL］. https://www. sohu. com/a/305922876_49867.

［169］眭纪刚，文皓.制度优势结合市场机制探索构建新型举国体制［EB/OL］. http://www. cas. cn.

［170］"十四五"体育发展规划.体发〔2021〕2号［Z］.2021-10-08.

［171］孙大光.毛泽东体育思想主线：体育关系国家民族盛衰兴亡［N］.光明日报，2012-06-11（04）.

［172］孙金蓉.日本学校体育伤害事故的现状及事故补偿制度的考察［J］.武汉理工大学学报（社会科学版），2004（6）：402-404.

［173］孙科，张秀云.天津全运会：探索·求证·启示——《体育与科学》学术工作坊"探索与求证——天津全运会启示录"论坛综述［J］.体育与科学，2017（9）：10-16.

［174］孙克宜，秦椿林.试论体育管理体制与中国体育管理体制改革［J］.北京体育大学学报，1995（3）：3-6.

［175］唐建倦等.中国竞技体育后备人才培养运行机制创新研究［C］.2013年全国竞技体育科学论文报告会论文摘要集，2013：10.

［176］唐龙.发展观的历史演进述评［J］.财经科学，2005（11）：59-65.

［177］唐龙.体制创新与发展方式转变［M］.北京：中国社会科学出版社，2012.

［178］体育法［Z］.1995.

［179］体育总局，教育部.深化体教融合促进青少年健康发展意见（体发〔2020〕1号）［Z］.2020.

［180］体育总局，教育部.关于印发深化体教整合，促进青少年健康发展的意见通知（体发〔2020〕1号）［Z］.2020.

［181］体育总局."十四五"体育发展规划（体发〔2021〕2号）［Z］.2021.

［182］体育总局，教育部.体育传统项目学校管理办法（国办发〔2012〕53号）［Z］.2013.

［183］童扬华.尴尬［J］.田径，2002（9）：1

［184］童扬华.自尊自强［J］.田径，2002（9）：1

［185］王长权，查萍，郎健.新"举国体制"下竞技体育人才培养体系的构建［J］.北京师范大学学报（自然科学版），2015，51（2）：217-220.

［186］王登峰.新时代体教融合的目标与学校体育的改革方向［J］.上海体育学院学报，2020（10）：1-4+12.

［187］王飞，张加军．国内外竞技体育后备人才培养模式的研究［J］．赤峰学院学报，2013（5）：182-184.

［188］王峰，郑国华．我国"体教融合"研究的主题、热点与进路展望［J］．天津体育学院学报，2022（1）：44-50.

［189］王恒柴，金超．论政府调控与市场调节在体育后备人才培养中的作用［J］．体育世界（学术版），2015（2）：13-14+36.

［190］王慧莉．从"体教结合"到"体教融合"对高校高水平健美操人才培养体系的探究［C］．第八届全国体育科学大会，2007：10.

［191］王楠．我国竞技体育后备人才培养模式的演变［J］．体育文化导报，2013（6）：60-62.

［192］王书彦，周登嵩．学校体育政策执行力的评价指标体系［J］．体育学刊，2010（6）：46-50.

［193］王玮，张莹，杜和平，李小清．江西省重点中学课余体育训练的现状调查［J］．井冈山学院学报，2008（6）：61.

［194］王玮，张莹．运动训练专业田径专项运用"合作教学"人才培养模式的实践研究［J］．运动，2015（6）：35-36+73.

［195］王文龙，崔佳琦，米靖，邢金明．我国竞技体育后备人才培养制度的演进逻辑与展望——基于历史制度主义分析范式［J］．体育学刊，2021，28（6）：51-58.

［196］王先亮，张瑞林，高岩．青少年体育治理化转型及其对策［J］．沈阳体育学院学报，2017（5）：7-11+19.

［197］王向宏，董建锋，张锡庆．"体教结合"模式培养我国竞技后备人才运行状况的研究［J］．广州体育学院学报，2011，31（1）：102-106.

［198］王亚飞．竞技体育转型视域下天津市三大球项目后备人才培养指标体系构建研究［D］．天津体育学院硕士学位论文，2016.

［199］吴建喜，池建．论我国竞技体育发展方式转变中体教结合向体教融合的嬗变［J］．北京体育大学学报，2014（4）：88-93.

［200］吴声洗等．我国青少年体育训练和竞赛组织模式改革与创新对策研究［J］．成都体育学院学报，2002（7）：56-59.

［201］习近平．高举中国特色社会主义伟大旗帜 为全面建设社会主义现代化国家而团结奋斗——在中国共产党第二十次全国代表大会上的报告［EB/OL］．http://www.gov.cn，2022-10-16.

［202］习近平．接见全国体育先进代表大会上讲话［N］．人民日报，2017-08-28（01）.

［203］习近平 . 决胜全面建成小康社会夺取新时代中国特色社会主义伟大胜利［EB/OL］. http://cpc. people. com. cn/n1/2017/1028/c64094-29613660.

［204］习近平 . 13 亿中国人民热情欢迎各国各地区宾客到来［EB/OL］. http://news. cctv. com/china/20080802/105319. shtml，2018-08-02.

［205］席恒 . 公与私——公共事业管理运行机制研究［M］. 北京：商务印书馆，2003.

［206］夏漫辉 . 深化体教融合背景下我国竞技体育后备人才培养研究［J］. 体育文化导刊，2021（3）：54-59.

［207］《现代汉语辞海》编辑委员会 . 辞海［M］. 北京：中国书籍出版，2003.

［208］谢哲，卓唯 . 治理现代化视域下农村学校体育的困境与路径研究［J］. 辽宁体育科技，2021（7）：114-118.

［209］辛鸣 . 制度论——关于制度哲学的理论建构［M］. 北京：人民出版社，2005.

［210］熊晓正，郑国华 . 我国竞技体育发展模式的形成、演变与重构［J］. 体育科学，2007（10）：3-17.

［211］熊勇清 . 管理学［M］. 长沙：湖南人民出版社，2010.

［212］徐国祥 . 统计预测和决策［M］. 上海：上海财经大学出版社，2016.

［213］徐伟宏 . 中国竞技体育发展模式的历史演进与路径创新［M］. 北京：北京体育大学出版社，2012.

［214］徐伟宏，柯茜 . 构建新型“小学—中学—大学”一条龙竞技体育后备人才培养模式［J］. 武汉体育学院学报，2012，46（11）：78-81.

［215］徐阳，苏兵 . 区位理论的发展沿袭与应用［J］. 商业时代，2012（11）：138-139.

［216］徐跃杰 . 篮球经纬［M］. 北京：中国地质大学出版社，2004.

［217］许弘，李先雄 . 体教融合背景下青少年体育活动开展的困境与思考［J］. 体育学刊，2021（3）：7-12.

［218］许嘉恒，胡燕华 . 中国体育代表团备战 2024 巴黎奥运会保障机制探究［C］. 2022 年全国运动训练学术研讨会摘要集（二），2022（8）.

［219］许闽峰 . 我国体育传统项目学校的由来和发展［J］. 中国学校体育，1996（1）：3.

［220］许瑞勋 . 中国体育教师教育的改革审视与创新研究［M］. 北京：北京体育大学出版社出版，2009（1）：174-183.

［221］薛怡敏 . 美、俄、德、日四国业余体育训练体制的发展特点［J］. 沈阳体育学院学报，2003（6）：113-114.

［222］学而时习．建设体育强国，习近平总书记始终高度重视［EB/OL］．http://www. qstheory. cn.

［223］杨方舟．习近平会见韩国客人谈中国足球 希望世界杯夺冠［EB/OL］．http://gx. people. com. cn/GB/179479/15082835. html，2011-07-06.

［224］杨国庆．中国体教融合推进的现实困境与应对策略［J］．成都体育学院学报，2021（1）：1-6.

［225］杨桦，陈宁，刘建和．改革开放以来中国体育发展战略的演进与思考［J］．成都体育学院学报，2002（5）：1-7.

［226］杨桦，刘志国．体教融合：中国特色竞技体育后备人才培养模式转化与创新［J］．成都体育学院学报，2021（6）：1-8.

［227］杨桦，任海．中国体育发展方式改革研究［M］．北京：高等教育出版社，2016.

［228］杨桦，任海．转变体育发展方式由"赶超型"走向"可持续发展型"［J］．北京体育大学学报，2013（1）：1-9.

［229］杨桦，孙淑惠，舒为平等．坚持和进一步完善我国竞技体育举国体制的研究［J］．北京体育大学学报，2004，27（5）：577-582.

［230］杨桦．完善我国竞技体育举国体制的研究［EB/OL］．http://sport. gov. cn.

［231］杨蒙蒙，吴贻刚．体教结合制度变迁的路径依赖与突破策略［J］．体育文化导刊，2019（6）：58-63.

［232］杨铁黎，陈钧．学校课余训练改革新视野［M］．北京：北京体育大学出版社，2003.

［233］杨铁黎．我国体育传统项目学校的建立与发展［J］．中国学校体育（高等教育），2014（5）：1-6.

［234］杨铁黎．我国学校课余体育训练制度的建立与发展［J］．中国学校体育（高等教育），2014（3）：5-11.

［235］杨玉珍．马克思"人的全面发展"理论探析［J］．理论学习与研究，1994（4）：20-22.

［236］杨再淮，项贤林，倪伟等．我国竞技体育后备人才目标市场的研究［J］．体育科学，2006（9）：14-20+79.

［237］杨再淮，余询．我国竞技体育后备人才市场与宏观调控机制［J］．上海体育学院学报，2001，25（1）：6-10.

［238］尤佳．体教融合背景下我国青少年足球竞赛治理研究［D］．天津体育学院硕士学位论文，2022.

［239］于素梅．新时代体育强国建设的战略意义［EB/OL］．http://www. gmw. cn.

［240］于学军.国新办举行"十三五"卫生健康事业改革发展情况发布会［EB/OL］.http://www.gov.cn.

［241］于洋.我国乒乓球后备人才/体教结合培养模式的构建与评价研究［D］.北京体育大学硕士学位论文,2009.

［242］袁守龙.从"举国体制"到政府、市场和社会协同——对中国竞技体育发展的思考［J］.体育科学,2018,38（7）：12-14.

［243］袁伟民.中国排球运动史［M］.武汉：武汉出版社,1994.

［244］原国家教委.国家教委办公厅关于部分普通高等院校试办高水平运动队的通知（教学厅〔1995〕7号）［Z］.1995.

［245］曾健,张一方.社会协同学［M］.北京：科学出版社,2000.

［246］曾立火,余建通,朱柱忠.我国学校体育与竞技体育关系研究［J］.体育科学研究,2021（1）：33-37.

［247］翟丰,张艳平.从"体教结合"到"体教融合"——体育发展方式转变研究［J］.成都体育学院学报,2013,39（10）：54-56.

［248］张波,汪作朋,葛春林等.我国竞技体育后备人才培养的审视与发展路径［J］.体育文化导刊,2018（7）：57-61.

［249］张峰硕.激励机制在高校人力资源管理中的运用研究［J］.中国管理信息化,2022（10）：167-169.

［250］张辉,雷蕾.基于ISM模型的体教融合发展影响因素研究［J］.广州体育学院学报,2023（1）：8.

［251］张娟辉,卫佳玲.论竞技体育后备人才培养的可持续发展策略研究［C］.2022年全国运动训练学术研讨会摘要集（二）,2022：8.

［252］张丽,张林.体育事业公共财政支出研究［J］.体育科学,2010（12）：22-28.

［253］张男星.俄罗斯国家课程标准述评［J］.课程·教材·教法,2005（6）：90-96.

［254］张秋珍.培养体育产业人才的思考［N］.山西党校报,2020-05-05（03）.

［255］张衢.竞争与竞赛不一样［E/OL］.https://xueqiu.com/3244566251/174687056.

［256］张瑞林.体育管理学案例［M］.北京：高等教育出版社,2013.

［257］张守伟.美国大学竞技体育改革的历史轨迹、焦点问题与经验反思［J］.沈阳体育学院学报,2019（7）：1-9.

［258］张文鹏.法国学校体育的政策治理研究［C］.2015第十届全国体育科

学大会论文摘要汇编（一），2015：11.

［259］张祥府，代刚.我国青少年竞技体育后备人才培养的区域化发展：集中度分析与梯度发展策略研究［J］.体育科学，2021（8）：53-60.

［260］张晓琳.中美竞技体育管理体制与运行机制的比较研究［D］.北京体育大学硕士学位论文，2011.

［261］张玉莞尔.我国青少年业余体校的历史沿革［D］.北京体育大学硕士学位论文，2019.

［262］张志伟.基于灰色理论的中国出境旅游需求影响因素分析及趋势预测［D］.重庆工商大学硕士学位论文，2021.

［263］赵昌文.推动经济向高质量发展［N］.光明日报，2018-04-18（03）.

［264］赵桂银.体育人才学［M］.北京人民体育出版社，1993.

［265］赵孟君，吴希林.美国青少年体育及竞技后备人才培养模式与启示［J］.体育与科学，2014（11）：51-54.

［266］赵明昊.习近平会见国际奥委会主席巴赫［N］.人民日报，2015-08-23（01）.

［267］赵杨.忧虑与出路——我国竞技体育后备人才培养现状及对策［D］.首都体育学院硕士学位论文，2017.

［268］赵勇.大力改革和加强青少年体育工作为体育强国建设和健康中国建设打下坚实基础［EB/OL］.http://sport. gov. cn，2018-03-30.

［269］甄泽斌.青少年健康发展与体育后备人才培养［N］.中国体育报，2022-06-27（03）.

［270］郑婕，杨桦."体教结合"培养高水平竞技体育人才新体系构建的研究［J］.北京体育大学学报，2008（2）：229-231.

［271］《中国百科大辞典》编委会.中国百科大辞典［M］.北京：中国大百科全书出版社，1990.

［272］中共中央办公厅，国务院办公厅.关于全面加强和改进新时代学校体育工作的意见［Z］.2020-10-15.

［273］中共中央编译局.马克思恩格斯选集（第1卷）［M］.北京：人民出版社，2012.

［274］中共中央国务院."健康中国2030"规划纲要［EB/OL］.www. gov. cn/zhengce/2016-10/25/content_5124174. htm.

［275］中国社会科学院语言研究所词典编辑室.现代汉语词典［M］.北京：商务印书馆，2002.

［276］中国政府网.70年来我国人均预期寿命从35岁提高到77.3岁［EB/OL］.

http://www. gov. cn.

［277］中新网 . 70 年中国人均寿命的变迁［EB/OL］. http://chinanews. com. cn.

［278］钟秉枢，于立得，潘迎祖 . 社会转型时期我国竞技体育后备人才培养及可持续发展［M］. 北京：北京体育大学出版社，2003.

［279］钟秉枢 . 奥运战略目标的实现与竞技体育发展模式的转型［J］. 北京体育大学学报，2013（11）：114-119.

［280］钟秉枢 . 开创竞技体育后备人才培养新局面——《关于加强竞技体育后备人才培养工作的指导意见》专家解读之一［N］. 中国体育报，2017-12-08（01）.

［281］钟秉枢 . 社会转型期我国竞技体育后备人才培养及其可持续发展［M］. 北京：北京体育大学出版社，2003.

［282］钟秉枢 . 体教融合开启学校体育工作和竞技体育后备人才培养新时代［N］. 中国体育报，2020-09-24（01）.

［283］钟秉枢 . 我国高水平运动员培养之路的探索［J］. 武汉体育学院学报，2009（12）：5-10.

［284］周军 . 我国社会化充技体育后备人才培养模式初探——以"丁俊晖现象"汤例［D］. 华中师范大学，2007：6-28.

［285］周孟璞 . 马克思主义哲学全书［M］. 北京：中国人民大学出版社，1996.

［286］周战伟 . 基于发展方式转变的上巧市竞技体育后备人才培养研究［D］. 上海体育学院硕士学位论文，2016.

［287］庄德水 . 论历史制度主义对政策研究的三重意义［J］. 理论探讨，2008（9）：142-146.